Michael Moesslang

So würde Hitchcock präsentieren

Michael Moesslang

So würde Hitchcock präsentieren

Überzeugen Sie mit dem Meister der Spannung

REDLINE | VERLAG

Bibliografische Information der Deutschen Nationalbibliothek:
Die Deutsche Nationalbibliothek verzeichnet diese Publikation in der Deutschen Nationalbibliografie; detaillierte bibliografische Daten sind im Internet über http://d-nb.de abrufbar.

Für Fragen und Anregungen:
moesslang@redline-verlag.de

1. Auflage 2011

© 2011 by Redline Verlag, FinanzBuch Verlag GmbH, München,
Nymphenburger Straße 86
D-80636 München
Tel.: 089 651285-0
Fax: 089 652096

Alle Rechte, insbesondere das Recht der Vervielfältigung und Verbreitung sowie der Übersetzung, vorbehalten. Kein Teil des Werkes darf in irgendeiner Form (durch Fotokopie, Mikrofilm oder ein anderes Verfahren) ohne schriftliche Genehmigung des Verlages reproduziert oder unter Verwendung elektronischer Systeme gespeichert, verarbeitet, vervielfältigt oder verbreitet werden.

Redaktion: Isabel Lamberty-Klaas, Utting
Umschlaggestaltung: Jarzina Kommunikations-Design, Holzkirchen
Umschlagabbildung: Composing von Thomas Jarzina unter Verwendung von folgenden Corbis-Motiven: Fliphart: © Image Source/Corbis und Rabe: © Kennan Ward/Corbis.
Satz: HJR, Manfred Zech, Landsberg
Druck: Konrad Triltsch, Ochsenfurt
Printed in Germany

ISBN 978-3-86881-298-5

Weitere Infos zum Thema
www.redline-verlag.de
Gerne übersenden wir Ihnen unser aktuelles Verlagsprogramm.

Inhalt

Geleitwort von Nina Ruge 7

Vorwort von Michael Moesslang 9

1. Akt – Die Filmidee 13
1. Kassengift
Bitte nie wieder B-Präsentationen! 14
2. And the Oscar goes to …
Preisverdächtige Präsentationen 38
3. Spannung à la Hitchcock
Packend präsentieren 59

2. Akt – Das Drehbuch 77
4. Psycho-Drama
Spannung, die den Atem raubt 78
5. Suspense, Tension and Surprise
Die Spannung steigt 115
6. Im Kopf des Zuschauers
Storytelling für Top-Präsentatoren 135
7. Der Cary Grant der Präsentation
Lachen ist die halbe Miete 155
8. Und die Folie hat doch Recht
PowerPoint und Co. perfektionieren 175
9. Die meisterhafte Inszenierung
Die Kunst liegt im Detail 209

3. Akt – Am Set 225
10. Redekunst im Rampenlicht
Die richtige Rhetorik macht's 226
11. Und – Action!
Perfekte Performance durch perfekte Körpersprache .. 253
12. Be Yourself!
Authentizität gewinnt 267

Nachwort 279

Literatur.. 281

Stichwortverzeichnis... 283

Geleitwort

Sir Alfred Hitchcock zog alle Register, um Spannung zu erzeugen. Wir alle wünschen uns Präsentatoren, die ihm in dieser Hinsicht nacheifern. Aber was erleben wir allzu oft? Präsentationen, die wie ein verschreibungspflichtiges Schlafmittel wirken.

Michael Moesslang zeigt, wie sehr ein kreativer Spannungsbogen und die richtige Art, spannend zu präsentieren, das Publikum fesseln und letztlich auch überzeugen kann. So wie Hitchcock, der Meister der Spannung, nichts dem Zufall überließ, muss auch in erfolgreichen Präsentationen jedes Detail sorgfältig überlegt und kalkuliert sein.

Dieses Buch ist ein längst fälliger Aufruf an Unternehmen und Präsentatoren, mehr zu wagen: mehr Lebendigkeit, mehr Farbigkeit, mehr Überraschung – und mehr Entertainment! Dazu ist es erforderlich, umzudenken und Mitarbeitern die notwendige Zeit für die Gestaltung ihrer Präsentation und ihres Auftritts nicht nur zuzugestehen, sondern sie aktiv aufzufordern, diese Zeit zu investieren.

Überzeugende Präsentatoren informieren nicht, sie halten ihre Zuhörer in Atem, reißen mit durch den perfekt orchestrierten Wechsel zwischen Spannung, Fakten, Überraschungselementen und der finalen positiven Auflösung.

Michael Moesslang legt in diesem Buch anhand der Filme von Hitchcock praxisnah dar, wie dieser Spannungsbogen effektiv konstruiert wird. Die Dramaturgie in Film wie Präsentation darf nicht vorhersehbar sein, aber sie muss sich ankündigen. Eine zentrale Rolle spielen dabei Emotionen. Sie sind das wahre Motiv, das Menschen in die Kinosäle treibt, um sich faszinieren, fesseln und begeistern zu lassen. Es sind auch genau diese Emotionen, durch die die Zuhörer während einer Präsentation überzeugt werden.

Denn in der Welt der Präsentation gilt das Gleiche wie im Leben: »Das Lächeln und die Emotionen, die wir aussenden, kehren zu uns zurück.«

Deshalb ist dieses Buch auch ein Leitfaden für das spannende Präsentieren und Zaubern im eigenen Leben. Wagen Sie Gefühle, wagen Sie, Menschen mit Ihrem Auftritt emotional zu berühren, und es kommt Berührung und somit Begeisterung zurück.

Und ... alles wird gut!

Ihre Nina Ruge

Vorwort

Immer wieder langweile ich mich in Vorträgen, Präsentationen oder bei Reden. Blicke ich dann nach links und rechts, sehe ich, dass es dem Großteil der Anwesenden ebenso geht. Immer wieder höre ich von Teilnehmern meiner Vorträge und Seminare, wie sehr sie sich bei den Präsentationen in ihren Unternehmen langweilen. Und das Ergebnis einer Umfrage des Wall Street Journal aus dem Jahre 2004 zeigt ebenfalls ein deutliches Ergebnis: Rund 84 Prozent aller Teilnehmer empfinden Präsentationen in Deutschland als zu langweilig, ja sogar einschläfernd. Geht es Ihnen ebenso?

Dabei unterstelle ich den Präsentierenden keineswegs Absicht. Es liegt vielmehr daran, dass es an persönlichen Fähigkeiten, wie einer lebendigen Körpersprache, Stimme und Sprechweise fehlt. Allesamt Ausdrucksmittel, die man erwerben, trainieren und verbessern kann. Wie das funktioniert, werde ich Ihnen zeigen. Außerdem fehlt es an Dramaturgie, Spannung und emotionalen Momenten, die eine Präsentation beachtenswert und »merk-würdig« machen. Auch darum geht es in diesem Buch. Und es fehlt an Mut – denn wer immer nur langweilige Präsentationen erlebt, traut sich nicht, aus der Masse hervorzustechen, aus Angst zu weit zu gehen. Diese Angst kann ich Ihnen ebenfalls nehmen.

In meiner Kindheit und Jugend wurden im Fernsehen regelmäßig die Filme von Alfred Hitchcock gezeigt. *Die Vögel*, *Psycho*, *Vertigo*, *Der unsichtbare Dritte*, *Topas* und viele weitere seiner

Streifen prägten meine Vorstellung von Spannung. Stundenweise luden wir Cary Grant, Grace Kelly, Eva Marie Saint, James Stewart, Robert Cummings, Kim Novak und natürlich Tippi Hedren in unser Wohnzimmer ein. Ich fühlte mich emotional mit ihnen verbunden, fieberte mit ihnen mit und zitterte, wenn sie zitterten. Schwarz-weiß war die bessere Farbe, zumindest in vielen von Hitchcocks Produktionen.

Sir Alfred Joseph Hitchcock, 1899 in England geboren, prägte Hollywood und die gesamte Filmindustrie, und alle lernten sie vom »Master of Suspense«, dem Meister der Spannung. 1980 starb er in Los Angeles, bis heute ist er unvergessen. Wenn Generationen von Regisseuren und Drehbuchautoren sich selbst in unserem Jahrtausend noch an Hitchcock orientieren – warum dann nicht auch Präsentationen mit seinen Methoden, Techniken und Tricks spannender machen? Denn Hitchcock hat vielen anderen eines voraus: Seine Spannung geht immer tief unter die Haut, ohne plump vordergründig zu sein oder auf den neuesten technisch machbaren Spezial-Effekten zu beruhen. Seine Spannung basiert auf einer guten Dramaturgie mit mehreren Wendungen, auf Momenten der Spannung und auf Überraschungen. Seine Spannung basiert aber auch auf der Identifikation mit dem Helden – der manchmal dann gar nicht der Held ist. Oder doch? – Und schon wird es spannend! Denn auf wessen Seite steht der Zuschauer nun wirklich? Worauf kann er sich verlassen?

Hitchcock zog alle Register, um Spannung zu erzeugen. Dabei setzte er auf Verwirrung und die Verwendung von MacGuffins (ein von ihm geprägter Begriff für einen Gegenstand, der scheinbar unbedeutend ist, doch letztlich die Handlung stark beeinflusst). Cameo-Auftritte (in denen er selbst kurz zu sehen ist) wurden zu seinem Markenzeichen, er arbeitete mit dramatischer Musik, mit Licht und Schatten, mit überlangen Verzögerungen und der Verdichtung von Szenen. Er entwickelte in Handlungssträngen Ideen, die niemand je zuvor gehabt hatte, und bat sogar das Publikum auf Plakaten, diese nicht zu verraten. Er setzte Kinder ein, Tiere, Spione, Hausfrauen und Liebende. Er drehte an spektakulären Schauplätzen wie dem Mount Rushmore, auf Kirchtürmen oder über den Dächern von Nizza. Und er hatte Humor, britischen Humor, der beim amerikanischen Publikum nicht immer ankam.

In diesem Buch geht es darum, Ihnen zu zeigen, wie man mit Spannung Ideen vermittelt, doch vor allem geht es darum, Ihnen einen Leitfaden an die Hand zu geben, der Ihnen zeigt, wie Sie diese Methoden, Techniken und Tricks erlernen und bei Ihren Präsentationen einsetzen können. Aber Vorsicht: Je mehr Sie sich mit diesem Thema beschäftigen, desto mehr werden Sie sich in »normalen« Präsentationen langweilen. Im Gegensatz zu Ihren künftigen Zuhörern.

Ihr Michael Moesslang

München, April 2011

1. Akt – Die Filmidee

Kapitel 1

Kassengift

Bitte nie wieder B-Präsentationen!

B-Movies sind zweitklassige Filme mit geringem Budget und niedrigem künstlerischen Anspruch. Das trifft auch auf viele Präsentationen zu. Es wird wenig Zeit und Gehirnschmalz investiert. Die Verluste sind immens. Dabei ist das dem Präsentator oft nicht einmal bewusst.

Ein leicht abgedunkelter Raum. Die Luft ist schwül und stickig. Der Chef hat 17 Führungskräfte ins Besprechungszimmer gebeten. Sie sitzen alle um einen Tisch. Einige haben bereits ihre Jacketts ausgezogen und auf die Stuhllehnen gehängt. Leere Wasserflaschen und Kaffeetassen zeugen von langen, anstrengenden Diskussionen. Es sieht nach Arbeit aus. Doch einige kämpfen mit dem Schlaf. Erwin Kraushaar wäre eben beinahe mit dem Kopf auf die Tastatur seines Laptops geknallt. Der Chef präsentiert die Ziele fürs kommende Jahr. Mit monotoner Stimme im Halbdunkel. Er selbst schaut die meiste Zeit auf seine eigenen Folien. Seit 50 Minuten schon! Zu Beginn des Meetings, vor über drei Stunden, hat er schon einmal präsentiert. Die Zahlen des aktuellen Geschäftsjahrs. Noch länger: 63 Minuten! Er spricht so monoton. Es ist anstrengend, ihm zuzuhören. Es ist nicht leicht, aufmerksam zu bleiben. Er erwähnt, dass ihm klar sei, dass das alles langweilige Zahlen seien. Doch schließlich seien die ja wichtig.

Ist das sinnvoll? Die 18 bestbezahlten Menschen im Unternehmen multipliziert mit gut vier Stunden ihrer Arbeitszeit: Zumindest ist das eine ziemlich teure Angelegenheit. Dasselbe Ritual spielt sich jedes Jahr in voller Länge ab. Und in der Kurzversion – »nur« zweieinhalb Stunden – noch einmal in jedem Quartal. Er ist schließlich der Chef. Er bezahlt das alles. Und er möchte, dass das Unternehmen davon profitiert, wenn die Führungskräfte die Situation und die Ziele kennen.

Es ist leicht, Teilnehmer in Schlaf zu versetzen. Zugegeben, nicht alle Präsentationen sind so schlimm. Doch zumindest 84 Prozent der Präsentationen in Deutschland werden als langweilig oder gar einschläfernd bezeichnet, insgesamt sogar 97 Prozent als verbesserungswürdig. Ich bin der festen Überzeugung, dass dadurch ein immenser Schaden für Ihr Unternehmen entsteht. Die Fehler sind immer die gleichen: Wertvolle Arbeitszeit wird in zu lange Präsentationen und Meetings investiert. Es werden zu viele Teilnehmer eingeladen. Und das Schlimmste: Die angestrebten Ergebnisse werden nicht erreicht. So scheitern Projekte oder dauern zumindest länger als geplant. Es gehen Aufträge verloren und Produkte und Dienstleistungen werden nicht verkauft. Wichtige Informationen werden nicht verstanden, bleiben nicht hängen oder werden schlicht überhört. Die Folgeschäden sind oft noch größer. So bedeutet ein entgangener Auftrag oder ein verlorener Kunde zusätzlich: weniger Empfehlungen, vielleicht sogar schlechte Presse und negative Mund-zu-Mund-Propaganda. Am Ende muss gar Mitarbeitern gekündigt werden oder es ist womöglich langfristig der Erfolg des Unternehmens oder gar dessen Existenz gefährdet.

Präsentationen stellen die Weichen für den Unternehmenserfolg.

Manche Präsentationen sind einfach so wichtig, weil sie Weichen stellen. Sie stellen eine Entscheidung dar, die in der Folge Einfluss auf vieles andere hat – auch auf den Gesamterfolg eines Unternehmens. Trotzdem scheint es oft, als sei dies den Verantwortlichen nicht bewusst. Oder warum sonst werden Präsentationen von den Teilnehmern als so schlecht empfunden?

Präsentationen werden immer wichtiger und immer zahlreicher. Angeblich gibt es tagtäglich und weltweit weit über 30 Millionen Präsentationen, vielleicht sogar mehr. Stellen Sie sich vor, dass nur 80 Prozent davon so ablaufen wie die, in der Erwin Kraushaar beinahe auf seine Laptop-Tastatur geknallt wäre.

Wer gefällt, fällt auf

Verantwortlich sind Zeitmangel, mangelnde Vorbereitung, fehlende Gedanken über Dramaturgie und Spannung, der Verzicht auf Proben und Üben sowie eine schlechte und langweilige Vortragsweise. Von überfüllten und womöglich vorgelesenen Folien ganz abgesehen. Teilweise fehlt das Wissen um wichtige Details, obwohl vermutlich ein Großteil der Präsentatoren schon einmal ein Präsentations- oder Rhetoriktraining mitgemacht hat. Nur ist es auch hier wie in vielen Bereichen der Weiterbildung: Ein Seminar allein reicht leider nicht aus, um in der Oberliga mitzuspielen. Stellen Sie sich vor, ein Bundesliga-Fußballer absolvierte einmal zu Beginn seiner Karriere ein Dreitage-Training, um damit für Jahrzehnte beim FC Bayern zu spielen. Welcher Manager oder Trainer würde diesen Spieler einkaufen und spielen lassen? Präsentieren ist eine Kunst, die Können erfordert, und dieses Können kann nur durch die Kenntnis der Wirkfaktoren, durch Erfahrung und regelmäßige Übung entstehen. Und zwar Übung, die nicht aufhört, auch wenn Sie schon seit Jahren präsentieren. Die meisten Langweiler präsentieren schließlich auch schon seit Jahren.

Neben mangelndem Wissen und Können ist es vor allem die Einstellung, die ich bemängele. Immer wieder höre ich Begründungen – man könnte auch sagen Ausreden: »Ich habe gar nicht die Zeit für mehr Vorbereitung.« »Für eine Präsentation mehr als x Stunden zu investieren, das lohnt sich doch gar nicht.« »Ich habe schon so oft präsentiert, üben brauche ich nicht mehr.« »Unser Produkt ist so gut, da ist es doch egal, wie ich präsentiere.« »Bei uns machen das alle so.« »Meine Folien macht die Sekretärin, ich trage das nur vor.« »Na ja, spannend ist es nicht, mir zuzuhören. Aber ich bin wenigstens authentisch.« »Wenn die Maier präsentiert, dann schauen ihr eh alle nur auf die ... Augen, die macht das schon.« »Wir machen unsere Präsentationen sowieso immer mehr übers Web, da kommt es nicht so drauf an.« Na, ertappt? Wurden in Ihrem Unternehmen solche Sätze schon gesagt? All diese Sätze habe ich so oder ähnlich schon gehört. Auch den mit »der Maier« (den Namen habe ich natürlich geändert).

Das zeigt uns doch, dass viele den Wert ihrer Präsentation hoffnungslos unterschätzen. Sie unterschätzen, wie wichtig der Aufbau, die Gestaltung und der Vortrag einer Präsentation sind. Ein gefährlicher Irrtum!

Der Erfolg einer Präsentation beginnt mit der richtigen Einstellung.

Bevor Sie sich also an Ihre Präsentation machen, schaffen Sie sich die Zeit, die Sie benötigen, um eine wirklich inspirierende Präsentation zu kreieren. Schaffen Sie sich den freien Kopf, um kreativ an Dramaturgie und Spannung herangehen zu können. Schaffen Sie Freiräume, in denen Sie die Präsentation üben und proben. Sie ersparen sich und Ihren Teilnehmern dadurch langweilige Präsentationen. Und Sie sorgen dafür, dass Ihre Präsentationen herausragend sind, sich also von den üblichen Standards abheben. Wer gut präsentieren und reden kann, fällt auf. Er wird nach vorn geschickt und mehr beachtet als andere. »Man sieht nur die im Lichte, die im Dunkeln sieht man nicht«, sagte Bertolt Brecht zu Recht. Was glauben Sie, wie wichtig eine gute Rhetorik und positive Erinnerungen an Ihre Präsentationen für Ihre Karriere sein werden? Wie viel ist Ihnen das wert?

Man sieht nur die im Lichte, die im Dunkeln sieht man nicht. – BERTOLT BRECHT

Das große Gähnen

Langeweile ist schädlich, das wird niemand bezweifeln. Langeweile führt zu mangelnder Aufmerksamkeit und fehlender Konzentration. Inhalte werden nicht mehr wahrgenommen. Hinterher fehlen wichtige Informationen, obwohl sie vielleicht sogar mit einem Ohr gehört wurden. Diese Langeweile entsteht bei Präsentationen immer wieder aus denselben Gründen. Die Hauptursache ist das schlechte Auftreten des Redners. Wenn dieser monoton spricht, keine Mimik, kein Lächeln und keine Körpersprache zeigt, dann fällt es einfach schwer, ihm zuzuhören. Wenn dann noch die Folien überfüllt, die Inhalte schwer verständlich und die Sprache kompliziert ist, gibt das jeder Präsentation den Rest.

Es ist leicht nachzuvollziehen, warum das so ist. Wir leben in einer Entertainment-Welt. Einer Welt, in der wir fast rund um die Uhr freiwillig oder unfreiwillig mit Bildern und Tönen bombardiert werden. Der durchschnittliche Deutsche schaut jeden Tag rund vier Stunden (!) fern, ist rund 9000 Eindrücken durch Werbung ausgesetzt, hört Musik und Radio im Auto, im Fahrstuhl und im Supermarkt. Selbst manche U-Bahn-Stationen oder Marktplätze werden schon mit Musik beschallt. Der Durchschnittsdeutsche besucht Veranstaltungen jeglicher Art, geht ins Kino, spielt Computer-, Handy- oder Online-Spiele, telefoniert in jeder nur denkbaren Situation, surft stundenlang im Internet und vieles mehr. Sogar im Urlaub liegen viele noch mit iPod oder iPad am Strand oder suchen ihr Hotel nach Angeboten mit Animation und Club-Atmosphäre aus. Es vergeht kaum eine wache Minute, in der tatsächlich noch Ruhe herrscht. Manche suchen deshalb schon gezielt nach Stille in Seminaren, auf Alpengipfeln oder in Klöstern. Doch die meisten beschleicht sofort ein bedrückendes Gefühl, wenn es einmal unerwartet ruhig ist.

Wir leben in einer Welt andauernden Entertainments.

Diese Entertainment-Welt wird auch immer schneller. Als in den Achtzigerjahren MTV an den Start ging, wurden die Schnitte in Kino-, Fernseh- und Werbefilmen deutlich schneller. Später kamen immer rasantere Techniken dazu: Zoom-Effekte, sich um die eigene Achse drehende Kameras, Schwindel erregende Kamerafahrten. Die Augen älterer Menschen mögen da kaum mehr mitkommen, den jungen dagegen kann es scheinbar gar nicht schnell genug gehen.

Im krassen Gegensatz dazu stehen die Präsentationen, die im selben Zeitraum ebenfalls immer häufiger geworden sind. Doch selten wurden sie den Trends und Gewohnheiten der neuen Zeit angepasst. Die Folge: Eine Präsentation, die eher ruhig und monoton ist, führt zu ungewohnt unterhaltungslosen Momenten. Der gestresste Wahrnehmungsapparat bekommt endlich die Ruhe, die er sonst nur in den wenigen Stunden Schlaf erhält. Die Gedanken nutzen die ersehnte Ruhe und schalten einen Gang zurück oder schweifen ab und widmen sich anderen Themen. Die Aufmerksamkeit ist dahin.

Das bedeutet nicht, dass Präsentationen die Geschwindigkeit von Video-Clips und Computerspielen oder die Spezial-Effekte moderner Kinofilme haben sollten. Eine Präsentation darf nicht zur reinen Show verkommen. Allein schon, weil etliche Menschen im kognitiven Bereich negativ darauf reagieren. Insbesondere Menschen, die sehr analytisch denken, lehnen »Show« als unangemessen ab. Interessant allerdings, dass sie gleichzeitig auf der unbewussten Ebene ebenso stark und positiv auf eine geeignete Show reagieren.

Fest steht: Die Show muss dem Inhalt dienen und darf nicht zum Selbstzweck werden: l'art pour l'art. Und unter Show versteht sicher keiner eine Revue, bei der der Präsentator in schillerndem Bühnen-Outfit ähnlich einem Thomas Gottschalk oder Florian Silbereisen mit Standing Ovations empfangen werden will und das Deutsche Fernsehballett dazu im Hintergrund tanzt. Wenn ich von Show spreche, meine ich jeglichen Inszenierungsansatz, jegliches bewusst eingesetzte Spannungselement und jeglichen Ansatz von Dramaturgie.

Show ist kein Selbstzweck, Show dient dem Überzeugungsprozess und damit der Zielerreichung.

Investitionen, die sich lohnen

So wie Erwin Kraushaar ergeht es leider vielen. Denn in vielen Unternehmen gehören langweilige, überfrachtete Präsentationen, die für die Teilnehmer schwer verdaulich sind, tatsächlich zum Alltag. Das gilt für interne Präsentationen ebenso wie für Präsentationen vor Kunden. Häufig tippen Präsentatoren lediglich die Inhalte in eine textlastige PowerPoint-Datei und üben ihre Präsentation – statistisch erhoben – durchschnittlich weit weniger als eine Stunde lang ein. Dann lesen sie – den Blick zur Projektion, weg vom Publikum – die Texte von den Folien ab, kommentieren das Gesagte mehr oder weniger locker und tiefsinnig und sprechen dabei monoton. Sie zeigen überfrachtete Grafiken und Diagramme und gehen davon aus, dass die Zuschauer diese binnen Sekunden erfassen und begreifen können. Und zum Schluss glauben sie noch, dass sich die Zuhörer an all das Vorgelesene und Gesagte lückenlos erinnern werden, auch noch Wochen später! Was für eine Arroganz – oder zumindest Ignoranz!

Sicher, der Aufwand für ein B-Movie ist gering, verglichen mit einem Blockbuster. Es wird weniger Zeit und Geld investiert, an der Produktion gespart, versucht, mit halbwegs bekannten Schauspielern wenigstens ein Paar Fans zum Kauf der DVD zu bewegen. Doch wie wird das große Geld gemacht? Mit Filmen, die alle Budgets sprengen, die bis ins Detail perfekt umgesetzt werden, die mit den besten Regisseuren, Schauspielern und Kameramännern aufwarten. Deren Marketing- und PR-Maschinerie weitere Millionen verschlingt. Die aber letztlich wochenlang

Kassenschlager sind, die Millionen Menschen in die Lichtspielhäuser locken und die mit Merchandising-Artikeln vom T-Shirt bis zum Nintendo-Spiel auch anderen Branchen Gewinne mit sieben- bis neunstelligen Beträgen bescheren. Das B-Movie erscheint vielleicht nicht einmal im Verleih. Oder erhält die zweifelhafte Ehrung der Goldenen Himbeere, den Anti-Oscar für besonders schlechte Leistungen.

Eine B-Präsentation bedeutet wenig Zeitaufwand. Zeit ist bekanntlich ein knappes Gut und kaum ein Manager scheint heute noch ein paar zusätzliche Stunden zu haben, um sich mit Folien zu beschäftigen – so die einhellige Meinung. Entsprechend wenig Begeisterung erzeugt die B-Präsentation dann auch bei den Zuschauern. Seit Jahren wird in den Unternehmen gespart – beim Personal ebenso wie bei Papier und Energie. Der Einzelne hat so von Jahr zu Jahr immer mehr Aufgaben zu bewältigen. Insofern müssten B-Präsentationen dem Management eigentlich gefallen, werden bei ihrer Erstellung doch viele Stunden Arbeitszeit eingespart. Und der Präsentator ist ohnehin der Ansicht, dass sich in seinem Terminkalender keine Lücke findet, die eine bessere Vorbereitung ermöglicht. Schon gar nicht, um die Präsentation mehrmals zu üben. Doch wie ist das noch mit der Zeit: Die hat man nicht, die nimmt man sich! Alles eine Frage der Planung und der Prioritäten. Und warum Sie einer Präsentation Priorität beimessen sollten, habe ich Ihnen bereits ein wenig aufzeigen können, oder?

Vorbereitung braucht Zeit. Wenn Sie die nicht haben, stornieren Sie den Termin und präsentieren Sie nicht.

Eine Ausnahme gibt es in deutschen Unternehmen: Für die Hauptversammlung wird meist großer Aufwand betrieben. Da führt ein Misserfolg der Präsentation nämlich womöglich zu einem Fiasko an der Börse. Hier wird also mit allen Mitteln versucht, einen Blockbuster zu liefern.

Wenn Unternehmen und Manager endlich begreifen, dass nur ein Blockbuster wahre Begeisterung auslöst und Kunden zu Fans macht, dann endlich werden sie beginnen, auch in andere wichtige Präsentationen zu investieren. Dann endlich werden sie Produkt- und Projektpräsentationen so aufbauen, dass sie überzeugen und verkaufen. Dann endlich werden sie in ihre Mitarbeiter investieren, um diese zu begeisternden Botschaftern des Unternehmens zu machen. Und ich vermute, dass das auch der Grund ist, warum Sie dieses Buch lesen: Sie haben den Handlungsbedarf bereits erkannt!

Menschen machen Image

Der Zweck einer Präsentation ist immer der gleiche: Es geht ums Verkaufen. Es muss nicht immer ein Produkt oder eine Dienstleistung sein, die verkauft werden sollen. Es können Projekte, Informationen, Ideen, Konzepte, Meinungen, Terminplanungen und vieles mehr sein. Es geht immer darum, zu verkaufen und zu überzeugen – in unterschiedlicher Form. Dazu brauchen Sie die Aufmerksamkeit Ihrer Zuhörer und die Kraft der Überzeugung durch Ihre Persönlichkeit. Denn wenn es nicht darum ginge, Glaubwürdigkeit, Begeisterung und Überzeugungskraft durch Ihre Persönlichkeit und Ihr Auftreten rüberzubringen, würde es reichen, die PowerPoint-Datei einfach per E-Mail zu verschicken. Dann wäre es sogar noch simpler, einfach nur ein kurzes Memo zu versenden. Das wäre der geringste Aufwand – für Sie und für die Angesprochenen, die dadurch zu Lesern werden.

Ihre Persönlichkeit ist der wichtigste Faktor – andernfalls könnten Sie Informationen auch nur per Mail versenden.

Die Welt der Unternehmen, Märkte und Angebote wird immer komplexer. Das, was Sie verkaufen, ist oft erklärungsbedürftig. Und die Masche der Fünzigerjahre, sich mit der Qualität der Produkte vom Wettbewerb absetzen zu wollen, funktioniert heute kaum noch. Die Unterschiede in der Qualität sind in vielen Branchen für den Kunden oft nicht einmal mehr zu erkennen, wenn sie denn überhaupt noch vorhanden sind. Und weil Qualität teuer ist, reicht sie für den Kunden als alleiniges Entscheidungskriterium nicht mehr aus. Mit der Ausstattung von Produkten ist es ähnlich. Für den Kauf eines Produktes – und dasselbe gilt übertragen für den »Kauf« von Informationen, Ideen usw. – ist vielmehr entscheidend, welches Image dabei entsteht.

Das Image eines Produkts, eines Unternehmens oder einer Dienstleistung wird von vielen Faktoren geprägt. Einer davon, und sicher der wichtigste, ist der Faktor Mensch. Im direkten Kontakt transportieren Sie mehr und stärkere Botschaften als alle anderen Faktoren. Der menschliche Kontakt ist wichtiger und wirkungsvoller als das Image, das durch Design, Werbung oder PR erzeugt wird. Der menschliche Kontakt steht auch bei einer Präsentation im Vordergrund. Wenn Ihre Präsentation inspirierend, begeisternd und überzeugend ist, erreichen Sie nicht nur das Ziel der Präsentation leichter. Es ist zudem ein entscheidender Beitrag für ein positives Image des gesamten Unternehmens.

Der Faktor Mensch prägt mehr als alles andere das Image von Unternehmen und Produkten.

Die Sinne reizen

Wahrnehmung erfolgt durch Sinnesreize. Da wir in jedem Bruchteil einer Sekunde unzählige Wahrnehmungsimpulse bekommen, müssen die wichtigen oder interessanten herausgefiltert werden. Doch was ist wichtig? Besonders starke Signale werden ebenso bevorzugt wie ungewöhnliche. Dazu kommen diejenigen, die in irgendeiner Form positiv oder negativ besetzt sind, weil sie beispielsweise mit emotionaler Stimulation assoziiert werden. Ein Beispiel: Wenn uns laute Musik in Stimmung bringt, wird dies die Stimmung auch dann heben, wenn sie nur kurz erklingt. Wenn wir sie dagegen als schmerzhaft und störend empfinden, löst sie negative Emotionen aus. Unser Zwischenhirn entscheidet in Millisekunden, ob eine Wahrnehmung relevant ist oder sein könnte. Auf Mittelmaß oder weniger wird nicht reagiert.

Die Verarbeitung dieser Wahrnehmungen ist wesentlich komplexer, denn sie hat auch mit Persönlichkeitsstrukturen, Prägungen und individuellen Prozessen zu tun. Jeder reagiert unterschiedlich auf denselben Reiz. Doch wirklich entziehen kann sich Bildern und Emotionen niemand. Nach dem Hemisphärenmodell unseres Gehirns sind die beiden Hälften des Gehirns für unterschiedliche Aufgaben verantwortlich. Die linke Gehirn-Hemisphäre verarbeitet vorwiegend digitale Informationen. Dort sind Sprache, Logik, Analyse und Zeit beheimatet. Das sind in der Regel die Informationen, die sachlich-langweilige Präsentationen liefern. ZDF: Zahlen, Daten, Fakten. Die ganzheitlichen, kreativen, intuitiven, bildhaften, musischen, zeitlosen, räumlichen und vor allem emotionalen Prozesse dagegen finden verstärkt in der rechten Hemisphäre statt. Dort geht es also um Bilder, Geschichten und Emotionen, um Spannung und Abwechslung.

Hemisphärenmodell

Argumente
Zahlen
Fachbegriffe

Bilder
Geschichten
Emotionen

linke Hemisphäre | rechte Hemisphäre

© 2011, Michael Moesslang

Mit rational-logischen Informationen sprechen Sie die linke Gehirnhemisphäre an und beanspruchen viel Energie. Mit emotionalen Botschaften erreichen Sie die rechte Gehirnhälfte und erzielen ungeteilte Aufmerksamkeit.

Es ist sicher ganz nett, schon mal was vom Hemisphärenmodell gehört zu haben. Der Grund, warum es sich dabei jedoch um eine der wichtigsten Informationen dieses Buches handelt, liegt in der Tatsache, dass die linke Hemisphäre sehr energie-intensiv arbeitet und der Akku Ihrer Zuhörer schnell leer ist, wenn er viele rationale Informationen verarbeiten muss. Werden dagegen die Emotionen und damit die rechte Hemisphäre angesprochen, bleibt der Akku lange voll, die Aufmerksamkeit lange hoch. Vier, fünf Stunden tanzen, fernsehen oder einem Konzert lauschen kann sogar Stimmung und Aufmerksamkeit heben. Eine halbe Stunde Präsentation von Fakten kann dagegen schon viel zu viel sein. Zumindest lässt die Konzentration in erheblichem Maße nach, bei manchen Menschen oft schon nach wenigen Minuten. Präsentationen sind also vor allem dann langweilig und schwer zu verdauen, wenn sie faktenlastig sind und wenig Bilder, Geschichten und vor allem Emotionen liefern.

Spannende Präsentationen reizen die Gehirnzellen, langweilige ermüden sie.

Wie Sie garantiert langweilig präsentieren

Alles viel zu aufwendig? Sie wollen die Inhalte Ihrer Präsentation allein wirken lassen, auf jegliche Show und Spannung verzichten? Dann hilft Ihnen diese Sammlung von Elementen, mit denen Sie ganz leicht Langeweile und unprofessionelle Wirkung entstehen lassen. Sicher erkennen Sie die eine oder andere Falle wieder.

Sie tun/Sie sagen ...	**Begründung**
Beginnen Sie mit »Guten Tag meine Damen und Herren ...«	Wenn Sie vorhin, als alle zur Tür hereinkamen, die Anwesenden schon begrüßt haben, ist es selbstverständlich, nochmals jeden Einzelnen zu begrüßen.
	Das machen Sie schließlich im Büro auch so, oder? Da sagen Sie auch zu Ihrem Kollegen jedes Mal, wenn Sie ihn treffen »Guten Tag«, stimmt's?

1. Akt – Die Filmidee

Sie tun/Sie sagen …	Begründung
	Es kommt auch gut, wenn Sie schon seit ein, zwei Stunden mit den anderen in einem Meeting sitzen und sie nun begrüßen, als sähen Sie sie zum ersten Mal.
	Ausnahme: Bei einer großen Gruppe, bei der Sie nicht jeden Einzelnen vorher begrüßen konnten, dürfen Sie begrüßen, am besten aber erst nach einem spannenden Einstieg.
»Es freut mich, dass Sie so zahlreich erschienen sind.«	Zu Beginn einer Präsentation, wenn die Teilnehmer es sich gerade bequem machen und gespannt sind, was kommt, sind sie sehr daran interessiert, was Sie freut. Es geht ja um nichts Besonderes, warum also nicht ein bisschen von Ihrer Freude erzählen? Am besten wirken Sie dabei noch etwas unsicher und zeigen das durch entsprechende Körpersprache, dann wirkt die Aussage über Ihre Freude umso glaubwürdiger. Ach, und übrigens: Dass die Teilnehmer zahlreich erschienen sind, dafür kann ja schließlich jeder Einzelne etwas, klar, dass Sie ihm dafür danken.
»Entschuldigen Sie meine mangelnde Vorbereitung, aber ich hatte zu wenig Zeit, weil ich erst vor Kurzem erfahren haben, dass ich diese Präsentation abhalten soll.« Oder »Entschuldigen Sie, dass ich zu spät angefangen habe. Mein Auto ist nicht angesprungen.«	Es gibt sicher noch eine Menge mehr, wofür Sie sich entschuldigen könnten. Für die schlechte Beamer-Qualität, dass Sie nur die alte Version der PowerPoint-Datei dabei haben, für Ihren Dialekt oder Akzent, den Fleck auf Ihrer Krawatte oder Ihre unleserliche Flip-Chart-Schrift. Spätestens seit Charlie Chaplin

Sie tun/Sie sagen ...	Begründung
	haben wir ja gelernt: Wer es schafft, genug Mitleid zu erzeugen, der kann sich hinterher alles erlauben. Und vielleicht wird ja sogar gelacht?
»Ich stelle mich mal eben vor: Ich habe die Grundschule in ...«	Ihr ganzer Lebenslauf ist unheimlich wichtig für die Zuhörer. Wenn Sie allerdings erst mit der Grundschule anfangen, dann haben Sie zumindest Ihre Geburt und den Kindergarten schon vergessen. Lückenlos muss er schon sein, Ihr Curriculum Vitae, und dass das vermutlich drei, vier Minuten dauert, ist ja kein Problem, schließlich kann hinterher jeder Ihren Lebenslauf wiedergeben und Sie werden dadurch Karriere machen. Das ist es doch wert.
»Bevor ich zum Thema komme, lassen Sie mich Ihnen kurz die Inhalte vorstellen.«	Richtig so, nehmen Sie die ganze Spannung von Anfang an weg. Am besten Sie listen gleich noch die Pointen Ihrer Gags mit auf. Eine Agenda gehört schließlich zu jeder Präsentation, idealerweise projizieren Sie sie gleich auf die Wand und erklären mindestens fünf Minuten lang, was Sie so alles vorhaben. Zusammen mit Begrüßung und Ihrer Vorstellung haben Sie so schon die ersten zehn Minuten gefüllt und damit weniger Zeit für Ihre ohnehin schwachen Argumente, die danach folgen.
»Ich bitte Sie, Ihre Fragen bis zum Schluss aufzuheben.«	Eine sehr beliebte Methode, damit Ihnen die Zeit nicht davonläuft oder unnötige Diskussionen entstehen.

1. Akt – Die Filmidee

Sie tun/Sie sagen ...	Begründung
	Und wenn dann einer mal was nicht versteht und deswegen dem Rest der Präsentation nicht mehr folgen kann – was soll's? Der hat ja dann hier sowieso nichts verloren, der Trottel!
»Ich weiß, das ist jetzt etwas langweilig, aber ...«	Wenn Sie das vorher ankündigen, dann macht es ja wirklich nichts mehr aus, wenn langweiliges Zeug kommt. Durch Ihre Ankündigung wissen die Teilnehmer: Für die nächsten Minuten können sie jetzt Mails lesen oder vom Urlaub träumen.
»Ich weiß, das können Sie nicht genau erkennen ...«	Wer viel auf seine Folien bringt, der hat offensichtlich viel zu sagen und besonders viel Wissen. Natürlich zeigen Sie das! 20 Punkt Schriftgröße oder weniger? Kein Problem! Grafiken, Diagramme und Illustrationen mit 20 Elementen oder mehr? Klar doch! Das muss doch jeder verstehen können, Sie selbst verstehen ja schließlich auch, worum es da geht. Dann sollten die Teilnehmer das auch in zwei, drei Sekunden kapieren, oder?
»Die Usability haben wir eklatant erhöht durch dieses NGO-System, damit die exceeded Time minimiert und dem Customer so efficient seinen Alltag erleichtert. Das ist unser USP und der Reason Why, womit wir unsere Markt-Presence in der nächsten Dekade auf mindestens 30 Prozent pushen.«	Na, wer so spricht, der hat doch Ahnung! Der zeigt Kompetenz, der kann Englisch, der kennt sich voll aus! Vermutlich weiß er sogar, was hinter den Abkürzungen USP und NGO-System steckt. Na ja, wenigstens er. Der Zuhörer, vollends verwirrt, sitzt nur noch staunend mit offenem Mund da und kann gar nicht anders, als Sie zu bewundern. Was Sie alles können!

Sie tun/Sie sagen ...	Begründung
»Hey, wenn Sie so krass mit der Knete um sich hauen, dann ist aber schnell die Kacke am Dampfen.«	Jugend- und Fäkalsprache zeugen von Lässigkeit, oder davon, dass Sie einer aus dem Volk sind. Keiner von »denen da oben«. Das verbindet Sie mit dem Publikum. Ein Tipp noch: Setzen Sie sich locker auf die Tischkante oder noch besser rittlings auf einen umgedrehten Stuhl vor das Publikum, das lässt Sie noch lässiger erscheinen. Würde Bruce Willis vermutlich auch so machen – und der ist doch voll cool, gell?
»Kennen Sie den schon ...?«	Witze kommen immer gut. Standen Sie schon mal mit ein paar Vertriebsmenschen an der Bar, spät abends nach dem fünften Bier? Da steigt die Stimmung, wenn auch nur einer anfängt, Witze zu erzählen. Sollten Sie in Präsentationen unbedingt machen. Erzählen Sie am besten Witze über Minderheiten (Blondinen, Manta-Fahrer, Juristen ...) und lachen Sie dann selbst herzhaft darüber. Wie wäre es mit einer Runde Bier dazu?
Schreiben Sie alle Punkte, über die Sie referieren möchten, ausführlich auf Ihre Folien.	Wenn Sie das tun, kann es Ihnen nicht mehr so leicht passieren, dass Sie einen Hänger haben. Und vor allem: Selbst wenn Sie mal monoton und nuschelnd sprechen, können die Teilnehmer ja noch mitlesen. Doppelt gemoppelt hält sowieso besser: Mitlesen und dasselbe von Ihnen vorgelesen bekommen – was soll's, wenn Studien das Gegenteil beweisen! Und vielleicht

1. Akt – Die Filmidee

Sie tun/Sie sagen ...	Begründung
	taugt die PowerPoint-Datei ja gleichzeitig noch als Handout, steht ja schon alles auf den Folien.
Nutzen Sie Gliederungspunkte, sogenannte Bullet-Points.	Es ist schließlich Standard, alle machen es so. Wird doch gleich viel übersichtlicher. Am besten gleich sieben von diesen Bullets pro Folie und immer ganze Sätze, dann kommt entsprechend viel rüber. Gut gegliedert ist halb gewonnen.
Sparen Sie an der Anzahl der Folien.	Da gab es doch mal irgendwo eine Regel: Pro Folie zwei Minuten – oder war es alle zwei Minuten eine Folie? Ist doch gut, wenn auf jeder Folie so viel wie möglich steht, so hat der Zuschauer immer einen Überblick. Und für jeden Punkt eine Folie zu verwenden, wäre doch viel zu aufwendig. Schließlich kostet ja auch jede Folie extra.
Verwenden Sie ständig verschiedene Übergänge.	Es gibt sogar eine Automatikfunktion, bei der PowerPoint entscheidet, welche Animation für den Übergang einer Folie verwendet wird. So ist es immer wieder eine Überraschung, was beim nächsten Mal wohl passieren wird. Denn Folien, die einfach nur erscheinen, ganz ohne Animation, das kann doch jeder. Und wenn Sie schon monoton präsentieren, können doch wenigstens die Animationen für ein bisschen Stimmung sorgen.

Sie tun/Sie sagen ...	Begründung
Nutzen Sie die zahlreichen Möglichkeiten für Animationen.	Text kann fliegen. Wenn Sie Keynote (nur auf Apple) statt PowerPoint einsetzen, kann er sogar brennen oder funkeln. Diagramm-Elemente können auch wirbeln, sich drehen oder hüpfen. All das kommt einer schillernden Show schon recht nahe. Je häufiger Sie das einsetzen, desto mehr Aufmerksamkeit wird auf die Leinwand gelenkt, und man starrt nicht dauernd auf Sie. Übrigens: Es gibt auch Geräusche, die Sie einbauen können. Sogar Applaus, das hat dann denselben Effekt wie bei amerikanischen Sitcoms. Auch da lacht immer ein imaginäres Publikum.
Nutzen Sie Clip-Arts.	PowerPoint macht es Ihnen leicht. Einfach auf ›Einfügen‹ Datei ›Clip-Art‹ gehen und schon haben Sie zahlreiche dieser wunderbar harmonisch aufeinander abgestimmten Bildchen, die Ihre Präsentation auflockern. Ein Bild sagt schließlich mehr als tausend Worte – heißt es.
Dunkeln Sie den Raum ab und stellen Sie sich nicht vor die große Leinwand.	Ein dunkler Raum hilft, die Folien gut zur Geltung zu bringen. Sie unterstreichen das noch, wenn Sie sich selbst ganz an den Rand stellen, um den Blick auf die Leinwand freizugeben. Am besten, Sie kleiden sich auch dunkel, damit Sie nicht mehr auffallen, denn sicher wollen Sie doch keinesfalls von den Folien ablenken.

1. Akt – Die Filmidee

Sie tun/Sie sagen …	Begründung
Sprechen Sie monoton.	Das wirkt seriös. Vielleicht ein bisschen einschläfernd, doch da zeigt sich gleich, wer sich wirklich für Ihr Thema interessiert: die zwei, drei Leute, die trotzdem wach bleiben.
Nehmen Sie Ihre Notizen in die Hand.	Das machen die im Fernsehen schließlich auch so. So können Sie zwischendurch immer wieder draufschauen. Auch wenn Sie vermutlich gar nicht wirklich lesen und nicht einmal Ihren Blick darauf scharf stellen: Sie haben wenigstens für einen Moment Blickkontakt vermieden.
Nehmen Sie einen Stift in die Hand, wenn Sie nervös sind.	Mit einem Stift können Sie nämlich wunderbar spielen und so Ihre Nervosität auch wirklich jedem zeigen. Vielleicht können Sie sogar möglichst geräuschvoll die Kappe auf und zu machen? Auch als eine Art Laserschwert oder verlängerter Oberlehrer-Finger weist ein Stift das Publikum körpersprachlich gut in seine Schranken. Sehr beliebt!
Verzichten Sie auf Gestik.	Okay, wenn Sie ein bisschen mit den Händen wackeln, so wie ein Pinguin mit den Flügeln, dann ist das noch erlaubt. Aber wozu denn die ganzen Arme nehmen? Das bringt Sie doch nur ins Schwitzen. Und dass es dem Publikum hilft, Sie besser zu verstehen, muss ein Gerücht sein, oder? Das Festhalten an Notizkarten (siehe oben) hilft im Übrigen dabei, auf jegliche Gestik zu verzichten. Sonst kommt

Sie tun/Sie sagen ...	Begründung
	womöglich noch jemand auf die Idee, dass Sie von Ihrem Thema begeistert sind.
Wenn Sie unsicher sind, dann schauen Sie leicht über die Köpfe Ihres Publikums hinweg.	Je weiter Sie dabei die Nase anheben, desto besser kann das Publikum das als Arroganz deuten. Ist doch viel besser als Unsicherheit, oder? Wozu denn auch Kontakt mit dem Publikum aufnehmen? Die sollen gefälligst auf Ihre Worte achten, da stört doch so ein aufdringlicher Blickkontakt nur.
»Äh, ... wie gesagt, ... ich denke ... das ist sozusagen das, was Sie vielleicht versuchen sollten, ... denn eigentlich würde ich ja sagen, ...«	Füllwörter, Floskeln und Verlegenheitsausdrücke haben einen enormen Vorteil: Sie können hinterher auf nichts festgenagelt werden. Denn Sie haben ja immer ein Hintertürchen offen. Wenn Sie nur »versuchen« oder »sagen würden«, dann haben Sie ja nichts getan und nichts gesagt. Wer kann Ihnen da noch was wollen?
»Ich möchte mich nun noch bedanken bei ...«	Diese Formulierung ist optimal, denn nach der Ankündigung, was Sie möchten, müssen Sie es gar nicht tun und niemand wird auffallen, dass Sie es gar nicht getan haben. Sie haben nur Ihre Absicht erklärt.
»Vielen Dank für Ihre Aufmerksamkeit!«	Diese Aussage – ausgesprochen und am besten auch noch auf einer Folie verewigt – ist absolut angebracht. Nämlich dann, wenn Sie die obigen Punkte eingehalten haben. Wenn es eine richtige Tortur fürs Publikum war, aufmerksam zu bleiben. Dann

Sie tun/Sie sagen ...	Begründung
	können Sie diesen Satz verwenden, gern auch mehrsprachig auf der Folie und mit einem Foto applaudierender Hände geschmückt. So machen das auch Rockstars: Am Ende eines Liedes treten sie an den Bühnenrand und sagen leicht devot: »Vielen Dank für Ihre Aufmerksamkeit!«
	Sie dürfen jedoch getrost darauf verzichten, sich für den Applaus des Publikums zu bedanken. Dass Sie den verdient haben, versteht sich von selbst.

In aller Kürze

- 84 Prozent deutscher Präsentationen werden von den Teilnehmern als langweilig oder gar einschläfernd bezeichnet, nur 3 Prozent als inspirierend. Schlechte Präsentationen gefährden das Ergebnis.

- Präsentationen sind Weichen für den geschäftlichen Erfolg Ihres Unternehmens und Ihre Karriere. Es ist leichtsinnig, sie oberflächlich vorzubereiten.

- Sprechen können wir alle. Um wirkungsvoll zu sprechen und zu präsentieren ist kontinuierliches Training unabdingbar.

- Die Welt ist voller Entertainment: Musik, Internet, TV, Handy und Co. halten unsere Sinne ständig auf Trab. Eine monotone Präsentation wird vom Körper sogleich als Ruhephase und Schlafgelegenheit genutzt.

- Wer für sein Unternehmen auftritt, prägt dessen Image mehr, als alle Marketing- und PR-Maßnahmen zusammen. Der menschliche Kontakt wirkt immer am stärksten.

- Das Gehirn wird durch Fakten, Zahlen und Fachbegriffe übermäßig strapaziert. Durch Bilder, Geschichten und Emotionen wird es dagegen zu höchster Aufmerksamkeit gereizt.

- Viele Präsentationen langweilen mit Floskeln und Kleinigkeiten, die ganz leicht vermieden oder ersetzt werden können.

Kapitel 2

And the Oscar goes to ...

Preisverdächtige Präsentationen

Der Oscar ist die größte Auszeichnung in der Filmbranche. Denn zum einen sind es Kollegen, also Fachleute, die den Preisträger wählen und ihm damit ihre Anerkennung aussprechen, zum anderen bedeutet er höhere Zuschauerzahlen und Gagen. Begeisternde Präsentationen müssen keinen Preis bekommen, um für mehr Umsatz und Erfolg zu sorgen.

TED (Abkürzung für Technology, Entertainment, Design) ist eine alljährliche Konferenz in Monterey und an anderen Standorten wie Tokio, London oder München. Dort präsentieren interessante Menschen aus Wirtschaft, Politik, Kultur und Forschung, wie der Slogan besagt, »Ideas worth spreading«, also Ideen und Themen, die es wert sind, der ganzen Welt präsentiert zu werden. Hans Rosling, ein schwedischer Wissenschaftler, ist bekannt für seine Präsentationen bei TED, in denen es meistens um das Bevölkerungswachstum unterschiedlicher Nationen im Zusammenhang mit Armut und Wohlstand geht. Normalerweise präsentiert er dies mit den animierten Grafiken einer eigens dafür entwickelten Software. Legendär sein Enthusiasmus, wenn er seine visualisierten Zahlen kommentiert.

Kapitel 2 And the Oscar goes to ...

Diesmal ist alles anders. Wieder TED, diesmal in Cannes, im Frühjahr 2010. Rosling kündigt an, über die Veränderungen seit 1960 zu referieren. Seit seiner Schulzeit also. Doch diesmal nicht, wie bei den ersten fünf TED-Autritten, mit digitalem Material. Er habe sich weiterentwickelt und setze eine neue, analoge Methode ein, die er bei IKEA erstanden habe. Natürlich gibt es Gelächter, als der Schwede die beim Möbel-Schweden gekaufte blaue Plastikbox hervorholt. Er stellt sie auf den Tisch. Auf der Leinwand ist ein Foto der Box zu sehen, sie wird als eine Milliarde Menschen definiert. 1960, das Jahr, über das er spricht, hatten die Industrienationen eine Milliarde Einwohner und die Entwicklungsländer – er stellt nun zwei grüne Boxen dazu – zwei Milliarden. Er führt nun aus, dass in den Sechzigern der Fokus der Menschen in den Industrieländern darauf ausgerichtet war, ein Auto zu kaufen. Er holt ein Volvo-Modell aus der Box. Die Menschen der Entwicklungsländer wollten sich damals ein Paar Schuhe leisten können. Er holt ein Paar Flip-Flops aus einer der grünen Boxen.

Hans Rosling bei seiner TED-Präsentation 2010 in Cannes.

1. Akt – Die Filmidee

Auf diese Art geht es weiter. Er holt vier weitere grüne Boxen hervor, die die Verdoppelung der Weltbevölkerung bis 2010 und eben auch die Verdreifachung der Bevölkerung der Entwicklungsländer symbolisieren. Er stellt ein Flugzeugmodell auf, das die Reisefreudigkeit der Industriebevölkerung darstellt usw. So macht er auf seinem Tisch weiter, um zu demonstrieren, was die Ziele der Gruppen sind und wie sich das Ganze bis 2050 weiter entwickeln wird. Während der gesamten Präsentation unterstreicht er all seine Aussagen durch diese Demonstration. Das Publikum beobachtet und lauscht gebannt. Eine geniale Idee, um das Problem zu visualisieren und spannend zu inszenieren.

Jamie Oliver, der agile englische TV-Koch, der mit seiner lockeren Art dieses Genre verändert hat, spricht über Fettleibigkeit bei Kindern. Etwa in der Mitte seines Vortrages beginnt er, über Schulspeisung und insbesondere Milch zu sprechen. Er erzählt, dass jedes Kind in England und in den USA zwei kleine Flaschen Milch pro Tag trinkt (je knapp einen halben Liter). Und dass jemand auf die Idee gekommen ist, dass Kinder mehr davon trinken, wenn man Geschmacksstoffe und Zucker beifügt. Er kommt mit einer Schubkarre auf die Bühne. Diese ist voll mit Zuckerwürfeln. Er nimmt einen Messbecher und wirft ca. acht Stücke auf die Bühne: Das sei die Ration, die ein Kind täglich mit der Milch zu sich nimmt. Nun nimmt er einen größeren Becher und wirft die Menge einer Woche auf die Bühne: 40 Würfel. Dann die Menge eines Monats. Und schließlich kippt er den Inhalt der ganzen Schubkarre auf die Bühne. »Das ist nur der Zucker aus der Milch in fünf Grundschuljahren«, sagt er. Jamie Oliver kniet sich mitten rein und wirft Zuckerwürfel in die Luft. Dann sagt er: »Angesichts dieser Beweise würde jedes Gericht und jede Regierung auf der Welt sie des Kindesmissbrauchs für schuldig erklären. Davon bin ich überzeugt.« Die Demonstration in Kombination mit der dramaturgischen Übertreibung zeigte Wirkung. Auch hier ist der Beifall groß. Die Thematik verinnerlicht. Der Eindruck bleibend.

Jamie Oliver bei seiner TED-Präsentation mit Schubkarre voll Zuckerwürfel

Die Präsentation der S-Klasse von Mercedes in Tokio. Geladene Gäste sitzen in der großen Halle und lauschen dem Kölner Klassik Ensemble, das auf der einen Hälfte der Bühne sitzt. Es spielt ein Stück von Friedrich Gulda. Auf der anderen Hälfte steht die Luxus-Limousine. Als das Publikum am Ende des Vortrags applaudiert, steht ein Mann aus der hinteren Reihe der Musiker auf. Er kommt mit seiner Geige nach vorn. Er trägt einen überdimensionierten Schnauzbart. Es ist Dieter Zetsche. Kein Musiker, sondern der Vorstandsvorsitzende der Daimler AG, der im Ensemble mitgespielt hat. Er inszeniert sich damit als Teil eines Teams.

Es gibt sie, die tollen Präsentationen, bei denen jeder gefesselt ist und die keiner vergisst. Gleichzeitig höre ich sie immer wieder, die Zweifler, die Skeptiker, die HWISSG-ler.

»HWISSG« steht für: »Haben wir immer schon so gemacht«. Sie glauben, dass so etwas in ihrem Fall nicht möglich wäre, dass man das in Deutschland nicht machen könne, dass ihr Chef das nicht gutheißen würde, dass ihr Publikum das albern fände, dass das nicht seriös sei. Bei anderen ja, aber nicht bei ihnen. Steckt da mangelnder Mut dahinter? Lampenfieber? Oder die Angst, nachdenken, kreativ sein und Zeit investieren zu müssen?

Man entdeckt keine neuen Erdteile, ohne den Mut zu haben, alte Küsten aus den Augen zu verlieren.
– ANDRÉ GIDE

Stellen Show, Humor und Entertainment tatsächlich einen Widerspruch zu Seriosität, Ernsthaftigkeit und Glaubwürdigkeit dar? Im Gegenteil! Sie sind der Stoff, aus denen überzeugende Präsentationen entstehen. Um einen bleibenden, positiven Eindruck zu hinterlassen, gehört zu den wichtigsten Zielen einer Präsentation:

- ➤ Auffallen erregen
- ➤ Aufmerksamkeit erlangen
- ➤ Merk-Würdigkeit erzeugen
- ➤ Merkfähigkeit bewirken
- ➤ Überzeugungskraft vermitteln

Wenn Sie diese Ziele erreichen, verkaufen Sie Ihr Produkt oder Ihre Informationen nebenbei und wie von selbst. Denn das positive Bild, das dadurch bei den Zuschauern entsteht, prägt sich fest ein und sorgt langfristig für die richtigen Assoziationen mit Ihrem Produkt und Ihren Informationen. Eine Präsentation kann also mit Show, Humor oder Entertainment nicht nur funktionieren, sie erzielt auch eindeutig mehr Wirkung mit Show, Humor und Entertainment.

Im alltäglichen Wettbewerb sind Show, Humor und Entertainment Voraussetzung für Merk-Würdigkeit.

Doch Vorsicht: Wenn Show, Humor oder Entertainment dilettantisch sind, zu gewollt wirken, dann verliert die Präsentation an Wirkung. Und deshalb meine offenen Worte: Ja, Sie werden wirklich nachdenken müssen, Sie werden Ihre Kreativität brauchen und Sie werden Zeit investieren müssen. Und Sie werden ein wenig Mut brauchen. Doch es lohnt sich.

Warum soll Ihre Präsentation Emotionen wecken?

Haben Sie schon einmal Hitchcocks Film *Die Vögel* gesehen? Vermutlich. Ist dieser Film nicht grauenvoll? Vögel, Blut, schrille Musik und Schreie! Hatten Sie nicht vielleicht sogar Angst – zumindest damals als Kind? In diesem Klassiker passiert wenig Schönes und trotzdem opfern Sie fast zwei Stunden Ihrer wertvollen Zeit? Ach, Sie haben ihn sogar schon mehrmals gesehen? Warum tun Sie sich so etwas an? Ganz einfach: Es hat mit Emotionen zu tun. Wir Menschen lieben Emotionen, Emotionen sind unser ganzer Antrieb. Wir lassen uns sogar in Angst, Schrecken und Grusel versetzen, denn auch das sind Emotionen. Und wir werden auch nach zwei Stunden nicht müde dabei.

Dasselbe gilt für fast alles, was wir tun. Wandern in den Alpen, bis zur Erschöpfung Mountainbike fahren, ein genussvolles Essen im Edel-Restaurant mit Kerzenlicht, eine Nacht lang im Club zwischen Tausend anderen »abtanzen«, ein House- oder

Klassik-Konzert, ein romantischer Urlaub auf Bali, ein Glas Rotwein oder Single Malt bei Sonnenuntergang, ein Bungee-Sprung und natürlich nicht zu vergessen: Sex. Wir geben Geld aus, wir investieren Zeit, wir arbeiten und tun vieles, um uns solche Momente leisten zu können. Wir genießen sie, haben Spaß und Freude. Wir teilen sie mit den liebsten Menschen.

Es müssen nicht immer die großen Dinge sein. Auch im Kleinen suchen wir Emotionen: ein Keks zwischendurch, ein Spaziergang in der Mittagspause, den Hund knuddeln, die Musik im Autoradio, der Flirt mit der netten Kollegin, dem netten Kollegen.

Für emotionale Erlebnisse ist der Mensch zu vielem bereit.

An welche Momente Ihres Lebens erinnern Sie sich am besten? Es sind die besonders schönen oder besonders traurigen Momente. Es sind persönliche Erlebnisse und auch solche, die man empathisch aus der Ferne miterlebt, wie die Attacke auf das World Trade Center in New York, der Tsunami in Südostasien oder das Erdbeben mit Tsunami und Atomkatastrophe in Japan. Auch positive Emotionen können empathisch, z. B. am Bildschirm, miterlebt werden: ein Sieg der deutschen Fußball-Elf, die Hochzeit eines Royal-Paares oder der Moment, in dem der Gewinner einer Casting-Show gekürt wird. Weltereignis oder Banalität – es spielt keine Rolle.

Ganz so einschneidend wie diese Erlebnisse muss eine Präsentation bei Ihren Zuhörern nicht sein. Doch ähnlich ist es schon: Überlegen Sie mal, welche Präsentationen, Referate, Vorträge, Vorlesungen und Reden bei Ihnen hängen geblieben sind. Was war der Grund? Ging der Inhalt Ihnen besonders nahe? Wenn Ihr Chef eine Rede über notwendige Entlassungen hält und Sie davon betroffen sind, werden Sie das logischerweise nicht vergessen. Und die anderen, an die Sie sich erinnern? Waren die besonders witzig? Gab es eine besondere Demonstration, wie etwa die Kisten von Hans Rosling? War das Thema für Sie von emotionaler Bedeutung, weil es beispielsweise um Ihr Hobby oder Sie selbst bei einem Jubiläum ging? Ich bin mir sicher, dass Emotionen eine große Rolle gespielt haben, richtig?

Emotionen sind der Merkfaktor Nummer eins und als solchen sollten Sie sie nutzen. Haben Sie sich einmal mit Gedächtnistraining beschäftigt? Eine der Techniken ist, sich Dinge mit Hilfe von Geschichten zu merken. Je lustiger, skurriler oder schmerzhafter die Geschichte ist, desto leichter werden Sie sich den Inhalt merken. Emotionen! Immer wieder Emotionen.

Ein Überblick über Emotionen

Menschliche Gesichtsausdrücke geben sieben eindeutige Emotionen wieder, die weltweit einheitlich sind. Der US-amerikanische Anthropologe und Psychologe Paul Ekman forscht seit den Fünfzigern unermüdlich zu diesem Thema und hat diese Übereinstimmung nachgewiesen – auch wenn es uns manchmal schwerfallen mag, den Gesichtsausdruck von Menschen aus anderen Kulturen zu entschlüsseln. Nach Ekman ist Mimik nicht kulturell erlernt, sondern genetisch verankert. Diese ausgedrückten Emotionen sind:

Emotion	Mimik
Überraschung	Augenbrauen angehoben, Augen geweitet und Mund offen
Missachtung	ein Mundwinkel leicht nach oben angehoben
Wut	Augenbrauen runter und zusammengekniffen, Augen glänzen und Mund leicht zugepresst
Traurigkeit	obere Augenlider leicht runter, unscharfer Fokus, Mundwinkel leicht nach unten
Furcht	Augenbrauen angehoben und nach innen gepresst, Augen weit offen, Mund leicht breit geöffnet
Ekel	Augenbrauen runter, Nase gekräuselt und obere Lippe hoch
Freude	Augen zugekniffen, Krähenfüsse sichtbar, obere Wangenmuskel hoch, Mundwinkel rauf

Ist Ihnen etwas aufgefallen? Von unseren sieben sichtbaren Grundemotionen sind fünf unangenehm: Missachtung, Wut, Traurigkeit, Furcht und Ekel. Eine ist neutral, denn Überraschung kann positiv oder negativ sein und nur eine einzige, nämlich Freude, ist positiv.

Unsere Mimik drückt die sieben Grundemotionen aus: eine neutrale, fünf unangenehme und eine angenehme.

Welche dieser Emotionen wollen Sie bei Ihrer nächsten Präsentation in den Gesichtsausdrücken Ihrer Teilnehmer sehen? Es muss übrigens nicht immer Freude sein. Hitchcocks *Vögel* erzeugen auch nicht nur Freude, oder?

Kapitel 2 And the Oscar goes to ...

Eine Übersicht über Emotionen, abgestuft jeweils vom angenehmen bis zum unangenehmen Bereich.

Es gibt verschiedenste Ansätze, Emotionen in eine übersichtliche Form zu bringen. Es wird jedoch schon bei den Begriffen schwierig, da manche unterschiedlich interpretiert werden können. Ich biete Ihnen hier meinen eigenen Ansatz. In der Übersicht sind die Abstufungen von leichten bis hin zu starken Emotion enthalten. Sie soll Ihnen später helfen auszuwählen und die richtigen Emotionen zu nutzen. Ich habe verschiedene wissenschaftliche und populäre Modelle zusammengefasst, eigene Erfahrungen hinzugefügt und dabei gemerkt: Es kann keine Vollständigkeit geben, und die Definition, was für den Einzelnen mehr oder weniger Bedeutung hat, ist sehr individuell. Die Emotionen beginnen dabei im positiven Bereich (grau) und sind abgestuft, bis sie im unangenehmen Bereich (rosa) wieder am stärksten sind. Alle Emotionen können im Film und auch bei einer Präsentation eingesetzt werden, wenngleich beim Präsentieren nicht alle unproblematisch sind. In der siebten Reihe finden Sie genau die Emotionen, um die es hier im Buch geht: Spannung statt Langeweile.

Von Neugierde, Spannung und Nervenkitzel

Auch Langeweile ist eine Emotion – es könnte sich also jemand damit herausreden, auch damit etwas zu erreichen. Stimmt. Ich erinnere mich an eine Kollegin, die auf einer großen Bühne einen fürchterlich langweiligen Vortrag gehalten hat. Von acht Rednern ist mir vor allem sie in Erinnerung geblieben – weil in mir fast Wut aufgestiegen ist. Natürlich mit entsprechend negativen Assoziationen. Was wiederum nicht bedeutet, dass negative Emotionen grundsätzlich vermieden werden müssen. Im Gegenteil, Sie können Betroffenheit, Sorge und Angst beispielsweise sehr gut nutzen, um die Menschen zu überzeugen, etwas kaufen zu »müssen«. Wer keine Angst vor Schaden hat, wird kaum eine Schadensversicherung abschließen.

Gerade durch Langeweile entsteht bei Präsentationen ganz leicht eine unprofessionelle Wirkung. Neben der Unaufmerksamkeit und dem daraus folgenden Mangel an Konzentration, die ein langweiliger Vortrag bei den Teilnehmern bewirkt, erscheint ein langweilig Vortragender auch wenig kompetent und souverän. Wer es jedoch versteht, Neugierde, Spannung und den einen oder anderen Nervenkitzel zu erzeugen, der kann auf der Klaviatur der Emotionen seiner Teilnehmer spielen und wirkt überlegen. Bringen Sie Ihr Publikum zum Lachen, machen Sie es betroffen, bringen Sie seine Nerven auf Hochspannung – so wie Hitchcock in seinen Filmen! Als Präsentator werden Sie dabei ebenso gewinnen wie Ihre Inhalte, die auf diese Weise leichter aufgenommen und besser erinnert werden. Schluss mit Langeweile – überzeugen Sie durch Spannung!

Langeweile in Präsentationen zeugt auch von mangelnder Professionalität.

Die Macht der Empathie

Geschichten funktionieren dadurch, dass der Zuschauer sich in die Handlung und in den Protagonisten (oder einen entsprechenden Sympathieträger) hineinversetzen kann. Das ist möglich, weil wir Menschen mit Empathie ausgestattet sind. Wir fühlen mit. Wir freuen uns, leiden und zittern so wie der Held. Das funktioniert unter Umständen sogar, wenn das Handeln des Protagonisten gegen Moralvorstellungen oder das Bild eines guten Menschen verstößt. Der Held darf jemanden k. o. schlagen, wenn es der Sache dient. Auch mit einem Mörder kann sich der Zuschauer identifizieren, wenn er einen Bösewicht tötet. Und der Zuschauer schlägt sich sogar auf die Seite eines fliehenden Verbrechers, wenn dieser als Protagonist besonders sympathisch dargestellt wird.

Je mehr Anhaltspunkte Sie Ihrem Publikum bieten, sich in die Handlung Ihrer Präsentation hineinzuversetzen, desto emotionaler berühren Sie es. Dieser Macht der Empathie kann sich niemand entziehen. Schaffen Sie beispielsweise eine Figur, die Ihr Produkt/Ihre Idee/Ihre Informationen vorstellt und damit positive Erfahrungen macht. Ist die Figur sympathisch und ihre Eigenschaften auf den Kunden übertragbar, kann er sich mit ihr identifizieren und er beginnt empathisch, so zu denken wie sie. Überlegen Sie, warum Sie bei einem Film die Personen der Handlung mögen (oder eben hassen). Wodurch entstehen Sympathie und Empathie? Eine Figur wird immer durch Stärken zum Held und bleibt durch wenige Schwächen menschlich. Der coole Macho-Kommissar Schimanski hat seine Emotionen gezeigt und oft Tränen vergossen. Achilles hatte seine Ferse, die ihn angreifbar machte. Und sogar Superman hatte eine Schwäche: Kryptonit mit. Auch Hitchcocks Helden haben immer ihre Schwächen – sei es die für Frauen, sei es Unachtsamkeit oder andere. Nutzen Sie diese Erkenntnisse für Ihre Präsentationen.

Auch Helden haben Schwächen, das macht sie menschlich.

Die Geschichte mit dem rosa Elefanten

Eine Möglichkeit, Emotionen zu erzeugen, sind Bilder. Die meisten Bilder lösen Erinnerungen und dadurch Emotionen aus. Wenn ich Sie bitte, sich an Ihren letzten Urlaub zu erinnern, dann entstehen Bilder, Geräusche und/oder Gefühle. Ein Großteil hat zunächst Bilder vor dem inneren Auge. Diese Bilder lösen Assoziationen aus, die entweder an bereits bekannte, weil damals gefühlte Emotionen erinnern oder Emotionen erzeugen, die in Zusammenhang mit diesen Bildern erwartet werden. Dazu zwei Beispiele:

➤ Waren Sie schon einmal an einem Sandstrand in heißen Gefilden? Dann kann dieses Bild das Gefühl von Hitze oder gar Schmerzen durch den heißen Sand hervorrufen.
➤ Selbst wenn Sie noch nie in einer extrem kalten Region wie der Antarktis oder Sibirien waren, können Sie sich die extreme Kälte dort vorstellen, obwohl Sie selbst vielleicht bisher nur Temperaturen von −10 Grad erlebt haben.

Diese Gefühle, Stimmungen und Emotionen entstehen automatisch durch die Bilder in Ihrem Kopf.

Und wie bringen Sie die Teilnehmer dazu, sich Bilder vorzustellen? Nichts leichter als das, denn sobald Sie durch Ihre Worte ein Bild anregen, ist es auch schon da. Sie kennen vermutlich die Aussage: »Denken Sie jetzt bitte nicht an einen rosa Elefanten.« Trotz der Negation wird zunächst automatisch das Bild eines rosa Elefanten erzeugt, diesem Effekt entkommt keiner. Sie brauchen also nur die Vorstellungskraft Ihrer Teilnehmer anzuregen. Das geht mit Worten, mit Tönen und sogar direkt mit Gefühlen. Hier einige Beispiele – lesen Sie bitte langsam und bewusst und achten Sie darauf, welche Gefühle das bei Ihnen selbst auslöst:

➤ Erinnern Sie sich an Ihre letzte Reise mit der Bahn.
➤ Können Sie sich vorstellen, dass eines Tages Autos über der Fahrbahn schweben und der Fahrer im Internet surft, weil das »Fahrzeug« selbst den Weg kennt?
➤ Was haben Sie sich damals gewünscht, als Ihre Mutter Weihnachtsplätzchen buk und die ganze Küche herrlich danach duftete?

➤ Sie kennen die deutsche Nationalhymne? Wie wäre es, wenn ein Hund die Melodie bellen würde?
➤ Wie fühlen Sie sich, wenn Sie in einer Sauna liegen? Und danach eiskalt duschen?
➤ Wie schmeckt Ihnen ein Schweinebraten mit Knödeln? Haben Sie danach noch Appetit auf Kaiserschmarren mit Apfelmus?
➤ Ist Ihnen schon einmal Blut abgenommen worden?
➤ Auf einem Bazar im Orient gibt es all diese verlockenden Düfte der Gewürz- und Weihrauch-Händler.

Werden Emotionen durch Worte angeregt, können wir uns dem nicht entziehen.

Wir werden uns der Bildersprache noch genauer widmen, denn genau diese Vorstellungskraft, das »sich in Situationen hineinversetzen können«, ist die Grundlage, um Emotionen zu erzeugen. Und damit die Grundlage, um Spannung zu erzeugen. Mit der Kombination aus Vorstellungskraft und Empathie funktioniert auch der Film. Wir fühlen empathisch mit dem Protagonisten und stellen uns vor, wie es uns in dieser Situation ergehen würde. Wir leiden und freuen uns mit der Filmfigur. Wir fühlen ihren Schmerz, ihre Wut, ihre Freude. Und wir wollen eine Bestätigung dafür, dass wir Recht haben. Lässt diese auf sich warten, entsteht Spannung.

Warum Lachen keine Emotion ist

Wir lachen gern – zumindest die meisten von uns. Doch Lachen oder Humor sind nicht als Emotion definiert. Warum lachen wir? Beispielsweise, weil die Spannung anders aufgelöst wird, als wir es erwarten. Dinge, die auf den ersten Blick nicht logisch sind, bringen uns zum Lachen. Aspekte oder Situationen, die wir so nicht erwartet haben, bringen uns zum Lachen. Und Momente, die uns (bei uns selbst oder beim Handelnden) peinlich sind, bringen uns ebenfalls zum Lachen. Lachen ist eine Art Entladung von Energie. Wir könnten auch enttäuscht, erschrocken oder wütend reagieren. Das Entladen der Spannung, dieses plötzliche Loslassen-können, entlockt uns jedoch ein Lachen. Das ist angenehmer, als enttäuscht zu sein. Der zugrunde liegende Auslöser ist eine Emotion, das Lachen ist die Reaktion. Nur wenn die Überraschung zu weit geht, fahren wir schwere Emotionen wie Enttäuschung, Erschrecken oder Wut auf.

Humor kann sehr unterschiedlich entstehen oder erzeugt werden. Wir lachen, wenn jemand hinfällt und dies peinlich ist. Verletzt er sich dabei schwer, reagieren wir eher mit Betroffenheit oder anderen Emotionen. Lachen werden wir kaum mehr.

Die Momente, in denen wir lachen, sind natürlich individuell unterschiedlich. Jeder hat einen anderen Humor. Oder genauer gesagt: Jeder hat andere Erwartungen, wie die Spannung aufgelöst wird, und nur wenn die eigene Erwartungen überraschend unerfüllt bleiben, ist es für uns witzig.

Mehraufwand lohnt sich!

Was genau macht eine Präsentation gut oder gar besser? Was unterscheidet eine B-Präsentation von einem Blockbuster? Wie wird eine Präsentation zu *Vertigo*, *Die Vögel* oder *Psycho*? Was sind die Methoden, Techniken und Tricks, durch die eine Präsentation spannend wird? In den nächsten Kapiteln erfahren Sie, wie der Meister der Spannung, Sir Alfred Hitchcock, seine Filme spannend machte und wie er diese Fähigkeit heute einsetzen würde, wäre er Manager in einem Unternehmen. Doch über all dem steht die Frage, ob dieser Mehraufwand wirklich etwas bringt.

Kein Teilnehmer bekommt alles mit, was Sie während einer Präsentation sagen oder zeigen. Es wäre utopisch, das zu glauben. Die Aufmerksamkeitsspanne, die selektive Wahrnehmung, die individuelle Interpretation des Wahrgenommenen, die Bedeutung der Inhalte, die für jeden anders ist, das keineswegs perfekte menschliche Erinnerungsvermögen – all das sind Hindernisse, alles aufnehmen, verstehen und erinnern zu können. Viel entscheidender ist das Gefühl, das Sie bei Ihren Teilnehmern hinterlassen.

➤ Bei Verkaufspräsentationen muss der Teilnehmer spüren, dass es »sein« Produkt ist und er es braucht, um sich damit gut, sicher, stolz ... zu fühlen.
➤ Bei Informationspräsentationen muss der Teilnehmer das Gefühl haben, dass diese Informationen für ihn wichtig sind oder dass es gut ist, diesen Informationen zu glauben und zuzustimmen.
➤ Bei Projektpräsentationen muss der Teilnehmer das Gefühl haben, dass es vorangeht und er motiviert ist, seinen Beitrag zu leisten.

Das hängt auch damit zusammen, dass der Mensch zu 100 Prozent emotional entscheidet. Zahlreiche Forschungen haben dies bestätigt. Auch Professor Daniel Kahnemann von der Princeton University hat 2002 den Nobelpreis für Wirtschaftswissenschaften gewonnen, indem er dies nachgewiesen hat. Vereinfacht dargestellt läuft der Prozess so ab: Eine Person sammelt Informationen, die der Entscheidung dienen sollen. Abhängig von der Bedeutung der Entscheidung und der Persönlichkeit des Entscheiders sind es mehr oder weniger viele Informationen, manche davon sogar unbewusste (wie beispielsweise das Image oder Design eines Produkts, bei dem es eigentlich nicht auf Image oder Design ankommt). Die Vielzahl der harten und weichen Fakten lässt jedoch keine einfache Entscheidung zu, da für die konkurrierenden Alternativen ebenfalls eine Vielzahl von Informationen spricht. Welche Informationen haben nun mehr Gewicht? Letztlich entsteht ein Gefühl für die eine oder andere Entscheidung. Nach diesem wird entschieden, tatsächlich! Es ist immer eine emotionale Entscheidung. Dabei ist es der Person oft selbst gar nicht bewusst, dass die eigentliche Entscheidung emotional war. Je nach Persönlichkeit glaubt sie, rational entschieden zu haben. Denn sofort nach der Entscheidung wertet sie genau diejenigen Informationen als bedeutend, die diese Entscheidung untermauern. So rechtfertigt sie die Entscheidung zunächst vor sich selbst und gegebenenfalls auch gegenüber anderen.

Jede Entscheidung wird zu hundert Prozent emotional getroffen, auch wenn uns das selbst nicht bewusst ist.

Das bedeutet für eine Präsentation, dass es zum einen sehr hilfreich ist, die Teilnehmer in eine Emotion zu versetzen, die der (emotionalen!) Entscheidung dient. Und zum anderen, dass jeder geeignete emotionale Moment während einer Präsentation ein kleiner Pluspunkt auf dem emotionalen Konto ist. Und je mehr Pluspunkte Sie sammeln, desto leichter überzeugen Sie Ihr Publikum. Der Mehraufwand, den Sie leisten, um für jeden einzelnen dieser Pluspunkte zu kämpfen, lohnt sich also in jedem Fall.

Meine sieben persönlichen Maximen

Die folgenden Leitlinien habe ich mir selbst gesetzt. Eine Regel allein ist keine Garantie dafür, sie immer erfüllen zu können. Doch allein die Tatsache, dass dies meine Grundhaltung ist, spornt mich an, alles daran zu setzen, sie auch zu erfüllen. Wie lauten Ihre persönlichen Maximen als Präsentator?

Philosophie	Begründung
1. Ich bin dafür verantwortlich, dass sich die Teilnehmer die relevanten Inhalte merken.	Kein Teilnehmer kann sich alles merken, was in einer Präsentation gezeigt und gesagt wird. So ist es meine Aufgabe, dafür zu sorgen, dass die wichtigsten Aussagen und Inhalte entsprechend hervorgehoben und betont werden, damit sie im Gedächtnis der Teilnehmer hängen bleiben.
2. Es ist meine Pflicht, Informationen so aufzubereiten, dass sie so einfach wie möglich aufzunehmen sind.	Ich muss mich in meine Teilnehmer hineinversetzen und genau überlegen, wie ihr Kenntnisstand ist und wie ich ihnen die Informationen, die meine Präsentation enthalten, so vermitteln kann, dass sie sie in kurzer Zeit zu ihrem Nutzen wahrnehmen, verstehen und verinnerlichen können.
3. Meine Grundaufgabe als Präsentator ist es, die Gedanken der Teilnehmer zu führen.	Ich nehme die Teilnehmer an der Hand und führe sie wie ein Regisseur durch die Struktur meiner Präsentation, achte dabei stets auf Verständlichkeit und vor allem Logik. Und zwar eine Logik, die sofort nachvollziehbar ist, ohne dass die Teilnehmer selbst viel nachdenken oder gar Gedankensprünge nachvollziehen müssen.
4. Ich motiviere die Teilnehmer, das Präsentierte aufzunehmen, indem ich ihnen die	Als Präsentator bin ich stets auch Motivator. Es liegt an mir, wenn das Publikum nicht zuhören mag. Nur wenn ich in der Vortragsweise Emotionen, Spannungsmomente und Passion zeige, kann ich diese

Philosophie	Begründung
Bedeutung aufzeige, die es für sie hat.	Motivation auch bei schwierigen Inhalten aufrechterhalten. Das Entscheidende dabei ist, dass all diese Punkte nur dann funktionieren, wenn sie für die Teilnehmer Bedeutung haben, wenn also der Zusammenhang zwischen Inhalt, Art der Präsentation und der Bedeutung für den Teilnehmer klar erkennbar ist und ankommt.
5. Alles an einer Präsentation muss für die Teilnehmer so einfach wie möglich sein.	Es gibt keinen Grund, den Teilnehmern etwas Anstrengendes abzuverlangen, wenn es auch einfacher geht. Wenn es mir nicht gelingt, es einfach zu machen, kostet es die Teilnehmer ein Vielfaches an Zeit, Anstrengung und Nerven. Das beginnt beim Raum, geht über die Aufbereitung der Inhalte und endet bei der klaren Aufgabenverteilung (»Nächste Schritte«) am Ende.
6. Ich bin verantwortlich dafür, dass die Teilnehmer nach der Präsentation ein besseres Gefühl haben als vor der Präsentation.	Ich setze alles daran, dass es den Teilnehmern gut geht, sie die Informationen leicht aufnehmen können, sie Spaß dabei haben, die Stimmung gut ist, sie den Nutzen erkennen und für sich etwas mitnehmen können. Ausnahmen: Wenn es um negative Inhalte wie Entlassungen, Produktionsfehler, verlorene Kunden etc. geht, wird die Stimmung aufgrund dieser Inhalte kaum positiv sein können.
7. Ich habe nicht das Recht, auch nur einen Teilnehmer auch nur eine Minute zu langweilen.	Die wichtigste Maxime: Alles daran zu setzen, dass die Teilnehmer zuhören und aufmerksam bleiben, dass sie Spaß dabei haben und dass sie sich keinesfalls Ablenkung suchen oder müde werden.

In aller Kürze

🎬 Präsentationen mit ausgefallenen Ideen sind möglich – auch in Deutschland, auch in Ihrem Unternehmen. Und Sie schaffen damit Erinnerungswerte.

🎬 Menschen finden es mühsam, harte Fakten zu verstehen, zu lernen und sich zu merken. Sie sind dagegen bereit, für emotionale Erlebnisse viel auf sich zu nehmen, Zeit und Geld zu investieren.

🎬 Die Momente Ihres Lebens, an die Sie sich am besten erinnern, sind diejenigen, die starke Emotionen ausgelöst haben, positive oder negative. Dasselbe gilt für die Präsentationen, an die Sie sich erinnern.

🎬 Emotionen entstehen durch Geschichten und dadurch, dass die Zuhörer sich in den Protagonisten und die Handlung empathisch hineinversetzen können. Empathie erzeugt Emotionen.

🎬 Wenn Sie mit Ihren Worten die Vorstellungskraft der Zuhörer anregen, können diese sich nicht dagegen wehren, diese Vorstellung auch zu erzeugen. Das gilt auf allen Sinneskanälen.

🎬 Teilnehmer von Präsentationen müssen das Gefühl haben, dass das Gesagte für sie von Bedeutung und Nutzen ist. Eine Präsentation hat die Aufgabe zu motivieren.

🎬 Menschen entscheiden immer emotional. Deswegen ist es so wichtig, beim Präsentieren die richtigen Emotionen zu erzeugen.

Kapitel 3

Spannung à la Hitchcock

Packend präsentieren

Eine Dusche. Ein Vorhang. Ein Ablauf. Und Blut. Das sind die Bilder, die Ihnen vermutlich sofort präsent sind, wenn Sie an Psycho denken. Vielleicht noch der Schrei zur schrillen Musik. Der wohl spannendste Film Alfred Hitchcocks wird von einer Szene dominiert. Auch eine Präsentation kann durch eine Szene entschieden werden.

Selbst wenn Sie den Film seit Jahren nicht gesehen haben, haben Sie die Bilder vermutlich nicht vergessen. Und wenn Sie ihn nicht gesehen haben sollten, sind Ihnen Bilder dazu schon einmal begegnet. Auch wenn es womöglich nur der Duschvorhang mit den Umrissen von Hand und Messer ist, der vor einigen Jahren auf den Markt kam.

Sir Alfred Joseph Hitchcock wird als »The Master of Suspense«, der Meister der Spannung, bezeichnet. Bei Wikipedia lautet der Eintrag: »Hitchcock gilt als einer der stilistisch einflussreichsten Spielfilmregisseure und etablierte die Begriffe Suspense und MacGuffin in der Filmwelt. Sein angestammtes Genre war der Thriller, charakteristisch seine Verbindung von Spannung mit Humor. Die wiederkehrenden Motive seiner Filme waren Angst, Schuld und Identitätsverlust. Mehrfach variierte er das Thema des unschuldig Verfolgten.«

1. Akt – Die Filmidee

Präsentationen gewinnen, wenn sie spannend sind. Spannend aufgebaut, die Inhalte spannend aufbereitet, das Ganze spannend präsentiert. Da liegt es nahe, sich beim Master of Suspense umzusehen. Was macht die Magie der Filme vom Meister aus? Warum wird Hitchcock selbst über 30 Jahre nach seinem Tod und 35 Jahre nach seinem letzten Film *Familiengrab* immer noch als Maßstab für Spannung genannt? Was können wir für unsere Präsentationen von ihm lernen?

Szenen, die man nicht vergisst

Nicht nur der Mord unter der Dusche aus *Psycho* ist unvergesslich, auch viele Szenen aus seinen anderen Filmen kommen uns schnell in den Sinn. Sei es die Verfolgungsjagd am Mount Rushmore, bei der Cary Grant und Eva Marie Saint über die Nasen der in Stein gehauenen Präsidenten vor Verbrechern flüchten, die Szene, in der ein Flugzeug versucht, Cary Grant auf offenem Feld im Tiefflug zu töten, der Mord, den James Stuart im gegenüberliegenden Fenster des Hinterhofs beobachtet, die angreifenden Vogelschwärme. Unauslöschliche Eindrücke.

Spannung wurde von Hitchcock bis ins letzte Detail ausgearbeitet. Neben seinem berühmten Titel »Master of Suspense« besaß er einen weiteren, nämlich den des »besten Technikers der Welt«, bezogen auf das Kreieren von Filmen. Denn Hitchcock überließ nichts dem Zufall, achtete auf das kleinste Detail – auch im Hintergrund oder beim Licht. Wo andere Filme durch besondere Augenblicke, besondere Suspense-Szenen im Gedächtnis bleiben, stellte Hitchcock an sich selbst den Anspruch, dass jede einzelne Szene seiner Filme diesen Wert und diese Qualität besitzen musste. Er sagte von sich selbst, dass er Filme »ohne Löcher und Flecken«[1] drehen wollte.

---

[1] Truffaut, 1993. S. 12.

Kapitel 3 Spannung à la Hitchcock

Was für ein Anspruch! Der Erfolg gab ihm Recht. Wie wäre es, wenn Präsentationen »ohne Löcher und Flecken« wären? Wenn das kleinste Detail den Ansprüchen Hitchcocks genügte? Der Aufwand eines Kinofilms wird bei einer Präsentation nicht betrieben werden. Die Ansprüche dürfen also etwas niedriger liegen. Doch die Richtung ist klar: Details und Dramaturgie bestimmen die Qualität Ihrer Präsentation.

Bei Präsentationen ohne »Löcher und Flecken« ist jedes Detail so zu gestalten, als sei es die Schlüsselszene.

Was bedeutet eigentlich Suspense?

In Büchern zum Thema Film wird der Begriff Suspense bewusst nicht übersetzt. Schaut man im Wörterbuch nach, gibt es drei mögliche und sehr unterschiedliche Übersetzungen:

➤ (An-)Spannung (die naheliegende Übersetzung)
➤ Ungewissheit (bereits eine mögliche Erklärung, wie Spannung entstehen kann)
➤ Schwebe (das Ergebnis ist noch nicht bekannt, es entsteht Ungewissheit und dadurch Spannung.)

Alle drei Begriffe sind tatsächlich nur ein Ansatz, um die Bedeutung von Suspense im Zusammenhang mit Filmen, Drehbüchern oder Krimis zu erfassen. François Truffaut, der das wohl interessanteste Buch über Hitchcock veröffentlich hat, definiert es so: »Suspense bedeutet zunächst die Dramatisierung des Erzählmaterials eines Films oder auch die intensivste Darstellung dramatischer Situationen, die möglich ist. ... Die Kunst, Suspense zu schaffen, ist zugleich die Kunst, das Publikum zu packen, es am Film zu beteiligen.«[2]

Patricia Highsmith, eine berühmte Schriftstellerin (und Autorin der Literaturvorlage zu Hitchcocks *Der Fremde im Zug*) definiert Suspense auch darüber, dass es in amerikanischen Buchläden eine eigene Sparte mit dieser Bezeichnung gibt: »Suspense-Stories sind Geschichten, in denen physische Gewaltanwendung und Gefahr drohen oder tatsächlich stattfinden. Ein weiteres Charakteristikum der Suspense-Story liegt darin, dass sie Unterhaltung – meist in lebhaftem und oberflächlichem Sinne – liefert.«

Suspense entsteht durch Ungewissheit, Mitfiebern und einen Wissensvorsprung gegenüber dem Protagonisten.

Alfred Hitchcock selbst meint dazu in einem seiner späten Interviews: »Suspense hat damit zu tun, den Zuschauer durch bestimmte Emotionen gehen zu lassen. Und das schafft man nur, wenn man ihm einen Wissensvorsprung gibt. ... Viele verwechseln Detektiv-Geschichten, Krimis oder Who-dunnits mit einer Suspense-Story. Ein Krimi, ein Who-dunnit, ist eine intellektuelle Herausforderung wie ein Kreuzworträtsel. Wenn man einen Krimi kauft, sind nicht wenige versucht, die letzte Seite schon vorher zu lesen. ... Bei einer Suspense-Story weiß das Publikum von Anfang an Bescheid. Und wenn da eine Bombe unter dem Stuhl versteckt ist, will es schreien ›Weg hier, weg hier!‹«[3]

Suspense ist also gleichzeitig ein Wort für Spannung, eine Kategorie und eine Philosophie der Herangehensweise. Suspen-

---

[2] Truffaut, 1993, S. 11–13.
[3] DVD *Psycho*, Interview mit Alfred Hitchcock

se ist nicht der einzige Begriff, der Spannung bedeutet. Spannung kann durch verschiedene Techniken entstehen, die wir allesamt analysieren werden. Spannung entsteht durch Ungewissheit des Ausgangs, durch Verzögerung dieser Ungewissheit oder durch Überraschungen in der Handlung.

Das Leben besteht aus Spannung

Wann sind Sie gespannt? Was bedeutet Spannung für Sie persönlich? Als Kind waren Sie gespannt, was das Christkind bringen wird. Was Papa da in der Hand hinter seinem Rücken versteckte. Später waren Sie gespannt, ob die oder der Angebetete sich ebenfalls für Sie interessierte. Heute sind Sie gespannt, ob das Wetter für den morgigen Ausflug geeignet ist, ob Sie den Zuschlag für einen Auftrag bekommen oder wie die neue Kollegin wohl so ist. Unser Leben ist voll kleiner und großer Spannungsmomente und -themen. Und dieses Gefühl der Spannung ist meistens positiv. Vorfreude gehört dazu, Neugierde, Antizipation (Erwartung), Überraschung. Manchmal ist die Spannung unangenehm, weil das, was davon abhängt, so wichtig ist und Sie das Schlimmste befürchten. Befürchtungen gehören also auch dazu. Manchmal ist Spannung ein Zwischending aus positiver Vorfreude einerseits und fast unerträglichem Warten andererseits. Dann kann Spannung fast wehtun.

Richtig gute Spannung kann fast wehtun: Werden Vorfreude und Erwartung erfüllt oder enttäuscht?

In den Prozess der Spannung – und das ist eine ganz bedeutende Erkenntnis – müssen wir nicht unmittelbar als Handelnde involviert sein. Natürlich wird es dann umso spannender, und wenn es »nur« um das Wetter von morgen geht. Aufgrund unserer Empathie und unseres Einfühlungsvermögens in andere Menschen und Situationen kann Spannung auch durch Miterleben entstehen. Das ist das Prinzip Film. Wir erleben empathisch die Situation der Handelnden mit. Wie im richtigen Leben, wenn wir für unsere Freunde mitfiebern, ob sie den Job bekommen, obwohl wir selbst nichts davon haben. Im Film sind wir auf der Seite des Helden. Wir wollen, dass der sympathische Verbrecher entkommt, selbst wenn er einen Mord begangen hat, denn er hat ja den echten Bösewicht zur Strecke gebracht. Wir wollen, dass der Hauptdarsteller und die Hauptdarstellerin sich kriegen, sich endlich in die Arme fallen und küssen. Wir wollen, dass der Kommissar den Serienkiller überführt und so das potenzielle fünfte Opfer überlebt. Wenn wir uns nicht mit der Hauptfigur identifizieren, dann sind wir – wie im richtigen Leben – oft einfach nur auf der Seite der Gerechtigkeit oder Moral. Auch wenn Gerechtigkeit und Moral unterschiedlich ausgelegt werden können, sind es starke Motive.

Und in einer Präsentation? Wer ist da der Mörder und wer der Kommissar? Wer ist das Liebespaar? Was ist da Gerechtigkeit und was Moral? Ganz einfach: Sie sind der Kommissar, der Held. Beim Liebespaar sind Sie der Werbende, das Publikum die Angebetete. Und der Gerechtigkeit und Moral ist dann entsprochen, wenn Sie den Auftrag bekommen.

Zu einfach? Vielleicht. Doch warten Sie ab, bis wir eine Dramaturgie entwickeln, eine Geschichte aufbauen und Spannungsmomente und -elemente einbauen.

Nichts ist so schwer wie Einfachheit

Klarheit und Einfachheit sind zwei weitere Eigenschaften, die Hitchcocks Filmen zugeschrieben werden. Klarheit und Einfachheit sind deshalb so wichtig, weil jeder im Publikum den Film verstehen muss. Heute sehen einige Regisseure das offensichtlich anders und präsentieren derart verworrene und verschlungene Handlungsstränge, dass man nur bei vollkommener Konzentration die Auflösung am Schluss nachvollziehen kann. Doch gerade die Hitchcock'sche Klarheit und Einfachheit sorgen für Spannung.

Ist denn Einfachheit eine so wichtige Qualität? Ja, definitiv, denn es ist eben nicht einfach, Einfachheit zu erzeugen. Manche sagen sogar, es sei das Komplizierteste überhaupt. Komplizierte Themen kompliziert zu präsentieren ist tatsächlich einfacher, als sie so einfach zu machen, dass jeder sie wirklich versteht.

Alles soll so einfach wie möglich gemacht werden – aber nicht einfacher. – ALBERT EINSTEIN

Hitchcock kommt eine Tatsache zugute, die uns heute kaum noch bewusst ist. Erst Hitchcocks achtzehnter Film, seine zehnte Regie-Arbeit, war sein erster Tonfilm, zumindest gab es dafür eine zweite Fassung mit Ton. In der Stummfilm-Zeit von 1921 bis 1929 hatte Hitchcock gelernt, wie sehr es auf die Bilder ankommt. Denn eines der fundamentalsten Gesetze des Kinos lautet – auch heute noch: »Alles, was gesagt statt gezeigt wird, ist für das Publikum verloren.« So ist – laut Truffaut – Hitchcock praktisch der Einzige, der in seinen Filmen Gefühle wie Verdacht, Eifersucht, Lust, Begierde direkt, ohne die Hilfe erläuternder Dialoge ausdrückte. Denken Sie nun an Präsentationen? Können Sie sich vorstellen, dieses Gesetz zumindest teilweise zu übertragen? Sie werden überrascht sein!

Hitchcock zieht alle Register

Einfachheit und Spannung sind also die Geheimrezepte für eine Präsentation? Wenn Hitchcock mit diesem Rezept Millionen von Zuschauern in die Kinos gelockt hat und sie heute immer noch vor die Bildschirme lockt, dann funktioniert dieses Rezept auch für Ihre Präsentation. Auch wenn die Voraussetzungen und Zielsetzungen einer Präsentation andere sind.

Wenn in *Psycho* Marion Crane (gespielt von Janet Leigh) in die Dusche steigt und diese scheinbar belanglose Situation das Unheil ankündigt, dann liegt es an der Macht der Bilder, dass wir diese Erregung spüren. Als der Mörder den Vorhang beiseite reißt, begleitet schrille Musik die schrillen Schreie des Opfers. Der Mord unter der Dusche dauert lang. 24 Sekunden lang sticht der Mörder zu. Acht Mal. 94 Sekunden lang sinkt das Opfer, nachdem der Mörder das Bad verlassen hat, in sich zusammen, rutscht an der Wand entlang immer tiefer, reißt den Duschvorhang mit, kippt schließlich über den Rand der Badewanne und bleibt mit dem Gesicht auf den Fliesen des Bodens liegen. Die Augen weit aufgerissen, die letzten Atemzüge. Das Besondere an dieser Szene ist, dass sie aus rund 70 verschiedenen Kameraeinstellungen und 50 Schnitten erstellt wurde. Die eigentliche Gewalttat wird nur angedeutet, es ist kein einziges Mal direkt ein Stich zu sehen. Die meisten Einstellungen gehen auf den Körper, den Duschkopf, das Blut in der Wanne oder die zustechende Hand mit dem Messer. Dass der Mord tatsächlich vollendet ist, erfährt der Betrachter erst später. 118 Sekunden lang starrt der Betrachter fassungslos auf Marion und fragt sich, ob das Opfer nur verletzt oder tatsächlich tot ist. »Schwebe« – Sie erinnern sich: eine der Übersetzungen von Suspense – erzeugt einen Großteil der Wirkung. Dazu vorwiegend Großaufnahmen und diese Musik.

In *Psycho* entsteht Spannung durch dramatische Bilder (die aber nichts Konkretes zeigen) und durch die Länge der Szene. Der Zuschauer rechnete damals nicht damit, dass die Hauptdarstellerin schon so früh im Film tatsächlich ermordet wird.

Melanie Daniels (Tippi Hedren), die in *Die Vögel* auf einer Parkbank vor der Schule auf den Beginn der Pause wartet, ist sichtlich nervös, während sie ihre Zigarette raucht. Durch Kindergesang wirkt die Szene jedoch eher beschaulich. Nur der Zuschauer sieht, dass sich immer mehr Krähen auf einem Klettergerüst hinter ihrem Rücken sammeln. Erst als sie nach langen 24 Sekunden mit dem Blick aufgeregt dem Flug einer einzelnen Krähe folgt, bemerkt sie die drohende Gefahr in ihrem Rücken. Seit dem Auftauchen der ersten Krähe haben sich rund 250 Krähen auf dem Klettergerüst, dem Zaun und den Nebengebäuden niedergelassen. Vollkommen geräuschlos. Eine halbe Minute lang beobachtet der Zuschauer die wachsende Bedrohung, die die Heldin selbst nicht sieht. Er kann sie nicht warnen und fiebert deswegen mit ihr mit. Hier dient der Gesang zur Verharmlosung der Szene, während die gleichzeitige Stille der Vögel dagegen bedrohlich und unheilschwanger wirkt.

Die Szene ist ungewöhnlich ruhig; nur wir als Zuschauer erkennen das drohende Unheil. So wissen wir mehr als die Protagonistin Melanie, die zwar nervös, aber doch nichts ahnend ihre Zigarette raucht. Unser Wissensvorsprung bewirkt, dass wir ihr am liebsten eine Warnung zurufen würden. Und doch wissen wir nicht, was die Krähen tatsächlich tun werden.

1. Akt – Die Filmidee

Die Eingangsszene in *Vertigo* zeigt eine Verfolgungsjagd über den Dächern von San Francisco. Ein Verbrecher wird von einem Polizisten in Uniform und Detective John »Scottie« Ferguson (James Stewart) gejagt. Einen beherzten Sprung auf ein schräges Dach schaffen sowohl der Gejagte als auch der Polizist. Scottie dagegen rutscht ab. Er bleibt an der Dachrinne hängen. Sein Hut fällt in die Tiefe. Sein Blick nach unten bestätigt ihm die schwindelerregende Höhe. »Vertigo« ist der medizinische Ausdruck für den Drehschwindel, der Menschen mit Höhenangst befällt. Der Polizist kehrt um, um seinen Kollegen zu retten. »Geben Sie mir Ihre Hand!« ruft er. Doch dann die Überraschung: Es ist der Polizist, der plötzlich schreiend in den Tod stürzt. Sein Absturz wird begleitet von einem Todesschrei und einer Musik von Pauken und dunklen Streichinstrumenten, deren Klang an einen Tiefflieger beim Bombenangriff erinnert. Scottie überlebt. Sein entsetzter Blick geht immer wieder hinunter in die Tiefe. Dorthin, wo die Menschen beim leblosen Körper des Polizisten zusammenströmen. Die Szene dient als Erklärung, warum Scottie an Höhenangst leidet und den Polizeidienst quittiert hat. Sie ist, nur wenige Sekunden nach Filmbeginn, eine erste Überraschung und ein erster Schock für das Publikum.

In dieser Szene aus *Vertigo* entsteht Spannung auf dreierlei Weise: durch die Plötzlichkeit einer mitreißenden Szene schon in den ersten Momenten des Films, durch die Überraschung, dass nicht Scottie, sondern der helfende Polizist abstürzt und durch die Bilder, die genau den Schwindel erzeugen, den der Filmtitel bezeichnet.

Sie sehen, dass Spannung unterschiedlich erzeugt werden kann: Eine Situation bleibt in der Schwebe, eine Entscheidung oder Aufklärung wird verzögert, etwas passiert anders, als erwartet, der Zuschauer weiß etwas, was der Protagonist nicht weiß, jemand ist in einer scheinbar ausweglosen Situation, Unheil kündigt sich auf verschiedenste Weisen an, Bilder oder Musik erzeugen Emotionen, und vieles mehr.

Üben Sie sich im Dreisprung

Eben habe ich Ihnen drei kurze Szenen aus Hitchcock-Klassikern beschrieben, die Spannung erzeugen. Der Mord in der Dusche, die Vögel auf dem Klettergerüst und die Verfolgungsjagd auf dem Dach. Jede hat ihr eigenes Spannungsmoment.

Spannung kann mehr, Spannung ist vielschichtiger, Spannung wird auf allen Ebenen erzeugt. Und hier kommen wir wieder auf unser Kernthema, die Präsentation, zurück. Über allem steht die Handlung, also das Thema Ihrer Präsentation. Die folgenden Schritte klingen zunächst komplex. Vielleicht fällt es Ihnen schwer sich vorzustellen, wie Sie die Dinge, die Sie aus Filmen kennen, auf eine Präsentation übertragen können. Aber keine Sorge. Wir werden sie in den einzelnen Kapiteln ausführlich erarbeiten.

Wenn Ihr Thema steht und von allen Seiten beleuchtet ist, brauchen Sie eine Dramaturgie. Sie suchen dazu eine reale Geschichte, eine Metapher oder einen Spannungsbogen zu einer bestimmten, neuen Information. Daraus entsteht der Rahmen für Ihre Präsentation. Sie werden dabei Begriffe kennenlernen, wie die Zwei-Plot-Technik, ineinander verwobene Handlungsstränge oder Erzählsprünge, die nicht nur im Film die Grundlage von Spannung sind. Auch gibt es grundsätzlich unterschiedliche Ansätze eines Handlungsaufbaus. Im Krimi ist es ein Unterschied, ob der Zuschauer den Mord miterlebt und einen Wissensvorsprung gegenüber der Polizei hat oder ob der Zuschauer ebenfalls im Dunkeln tappt und erst zum Schluss, zusammen mit der

Polizei, erfährt, wer der Mörder ist. In einem Fall entsteht die Spannung dadurch, dass der Zuschauer zwar mehr weiß als die Akteure im Film, sich aber nicht vorstellen kann, wie der Mord aufgeklärt oder gar der nächste Mord verhindert werden kann. Im zweiten Fall, dem sogenannten Who-dunnit (Verballhornung von »Who has done it? – Wer hat es getan?«) rätselt der Zuschauer selbst, wer nun der Mörder ist. War es wieder einmal der Gärtner?

Die Dramaturgie hat die Aufgabe, Spannung zu erzeugen. Die Gliederung dient nur dem logischen Ablauf.

Dem Spannungsbogen untergeordnet entwickeln Sie anschließend eine Gliederung, um die Inhalte in eine logische Reihenfolge zu bringen und festzulegen, welche Punkte überhaupt aufgenommen werden. Bitte beachten Sie, dass in manchen Präsentationsbüchern Dramaturgie und Struktur gleichgesetzt werden. Das sehe ich vollkommen anders. Eine Dramaturgie ist der Spannungsverlauf. Dramaturgie ist die Kunst, einen Spannungsbogen zu entwickeln. Nur weil eine Präsentation in Einleitung, Hauptteil und Schluss gegliedert ist, hat sie noch längst keine Dramaturgie.

Anschließend werden Sie jeden einzelnen Punkt ausarbeiten. Wie können Sie gleich zu Beginn das Publikum in Ihren »Film« hineinziehen? Wie setzen Sie den Konflikt der Geschichte richtig in Szene? Wie können Sie ihn rüberbringen, ihn einfach und verständlich machen, und das möglichst spannend? Wo können Sie Spannungselemente und -momente einbauen? Wie bauen Sie weitere Spannungsbögen ein? Und vor allem: Wie erzeugen Sie Bilder und Emotionen? Sogar Humor oder die Gestaltung

Ihrer Folien können Spannung erzeugen. Und nicht zuletzt ist die Fähigkeit, etwas spannend vorzutragen, durchaus erlernbar.

Mädchen für alles

Anders als die meisten Filmschaffenden, die im Team arbeiten, sind Sie als Präsentator meist allein oder haben höchstens eine Sekretärin oder ein kleines Team zur Verfügung. Sie sind dann der Geschichtenschreiber, der die Idee hat. Sie sind auch der Drehbuchautor, der sich die Szenen und Dialoge ausdenkt. Sie sind der Produzent, der um Zeit und Budget kämpfen sowie Ressourcen einkaufen und planen muss. Als Regisseur erarbeiten Sie jedes Detail Ihrer Präsentation, von der Umsetzung des Drehbuches bis hin zu den Folien. Und schließlich sind Sie sogar der Darsteller, der vor dem Publikum stehen und Oscar-verdächtig präsentieren wird.

Häufig wird eine Präsentation von Ihnen allein erstellt. Das bedeutet wenig Hilfe, dafür viel Freiraum und Einfluss.

Natürlich können Sie die eine oder andere Leistung auch einkaufen. Es gibt Spezialisten für (fast) alles. Es gibt Geschichten- und Redenschreiber, Agenturen für die Gestaltung von Folien oder die Organisation ganzer Events, und Coaches, die Sie auf Ihrem Weg zu einem spannenden Bühnenperformer und einer spannenden Präsentation begleiten. Zu Letzteren gehöre auch ich. Aus dieser Erfahrung heraus kann ich Ihnen eines versichern: Wenn der Mut da ist, Neues auszuprobieren, kann es mit entsprechender Ausdauer jeder schaffen, spannend zu präsentieren. Es ist letztlich gar nicht so schwer.

Der kreative Prozess

Können Sie sich jetzt schon einen Punkt vorstellen, an dem Sie Ihre Präsentationen spannender machen? Sind Ihnen schon erste Ideen gekommen? Denn damit beginnt alles: mit einer Idee!

Patricia Highsmith spricht von Ideenkeimen, die einmalig oder auch banal sein können. Wenn sie banal sind, muss die Geschichte, die drumherum wächst, etwas Besonderes werden. Es entsteht ein Gefühl, ein Kribbeln, eine Ahnung, ob die Geschichte erblühen kann oder ob sie verwelken wird. Highsmith nennt dies eine »gewisse Erregung«. Ideenkeime gibt es überall. Ganz ideenlos zu sein ist gar nicht möglich! Die Basis für die richtige Idee ist der Inhalt Ihrer Präsentation. Was ist die wichtigste Information Ihrer Präsentation? Gibt es ein Highlight, etwas Überraschendes? Es kann auch nur eine Kleinigkeit sein.

Und wenn Sie von sich denken, Sie seien nicht kreativ? Wenn Sie glauben, dass Ihnen absolut nichts einfällt? Leonardo da Vinci hat einem seiner Schüler gesagt, er solle die Wasserflecken auf der Wand studieren, sogar darin liege eine Idee. Wie in allem. Arbeiten Sie mit Mindmaps, mit freien Assoziationen, mit Brainstorming oder fangen Sie damit an, was keine gute Idee wäre. Auch über diesen Umweg sind schon viele gute Ideen entstanden.

Kreativität ist ein menschlicher Reflex. – SMUDO

Eine **Mindmap** ist eine Sammlung von Begriffen um ein zentrales Thema, das in der Mitte eines großen Blattes steht. Rundherum sammeln Sie Stichwörter, die jeweils über einen Ast mit dem Thema in der Mitte verbunden sind. Von diesen Ästen ausgehend sammeln Sie weitere Begriffe, die wieder mit dem jeweiligen Ast verbunden sind. Das Ganze sieht letztlich ein wenig aus wie ein Baum von oben. Die Begriffe sind die Blätter. Sie können auch Querverbindungen einzeichnen, Bildchen dazu malen und Farben einsetzen – das erhöht das kreative Denken. Mindmapping hat gegenüber einer Stichwortliste den Vorteil, dass die Sammlung nicht linear ist und jederzeit überall ergänzt werden kann. Mindmapping fördert den Ideenreichtum.

Freie Assoziation ist die Suche nach Begriffen, die Ihnen zu einem Stichwort einfallen. Dabei dürfen diese völlig verrückt sein und aus ganz anderen Themenbereichen stammen. Die Methode kommt eigentlich aus der Freud'schen Psychoanalyse. Als Kreativitätstechnik kann sie helfen, auch entfernte Assoziationen zu finden, die dann zur richtigen Idee führen. Um Ihren Gedankenfluss nicht zu bremsen, können Sie jemanden bitten mitzuschreiben, oder die Gedanken auf ein Diktiergerät sprechen. Auch viele Handys haben eine derartige Funktion.

Brainstorming ist eine Gruppenarbeit, bei der ebenfalls alle möglichen Ideen gesammelt werden, ohne sie zunächst zu bewerten. Durch die Begriffe des einen entstehen bei den anderen neue Gedankenassoziationen, und so wird aus einer Idee gleich wieder eine neue. Erst in der letzten Runde beginnt man, die Ideen zu bewerten.

Ich suche überall nach Anregungen. Machen Sie es doch ebenso. Schauen Sie sich um. Blättern Sie in Zeitschriften, surfen Sie im Internet, geben Sie in Google, Google Bilder oder Flickr.com Stichwörter ein und lassen Sie sich von den Texten und Bildern inspirieren. Hören Sie vor allem auf Ihr Unterbewusstsein und lassen Sie die verrücktesten Ideen kommen. Vollkommen kontraproduktiv sind an dieser Stelle Gedanken wie »Das kann ich nicht bringen!«, »Da dreht mein Chef durch!« oder »Nein, das ist zu albern!«. Es ist wie beim Brainstorming: Zunächst sind alle Gedanken zulässig, selektiert wird später. Und wenn Ihnen eine rosa Kuh mit knallblauen Cowboystiefeln einfällt, dann heißt das ja nicht, dass Sie die hinterher auch einsetzen. Die Kuh kann aber der Beginn einer Ideenkette sein, an deren Ende dann der geniale Einfall steht. Kreativität heißt, erst einmal alles zuzulassen.

Hilfreich ist es auch, immer ein Notizbuch mitzuführen, wie es die meisten Schriftsteller, Drehbuchautoren und Regisseure tun. Viele Journalisten, Filmschaffende und sonstige Kreative schwören auf das kleine schwarze Moleskine. Ein Handy mit Notizfunktion tut es auch. Wenn Sie etwas beobachten, eine nette Geschichte oder witzige Bemerkung hören, unterwegs eine Idee haben: Schreiben Sie sie sofort auf, denn die meisten Ideen gehen verloren, weil sie nicht notiert und schnell vergessen werden.

Und Ideen brauchen Sie viele: für Ihre Dramaturgie ebenso wie für die vielen kleinen Momente, die es in Ihrer Präsentation gibt.

Kreativität ist etwas, was jeder hat, aber nicht jeder zulässt. Sie ist wie ein Muskel, den man trainieren kann: Je öfter Sie ihn nutzen, desto besser wird er.

In aller Kürze

- Hitchcock ist der Meister der Spannung – von ihm und seinen Filmen können wir viel für Präsentationen lernen.

- Hitchcock ließ bei der Vorbereitung und Produktion eines Filmes kein Detail aus und behandelte jede Szene so, als sei sie die Schlüsselszene.

- Suspense entsteht durch Ungewissheit, das empathische Eintauchen in die Handlung und das Mitfiebern, ob das Erwartete eintrifft oder nicht. Dabei hilft dem Zuschauer ein gewisser Wissensvorsprung.

- Spannung hat mit Neugierde zu tun – auch wenn das Warten auf die Auflösung manchmal schon fast wehtut.

- Klarheit und Einfachheit sind immens wichtig. Es war Hitchcock immer bewusst, dass Bilder größere Wirkung erzeugen als Dialoge.

- Hitchcock hat alle Möglichkeiten genutzt, um Spannung zu erzeugen: das Verzögern der Auflösung, das Dehnen eines Moments, den Wissensvorsprung gegenüber dem Darsteller, die Macht der Bilder und ihrer Perspektive, die Musik – oder die Stille, unerwartete Wendungen und vieles, vieles mehr. All diese Möglichkeiten stehen uns bei Präsentationen zur Verfügung.

- Jeder ist kreativ und kann eine spannende Präsentation kreieren. Voraussetzung ist das Finden der richtigen Idee. Techniken wie Mindmapping, Brainstorming oder freies Assoziieren können den zündenden Funken erzeugen.

2. Akt – Das Drehbuch

Kapitel 4

Psycho-Drama

Spannung, die den Atem raubt

Das Gegenteil dessen zu machen, was üblich ist – genau das war Hitchcocks Ziel. Hell statt dunkel, leise statt laut, langsam statt schnell. Die Dramaturgie in Film und Präsentation darf nicht vorhersehbar sein, und doch muss sie sich ankündigen. Der Master of Suspense lässt den Zuschauer an der Entwicklung teilhaben.

Eine einsame Landstraße im staubigen Mittleren Westen. Roger O. Thornhill verlässt einen Bus in dieser trostlosen Gegend. Schier endlose, abgeerntete Felder. Er sieht sich um. Da ist nichts, da geschieht nichts. Ab und zu ein vorüberfahrendes Auto. In der Ferne ein kleines Sprühflugzeug. Allein die Einleitung zur Szene dauert sieben Minuten. Sieben Minuten, in denen Thornhill sucht und wartet. Sieben Minuten, in denen nicht einmal Musik zu hören ist. Sieben lange Minuten – die Ruhe vor dem Sturm. Hitchcock hat bewusst eine Szene gewählt, in der Thornhill, gespielt vom fabelhaften Cary Grant, genau das Gegenteil dessen erwartet, was in anderen Filmen gezeigt worden wäre: eine regennasse Kreuzung bei Nacht, eine Katze streicht an einer Hauswand entlang, ein Fenster mit einem schemenhaften Mann, eine schwarze Limousine nähert sich, unheilschwangere Musik. Stattdessen: eine staubige Kreuzung in der Mittagssonne, ein Landwirt steigt in einen Bus, Stille statt Musik. Der Landwirt hat die

Aufgabe, den Zuschauer vorzubereiten. Zunächst glaubt Thornhill in ihm seine Verabredung zu finden. Er spricht ihn an, aber der Mann antwortet, dass er nur auf den Bus warte. Und bemerkt noch, dass das Flugzeug Felder besprühe, die bereits abgeerntet seien. Diese Bemerkung ist ebenso wichtig wie die Tatsache, dass das Flugzeug schon vorher zu sehen war.

Und dann, ganz plötzlich, greift dieses kleine, böse Flugzeug an. Im Tiefflug rast es auf Thornhill zu. Dieser ist überrascht, weiß nicht, wie ihm geschieht. Natürlich duckt er sich, wirft sich mit seinem eleganten Anzug in den Dreck, versucht sich in einem Maisfeld zu verstecken. Doch das kleine Flugzeug ist wendig und spürt ihn immer wieder auf. Thornhill rettet sich in das einzige Maisfeld weit und breit. Das Flugzeug versprüht Insektenvernichtungsmittel. Thornhill gerät in Panik. Es ist keine Rettung in Sicht. Eine Flucht nicht möglich. Wie kann er entkommen? Diese Aussichtslosigkeit ist das Grundthema des Films. Diese berühmte Szene aus dem Film *Der unsichtbare Dritte* von 1959 ist eine der vielen kleinen Geschichten, die Hitchcock in die Haupterzählung des Films einbettet. Es ist eine der drei großen Action-Szenen im Film.

Das Drama ist ein Leben, aus dem man die langweiligen Momente herausgeschnitten hat.
– ALFRED HITCHCOCK

Hitchcock begründet das lange Warten vor dem Angriff so: »Die Dauer der Einstellung dient dazu, die verschiedenen Entfernungen zu verdeutlichen, die Cary Grant zurücklegen muss, um sich zu verstecken, und zu zeigen, dass er es gar nicht schaffen kann[4].« Sie dient auch dazu, Spannung aufzubauen. Wenn der

---
[4] Truffaut, 1993, S. 249

Zuschauer sieben Minuten lang Cary Grant und die Landschaft beobachtet, dann wartet er jeden Moment darauf, dass etwas passiert. In anderen Filmen dauern derartige Szenen meist weniger als eine Minute und sind zudem mit dramatischer Musik untermalt. Hitchcock spannt den Bogen sehr weit, wenn er den Zuschauer so lange warten lässt. Mit entsprechendem Erfolg. Und er überfällt den Zuschauer nicht, er baut die Szene langsam auf, gibt dem Zuschauer die Details, die er braucht, um auf den Angriff vorbereitet zu sein und Spannung zu verspüren: Er zeigt das Sprühflugzeug, er zeigt die Weite der Landschaft und damit die Unmöglichkeit der Flucht, er lässt den Zuschauer erfahren, dass es keinen plausiblen Grund für den Einsatz des Flugzeugs gibt.

Natürlich entkommt Thornhill schließlich. Das Flugzeug rast in den Anhänger eines Tanklastwagens. Anhänger und Flugzeug explodieren. Ein Täter ist im Wrack nicht mehr zu identifizieren. Das Motiv bleibt unklar.

Präsentationen brauchen eine Dramaturgie

In einigen Quellen wird die Dramaturgie einer Präsentation mit Struktur oder Gliederung gleichgesetzt. Legt man die ursprüngliche Bedeutung des griechischen δςαμα, dráma, zugrunde, mag dies nachvollziehbar sein, denn es bedeutet schlicht »Handlung«. Bedeutet eine chronologische Auflistung oder die Tatsache, dass ein Vortrag aus Einleitung, Hauptteil und Schluss besteht, dass der Vortrag zur Handlung wird? Nein. Eine Handlung erzählt eine Geschichte. Dramaturgie meint tatsächlich mehr als nur Handlung. Es wird entweder als Kompositionsprinzip verstanden. Oder, weit häufiger, als das Erzeugen eines Spannungsbogens. Ob Musik, Film, Theater oder ein (Computer-)Spiel – ohne Dramaturgie kein Erfolg. Und bei einer Präsentation? Es mag sie geben, die erfolgreichen Präsentationen ohne Dramaturgie, ohne Handlung, ohne Spannung. Die Regel sind sie sicher nicht. Sobald ein gewisser Handlungsstrang, der Ansatz eines Spannungsbogens oder kleinste Spannungsmomente zu erkennen sind, wirkt sich das positiv aus. Die Teilnehmer bleiben aufmerksam und aktiv.

Dramaturgie ist die Kunst, einen Spannungsbogen zu erzeugen.

Ein Spannungsbogen ist eine der wichtigsten Zutaten für eine gute Handlung oder eine erfolgreiche Präsentation. Idealerweise wird er vom ersten Moment an kontinuierlich aufgebaut und findet seinen Höhepunkt mit den letzten Worten. Ein Schluss darf auch nicht unnötig in die Länge gezogen werden, wenn schon alles gesagt ist. Halten Sie Ihre Präsentation stets klar und straff, achten Sie auf die jeweils angemessene Spannung, und die Aufmerksamkeit Ihrer Zuhörer ist Ihnen sicher – bis zum Schluss!

Doch wie bekommen Sie Spannung in eine Präsentation, bei der es um langweilige Zahlen oder um den Projektstatus geht? Hitchcock gibt uns da eine Menge Anregungen, die vom Spannungsbogen der gesamten Präsentation bis zu Spannungsmomenten im Sekundenbereich reichen. Alle seine Methoden sind anwendbar. Natürlich brauchen Sie dazu ein wenig Kreativität und Geschick. In Hollywood finden alle diese Techniken regelmäßig Anwendung, warum also nicht auch in Ihrer Präsentation? Doch übertreiben Sie es nicht mit der Perfektion, denn an den großen Meister Hitchcock kann wohl niemand heranreichen.

Die zwei Ebenen einer Handlung

Alle Filme, abgesehen von experimentellen Filmformaten, haben eine Handlung. Sie bildet das Grundgerüst des Films und findet auf zwei Ebenen statt: auf der inhaltlichen Ebene, die sich auf das Was? bezieht, und auf der formalen Ebene, die sich in der Form, dem Wie? äußert. Sie können diese beiden Bereiche mit den folgenden Fragen erschließen:

Inhaltliche Ebene	➤ Was passiert in welcher Reihenfolge? ➤ Welche Charaktere tragen die Handlung? ➤ Welche Ziele verfolgen diese? ➤ Welche Ursachen haben welche Wirkung?
Formale Ebene	➤ Wie ist die Handlung wahrnehmbar? ➤ Welche Perspektive hat der Zuschauer? ➤ Welche sprachlichen Mittel, Musik und Geräusche werden genutzt? ➤ Welche bildlichen Mittel werden genutzt?

Jede Handlung hat zwei Ebenen: die inhaltliche und die formale. Beide eignen sich, um Spannung zu erzeugen.

Beide Ebenen haben wichtige Aufgaben. Beide tragen auf ihre spezifische Weise dazu bei, Emotionen zu erzeugen. Auf der inhaltlichen Ebene wird die Geschichte erzählt. Geschichten erzeugen parallel zu den sichtbaren weitere Bilder im Kopf. Diesen Phantasiebildern kommt enorme Bedeutung zu, denn sie sind genau das, was Sie in Ihrer Präsentation nutzen können.

Ein Beispiel: Sie sehen, wie Thornhill auf der Landstraße steht und sich das Flugzeug nähert. Wenn Sie den Film zum ersten Mal sehen, entstehen sofort mögliche Bilder. Sie prüfen was passieren könnte. Es könnte sein, dass das Flugzeug landet und Thornhill mitnimmt. Der Pilot könnte etwas abwerfen oder Thornhill etwas zurufen. Das Flugzeug könnte auch einfach nur vorbeifliegen, so wie die Autos vorbeifahren. Oder es könnte ihn im Tiefflug angreifen. Jede der möglichen Versionen entsteht in Bruchteilen von Sekunden, fast zeitgleich. Wenn Sie den Film bereits kennen, werden Sie sich zu Beginn der Szene Bilder vorstellen, an die Sie sich vom letzten Mal noch erinnern. In jedem Falle entstehen Bilder, die Sie im Moment (noch) nicht sehen. Das nennt man Imagination oder Kopfkino.

Spannende Bilder im Kopf

In einer Präsentation spielen geschickte Redner ebenfalls mit dieser Technik. Sie spielen mit Andeutungen, Fragen oder Aufforderungen, die die Vorstellungskraft der Zuhörer anregen. Das Kopfkino beginnt zu laufen, die Phantasie ist angeregt. Ein Beispiel: Der Anbieter einer neuen, intelligenten Branchen-Plattform im Internet sagt zu seinen Zuhörern: »Stellen Sie sich vor, Sie könnten mit ein paar Mausklicks dafür sorgen, dass Sie jeden Tag genau die Informationen erhalten, die Sie gerade brauchen. Nicht mehr und nicht weniger. Was glauben Sie, wie viel Zeit Sie das tägliche Suchen und Sortieren der Informationen aus Ihrer Branche kostet? Wie wäre es, wenn unser System Ihnen zuverlässig genau diese Arbeit abnimmt? Nie wieder etwas verpassen, und nie wieder Zeitverschwendung durch unnütze Informationen. Herr Seemüller, wie viel eingesparte Zeit würde das für Sie bedeuten?« Während dieser sechs Sätze wird Herr Seemüller in seinem Kopf genau die richtigen Bilder sehen: Wie er tagtäglich in den News seiner Branche scrollt, um das zu lesen, was er für seine Arbeit braucht, wie er dann doch an dem einen oder anderen unnützen Artikel hängen bleibt, weil die

Überschrift interessant klang und er so wertvolle Zeit verliert. Wie er in der Menge der Informationen schon mal das eine oder andere Wichtige übersehen hat. Und wie sehr ihn diese tägliche und mühsame Zeitverschwendung nervt. Gleichzeitig überlegt er vielleicht sogar, ob und wie so etwas möglich sei und ob ein solches System zuverlässig sein könne.

Die formale Ebene ist die Kunst, mit Bildern, Tönen und Gefühlen einen wirkungsvollen Rahmen zu schaffen.

Die formale Ebene hat eine ebenso wichtige Aufgabe: Die Kunst des Regisseurs, des Kameramanns, des Ton- und des Schnittmeisters besteht darin, die jeweiligen Techniken so zu nutzen, dass die Geschichte möglichst viele Emotionen hervorruft. Das kann durch das Einsetzen von Effekten ebenso passieren wie durch Weglassen, weil dadurch die Phantasie angeregt wird. Das können ein bestimmtes Licht, eine Perspektive, eine Musik sein – all das regt, richtig eingesetzt, die Phantasie zusätzlich an und verstärkt die Emotionen. Hitchcock verwendet gleich zu Beginn der Szene, als Thornhill aus dem Bus aussteigt, eine Perspektive von sehr weit oben, die es ermöglicht, die Weite der Landschaft zu erfassen. Danach lässt er Thornhill in die unterschiedlichen Richtungen blicken und zeigt abwechselnd ihn selbst und die jeweilige Landschaft aus dessen Blickwinkel. Auch als Thornhill angegriffen wird, wechselt die Perspektive der Kamera zwischen Aufnahmen von Thornhill und seiner Perspektive. Das Fehlen von Musik und die wenigen Geräusche der Fahrzeuge unterstreichen die Einsamkeit. All das sind formale Werkzeuge, die Filmschaffende einsetzen, um die Wirkung einer Szene zu beeinflussen und Spannung zu erzeugen.

Der Einsatz von Medien, die Gestaltung von Folien oder Ihre Sprechweise sind Möglichkeiten, diese formale Ebene in Ihrer Präsentation gezielt zu nutzen, um Spannung, Neugierde und Emotionen zu erzeugen und zu steigern.

Stellen Sie sich für Ihre eigene Präsentation folgende Fragen zur inhaltlichen und formalen Ebene:

Inhaltliche Ebene	➤ Was passiert in welcher Reihenfolge (Dramaturgie, Spannungsbogen)?
	➤ Welche Rollen weisen Sie sich, den Zuhörern, den Teammitgliedern sowie den Personen der Erzählung zu?
	➤ Welche Ziele verfolgen diese?
	➤ Welche Ursachen haben welche Wirkung?
	➤ Welche inneren Bilder und Überlegungen erzeugt die Erzählung?
	➤ Welche Emotionen können Sie auf der inhaltlichen Ebene erzeugen?
	➤ Welche Handlungsaufforderungen und Vereinbarungen werden angestrebt?
Formale Ebene	➤ Wie ist die Handlung wahrnehmbar?
	➤ Welche Perspektive hat der Zuschauer (Sprechen Sie Einzelne direkt an, ...)?
	➤ Welche sprachlichen Mittel nutzen Sie (Sprechweise, Stimme, Sprachniveau, rhetorische Stilmittel, ...)?
	➤ Welche bildlichen Mittel benutzen Sie (Kopfkino, sprachliche Bilder, Folien, ...)?
	➤ Welche Effekte fügen Sie hinzu oder lassen Sie weg, um die Wirkung zu steigern (Demonstrationen, Animationen, Spannungstechniken, ...)?
	➤ Welche Emotionen können Sie durch die formale Ebene erzeugen?
	➤ Wie viel Zeit setzen Sie für welche Passagen ein?

Wenn wir die Flugzeug-Szene betrachten und deren Dauer von rund zehn Minuten in Betracht ziehen, dann erkennen wir, dass der Faktor Zeit eine große Rolle spielt. Etwas besonders zu dehnen, ist ebenso ein Mittel der formalen Ebene, wie es zu beschleunigen. Planen Sie genug Zeit ein, Ihr Publikum auf das Überraschungsmoment vorzubereiten, denn wenn es zu plötzlich eingesetzt wird, verpufft seine Wirkung zu schnell. Stellen Sie sich die Szene so vor: Thornhill steigt aus. Kaum ist der Bus abgefahren, greift das Flugzeug an. Nach drei erfolglosen Versuchen kracht es in den Tanklaster. Die Szene wäre ebenso überraschend, hätte ebenso viel Action, doch der Zuschauer hätte nicht die Zeit, ein Gefühl der Einsamkeit und eine entsprechende Erwartungshaltung aufzubauen. Durch die langsame Vorbereitung entsteht ein wichtiger Faktor von Suspense: Der Zuschauer ahnt etwas.

Braucht eine Präsentation eine Geschichte?

In einer Präsentation muss es nicht zwangsläufig eine Geschichte oder Erzählung geben. Doch es hilft. Manchmal ist es sogar recht einfach, eine Handlung zu entwickeln. Wenn es um ein Produkt geht, kann dieses im Mittelpunkt der Geschichte stehen. Warum haben Sie dieses Produkt entwickelt, was waren dabei die Herausforderungen und wie haben Sie es schließlich geschafft, es so zu entwickeln, dass der Kunde es jetzt kaufen sollte. Oder Sie entwickeln die Geschichte entlang neuer Herausforderungen, denen Ihr Kunde sich in wandelnden Märkten gegenübersieht. Die Höhepunkte sind schließlich Ihre Expertise, die eine Lösung bieten kann, sowie der Lösungsvorschlag selbst. Manchmal bieten sich recht schnell einfache Geschichten an. Ob es auch die besten sind, sollten Sie jedoch in jedem Einzelfall genau prüfen.

Angenommen, Sie würden heute die Knautschzone erfinden (erstmals serienmäßig im Mercedes Heckflosse von 1959) und sie dem Vorstand des Fahrzeugherstellers präsentieren wollen. Wie würden Sie das tun? Mit Statistiken über Unfälle? Mit Angaben über Materialverformung und Statik? Wie langweilig! Stattdessen könnten Sie von einem Einzelschicksal erzählen, vielleicht eines, zu dem Sie selbst einen Bezug haben. Eine junge Frau, bei deren Unfall Sie Ersthelfer waren und deren Beine zerquetscht wurden, hat Sie auf die Idee gebracht, eine geschützte Fahrgastzelle zu entwickeln. Zunächst scheiterten alle Versuche, weil die Energie beim Aufprall so hoch ist. Dann endlich, als Sie eine Einwegspritze in der Hand hielten, kam Ihnen die zündende Idee. So konnten Sie die Knautschzone erfinden, die Tausende Leben retten wird.

Bei anderen Präsentationsthemen ist es nicht so einfach, eine Geschichte zu entwickeln. Dann ist Ihre Kreativität gefragt. Das kann eine Rahmenhandlung, ein Beispiel, eine Sammlung kleinerer Beispiele, eine Metapher oder eine andere Form der Geschichte sein. Die einzelnen Formen von Geschichten betrachten wir in Kapitel 6 ausführlicher.

Geschichten erzeugen Spannung – wie wird Ihre Präsentation zur Geschichte?

Sie sehen: Geschichten erzeugen Spannung und wirken überzeugend. Lassen Sie sich diesen Vorteil keinesfalls entgehen – auch wenn's mal nicht so einfach ist!

Erst ein Konflikt macht das Ganze interessant

Jede Dramaturgie braucht eine Geschichte, einen Handlungsstrang. Auch im Deutschen hat sich dafür der Begriff »Plot«

durchgesetzt. Damit eine Geschichte überhaupt beachtenswert ist, besteht sie im Kern aus einem Konflikt. Sie braucht also mindestens zwei Pole. Das kann ein Verfolgter und sein Verfolger sein, ein Liebhaber und sein Nebenbuhler oder zwei Menschen, die sich einen Wettbewerb liefern. Besonders interessant wird es – und das liebte Hitchcock – wenn es mehrere ineinander verwobene Konflikte gibt. In *Der unsichtbare Dritte* sind es mindestens sechs unterschiedliche Konflikte – verschiedene Handlungsstränge, die ineinander greifen, den Film spannend machen und sich letztlich zu einem großen Plot vereinen.

Jede Präsentation enthält Informationen, die für das Publikum neu sein sollten. Diese Informationen können Sie kreativ zu einer Handlung mit einem Konflikt verarbeiten. Alternativ dazu können Sie sich eine Rahmenhandlung ausdenken, anhand derer die Inhalte der Präsentation vermittelt werden. Oder Sie erzählen verschiedene kleinere Geschichten zu einzelnen Informationen innerhalb der Präsentation. Entscheidend ist auch hier, dass die Geschichte(n) einen Konflikt und eine Dramaturgie beinhalten.

Erst ein Konflikt macht eine Handlung zu einer interessanten und spannenden Geschichte.

Das Gute daran: Meist ist es ein Konflikt, der den Anlass für eine Präsentation bildet. Der Konflikt ist das Problem, die Herausforderung, der Wettbewerb. Ein Kunde beauftragt Sie, weil er mehr Produkte verkaufen will, sein Unternehmen besser führen möchte, er Unterstützung in Entwicklung, Marketing oder Vertrieb braucht, Sie eine Ressource haben, die er nicht hat, er eine Information bekommen muss, er Probleme mit jemandem hat usw. All das basiert auf einem Konflikt zwischen Ist- und Soll-Zustand. Das ist eine hervorragende Basis für eine Handlung. Das ist eine hervorragende Basis für eine echte Dramaturgie mit einem Konflikt. Das ist eine hervorragende Basis, Ihre Präsentation spannend zu gestalten.

Wenn sich der Konflikt nun einfach ohne Weiteres löst, ohne dass zwischendurch etwas Spannendes passiert, wird es schnell langweilig. Ein Liebesfilm ohne eine einzige Wendung zwischen erstem Zusammentreffen und Happy End? Furchtbar! Und warum sind Komödien überhaupt lustig? Weil nicht das Erwartete eintrifft, sondern etwas Überraschendes. Welches Genre Sie auch wählen – Thriller, Actionfilm, Tragödie, Katastrophenfilm, Western, Piratenfilm – sie alle funktionieren nur, wenn sie Spannungsmomente, Überraschungen und Mysteriöses enthalten, basierend auf einem wohldurchdachten Konflikt.

Ohne Konflikt keine Lösung

Viele Präsentatoren begehen den Fehler, lediglich zu informieren. Sie bieten die tollsten Dinge an, laufen damit aber ins Leere: Denn ohne Konflikt gibt es keinen Handlungsbedarf. Solange Ihr Kunde bzw. Ihr Publikum keinen Konflikt erkennt, hat der Inhalt Ihrer Präsentation wenig Bedeutung. Deshalb ist es – trotz aller »Sagen Sie nur Positives«-Ratschläge – durchaus wichtig, den Konflikt klar aufzuzeigen. Was ist das Problem Ihres Publikums? Für was braucht es eine Lösung? Eine Lösung, auf die der Kunde zunächst selbst nicht kommt oder die er selbst nicht herbeiführen kann. Denn nur der Held kann diesen Konflikt lösen. Und umgekehrt: Wer braucht einen Helden, wenn es niemanden zu besiegen oder keine Schwierigkeit zu bewältigen gibt?

Eine reine Information stößt auf wenig Interesse, wenn kein Konflikt zu erkennen ist.

Welchen Konflikt hat Ihr Kunde? Sind ihm schon alle Auswirkungen seines Konflikts bekannt? Zeigen Sie ihm diese auf. Beachten Sie dabei, dass der Konflikt nicht so groß sein darf, dass Hoffnungslosigkeit aufkommt. Denn das ist die Grenze: Es darf stets nur f a s t aussichtslos sein – und Sie sind der Retter in der Not.

Konflikte im Unternehmensalltag

Das Konfliktpotenzial innerhalb eines Unternehmens oder zwischen Unternehmen und Außenwelt ist hoch. Schauen Sie sich dazu die folgende Aufstellung an.

> - Unterschiedliche Auffassungen und Meinungen
> - Unterschiedliche Interessen und Standpunkte
> - Unterschiedliche Wahrnehmungen und Interpretationen
> - Mangel an etwas (Wissen, Fähigkeiten, Ressourcen, …)
> - Begrenzte Ressourcen (Budget, Zeit, Ware, …)
> - Notwendigkeit der Veränderung (Strukturen, Organisationen, Abläufe, …)
> - Abhängigkeiten
> - Bruch von vereinbarten, von außen vorgegebenen oder ungeschriebenen Regeln
> - Verletzung des Territoriums oder der Kompetenzen
> - Bedrohung von außen (Wettbewerb, Veränderungen im Markt, Umwelt, Politik, …)

Die meisten Konflikte, die die Grundlage eines Präsentations-Plots bilden, lassen sich einer dieser Kategorien zuordnen. Oft treten sogar zwei oder drei unterschiedliche Konflikte auf. Dann müssen Sie einen klaren Schwerpunkt setzen und die anderen Konflikte unterordnen – oder ganz unerwähnt lassen – um Verwirrung bzw. Abschwächung zu vermeiden. Bei drei gleichwertigen Konflikten hat logischerweise jeder nur noch ein Drittel der Bedeutung.

Sieben Fragen zum Konflikt

Finden Sie heraus, welcher Konflikt Gegenstand Ihrer Präsentation ist, wie er gelöst werden und wie Ihre Geschichte rund um diesen Konflikt aufgebaut sein soll. Beantworten Sie sich dazu die folgenden Fragen.

1. Was ist der Anlass Ihrer Präsentation? Wer hat welches Problem? Beachten Sie dabei, dass unterschiedliche Teilnehmer der Präsentation jeweils unterschiedliche Probleme zu lösen haben, beispielsweise das technische, das terminliche und das finanzielle ...
2. Wie lässt sich der Hauptkonflikt definieren?
3. Wer genau ist der Protagonist? Das Kundenunternehmen, einer seiner Mitarbeiter, die Kunden des Unternehmens, das Produkt? Gibt es einen eindeutigen Antagonisten oder Gegenspieler? Natürlich kann es auch Nebenrollen geben, die den Protagonisten bzw. den Antagonisten unterstützen.
4. Ist den Teilnehmern die Tragweite des Konflikts bekannt oder können/müssen Sie die möglichen Folgen noch dramatisieren?
5. Wer ist der Held, der den Konflikt löst? Sind Sie das als Person, ist es Ihr Team, Ihr Unternehmen, Ihr Produkt, Ihr Kunde oder gibt es einen Helden von außerhalb?
6. Was macht den Helden zum Helden? Wenn Sie es selbst sind, ist es hilfreich, wenn Ihnen ein Impuls von außen die Lösung bzw. den Sieg bringt. So werden Sie zum Helden,

nicht zum Angeber. Manchmal ist es deshalb auch eine bessere Variante, wenn Sie der Mentor des Helden sind und Ihr Kunde selbst der Held ist.
7. Wie legen Sie die Beziehung zwischen den Handelnden fest? Sind Sie beispielsweise ein Held, der von außen kommt und die Lösung auf einem Tablett serviert oder sind Sie ein Gesandter des Protagonisten (Kunden), der gemeinsam mit diesem siegt? Ist Ihr Kunde der Held, der jedoch von Ihnen noch den entscheidenden Impuls braucht, um die Schwelle überschreiten zu können?

Wenn Sie diese Fragen beantwortet haben, sind Ihnen große Teile der formalen Ebene bereits klar. Zudem haben Sie wichtige Impulse für die Dramaturgie der inhaltlichen Ebene. Die letzte Frage können Sie gegebenenfalls später konkretisieren, da durch die Entwicklung der Handlung neue Impulse entstehen können. Sie können sich nun daran machen, die inhaltliche Ebene der Geschichte mit Leben zu erfüllen.

Wendepunkte bestimmen die Dramaturgie

Der Basis-Plot vieler Geschichten und Filme ist im Grunde recht einfach: Eine Frau und ein Mann treffen und verlieben sich, ein Nebenbuhler, räumliche Trennung oder eine andere Störung kommt dazwischen (erster Wendepunkt), letztlich wendet sich alles zum Guten (zweiter Wendepunkt) und es mündet in ein Happy End. Diese Methode ist die einfache Dramaturgie in fast jeder Geschichte. So leicht wird Spannung erzeugt!

Im klassischen Hollywood-Kino gibt es meistens diese zwei Wendepunkte – »Plot Points« genannt – die jeweils den nächsten Akt einläuten. Während die erste Wendung für den Protagonisten die Problemstellung erzeugt, schafft die zweite ihm eine

Gelegenheit zur Lösung. In der Dramaturgie spricht man deshalb von der »Plot Point-Methode«, eine Geschichte mit zwei Wendepunkten. Sie beinhaltet drei Akte und besteht aus den folgenden sechs Elementen:

Erster Akt

1. **Setting:** Im ersten Akt, dem Setting, beginnt der Spannungsbogen möglichst fesselnd und frühzeitig. Charaktere, insbesondere die Hauptfigur (Protagonist), und die Umgebung werden eingeführt. Der Zuschauer erfährt, wer Unterstützer und Gegenspieler (Antagonisten) sind und wie die Haupt- und Nebenrollen zueinander in Beziehung stehen. So weit relevant, erfährt er auch etwas zur Vorgeschichte, den Handlungsort, über Beziehungen und Verhältnisse und alles, was sonst nötig ist, um die Handlung zu verstehen und emotional hautnah am Geschehen teilhaben zu können. Das Ziel oder der Wunsch des Protagonisten begründen zudem die Geschichte und werden sie am Laufen halten.
2. **Erster Plot Point:** Die Handlung geht plötzlich in eine andere Richtung als erwartet. Das geschieht entweder dadurch, dass der Zuschauer etwas erfährt, was den Fortgang der ursprünglichen Geschichte unmöglich macht und so ein mögliches Happy End gefährdet. Oder weil etwas Unvorhergesehenes passiert, das den Handlungsablauf in eine andere Richtung lenkt. Das führt dazu, dass das Publikum neugierig wird und Interesse an einer Lösung entsteht. Der erste Plot Point steht kurz vor dem Ende des ersten Akts und klassisch nach dem ersten Viertel des Films.

Zweiter Akt

1. **Konfrontation:** Im zweiten Akt, Konfrontation genannt, werden die Konflikt erzeugenden Faktoren eingeführt oder langsam entwickelt und das Ziel – also die angestrebte Lösung des Konflikts – aufgezeigt. Der Konflikt spitzt sich im weiteren Verlauf der Handlung zu. Neben einem Hauptkonflikt gibt es normalerweise mehrere parallele Spannungsbögen, die entweder zwischendurch gelöst werden, besser jedoch alle auf den Hauptkonflikt zusteuern. Letzteres liebte Hitchcock sehr. Ein kleines Problem ist gelöst und schon wartet das nächste. Dabei hat jede noch so kleine Nebenhandlung ihre Bedeutung in der Gesamtdramaturgie, ob sie nun direkt dazu beiträgt oder den Zuschauer nur auf eine falsche Fährte lockt und ablenkt. Der Zuschauer wird dabei durch unterschiedliche Emotionen geführt. Unnötige Nebenhandlungen sind allenfalls Effekthascherei und können zu Verwirrung, Desinteresse und Langeweile führen.
2. **Mittelpunkt:** Der (zeitliche) Mittelpunkt ist oft geprägt durch eine besondere Information. Es ist keine Wendung der Handlung, sondern beispielsweise eine Erkenntnis des Protagonisten, die dem Zuschauer (vielleicht) längst bekannt ist.
3. **Zweiter Plot Point:** Der zweite Plot Point ist nicht der Höhepunkt, er macht diesen möglich. Kurz vor Ende des zweiten Akts lässt der zweite Wendepunkt die Handlung wieder auf das Happy End zusteuern. Dabei darf dieser Punkt nicht absehbar sein, sonst ist keine Spannung möglich. Andererseits muss er – mit entsprechenden, dezenten Hinweisen – aus der Handlung heraus logisch entwickelt werden und somit für den Zuschauer nachvollziehbar und glaubhaft sein. Der Plot Point ist gekennzeichnet durch den äußeren Impuls, den der Held bekommt. Durch diesen werden ihm

plötzlich die Augen geöffnet und er erhält erst die Möglichkeit, das Problem zu lösen.

Dritter Akt

1. **Auflösung mit Höhepunkt:** Der dritte und letzte Akt bringt die Lösungen. Der Held macht einen wichtigen Schritt, um das Problem zu lösen, und erzeugt so den Höhepunkt der Handlung, die Auflösung des Hauptkonflikts. Der Höhepunkt bedeutet bei Hollywood-Filmen häufig schon das Happy End. Manchmal gibt es dann ein offenes Ende – das seinerseits Spannung erzeugen kann, wenn es Fragen unbeantwortet lässt. Normalerweise werden jedoch nach dem Höhepunkt noch offene Nebenkonflikte gelöst, dann folgt die Happy-End-Szene oder der tragische Ausgang. Hitchcock wollte bei einigen seiner Filme den Ausgang ungeklärt lassen, musste sich jedoch mehrmals dem Wunsch eines Testpublikums beugen.

Der unsichtbare Dritte, nominiert für fünf Oscars, gilt bei Filmschaffenden und Kritikern als der perfekteste Hitchcock-Film. Es gibt mehrere ineinander verwobene Handlungsstränge und die jeweils dazugehörigen Plot Points. Unter anderem die Liebesgeschichte, die zunächst erotisch knisternd beginnt und deren erster Wendepunkt die Erkenntnis ist, dass Eve Kendall offensichtlich die Geliebte des Anführers der Kidnapper ist und Thornhill in einen Hinterhalt lockt. Beim zweiten Plot Point stellt sich aber heraus, dass Eve zur CIA gehört und den Anführer bespitzelt. Damit sind wieder alle Wege für die Liebe offen und das Happy End ist gesichert. Die Dramaturgie der Hauptgeschichte finden Sie im Kasten, und die Sprühflugzeug-Szene habe ich ausführlich in der nachfolgenden Tabelle analysiert.

> **Dramaturgie von *Der unsichtbare Dritte***
>
> **1. Akt, Setting:** Der Werbefachmann Thornhill wird völlig überraschend aus einem New Yorker Hotel entführt und in ein Anwesen auf Long Island verbracht, wo ihm die Kidnapper ein Kooperationsangebot unterbreiten; sie halten ihn für den CIA-Agenten George Kaplan. Da Thornhill nicht auf das Angebot eingeht, versuchen sie, ihn zu töten: Es soll wie ein Unfall aussehen, bei dem er betrunken die Klippen hinabgestürzt ist. Thornhill gelingt es jedoch, von der Polizei aufgeschnappt zu werden. Weder Polizei, Gericht noch seine Mutter glauben ihm diese Geschichte. Dies gipfelt in der Szene, in der die Mutter im voll besetzten Fahrstuhl die gerade zugestiegenen Entführer fragt, ob sie wirklich die Absicht hätten, ihren Sohn zu ermorden – und daraufhin alle laut lachen. Nun weiß Thornhill, dass er auf sich allein gestellt ist **(Erster Plot Point)**.
>
> **2. Akt, Konfrontation:** Um zu beweisen, dass er unschuldig ist, muss Thornhill den wahren Kaplan finden **(Konflikt)**. Er versucht, bei der UNO den vermeintlichen Entführer Townsend zu sprechen; dieser wird jedoch hinterrücks ermordet und stirbt in den Armen Thornhills, der nun auch noch für einen Mörder gehalten wird. Ausgehend von diesem Handlungsumschwung entwickelt sich vor dem Auge des Zuschauers eine höchst komplizierte Geschichte, und das Publikum ahnt bereits, dass sie nicht gut ausgehen kann. Die Entführer jagen ihn weiterhin als Kaplan, die Polizei als Mörder und die CIA beobachtet und hält sich raus. Nur der Zuschauer erfährt zwischenzeitlich, dass Kaplan ein vom CIA bewusst inszeniertes Phantom ist. Auf der Flucht lernt er Eve Kendall kennen, die sich als CIA-Agentin ausgibt, in Wirklichkeit aber scheinbar mit den Entführern zusammenarbeitet. Es ereignen sich zahlreiche weitere Zwischenfälle, die den Zuschauer in die Irre führen. Kendall arrangiert ein angebliches Treffen mit Kaplan, wobei der Zuschauer erfährt, dass sie Thornhill in eine Falle lockt **(Mittelpunkt)**. Es folgt die

Sprühflugzeug-Szene. Schließlich tritt die CIA mit Thornhill in Kontakt, er wird über das Phantom Kaplan aufgeklärt und man versichert ihm, dass Eve eine CIA-Agentin sei, die sich nur als Verbündete der Kidnapper ausgegeben hat, um an wichtige Informationen zu gelangen **(Zweiter Plot Point)**.

3. Akt, Auflösung: Durch diese neue Einsicht **(Impuls von außen)** ist es Thornhill möglich, die ganze Angelegenheit zu einem erfolgreichen Ende zu bringen. Er muss weiter die Rolle des Kaplan spielen, sonst ist das Leben von Eve in Gefahr. Er tritt in Kontakt mit den Entführern, lässt sich von Eve mit einer Platzpatrone in einem Restaurant vorgeblich erschießen und kann dann, weil von den Entführern tot geglaubt, maßgeblich in den weiteren Verlauf eingreifen, Eve am Mount Rushmore Nationaldenkmal retten, die Entführer überwältigen und schließlich mit Eve entkommen **(Höhepunkt)**.

Dramaturgie auf allen Ebenen

Wie bereits erwähnt, gibt es bei *Der unsichtbare Dritte* mehrere Plots, die ineinander verwoben sind. Neben der Gesamthandlung sind auch einzelne Nebenhandlungen nach der Plot Point-Methode aufbereitet, so auch die spannende Flugzeug-Szene. Durch die folgende Analyse können Sie diese Methode für Ihre Präsentationen einfacher nachvollziehen.

	Plot Point-Methode	Sprühflugzeug-Szene in *Der unsichtbare Dritte*
1. Akt	Setting	Thornhill bekommt von Eve Kendall die Anweisung, Kaplan (den es gar nicht gibt) an einer einsamen Bushaltestelle zu treffen. Er steigt dort aus. Die Weite und Einsamkeit der Landschaft wird ausführlich demonstriert. Kaplan ist natürlich nicht da. Die lange Wartezeit lässt jedoch Böses ahnen.
	1. Plot Point	Der Einsatz eines Sprühflugzeugs wird von einem Mann als unsinnig bezeichnet.

	Plot Point-Methode	Sprühflugzeug-Szene in *Der unsichtbare Dritte*
2. Akt	Konfrontation mit Konflikt	Das kleine Flugzeug erscheint im Tiefflug. Mehrere Angriffe und Schüsse aus der Luft erfolgen. Die Situation erweist sich schnell als aussichtslos. Thornhill versucht zu entkommen, hat jedoch keine Fluchtmöglichkeit.
2. Akt	2. Plot Point	Thornhill sieht einen Tanklastzug auf sich zukommen und versucht, ihn zu stoppen.
3. Akt	Abschluss	Als dieser zum Stehen kommt, kracht das Flugzeug in den Anhänger des Lastwagens, beide explodieren.
3. Akt	Höhepunkt	Da weitere Wagen anhalten, kann Thornhill mit dem abgestellten Pick-Up eines Fremden entkommen. Die Flucht gelingt!

Die Storyline einer Präsentation

Ein Film erzählt eine Geschichte, ganz klar. Und eine Präsentation? Ich drücke es so aus: Je näher Ihre Präsentation einer Geschichte kommt, desto wirkungsvoller und »merk-würdiger« wird sie. Eine Dramaturgie kann zwar allein durch Fakten erreicht werden (wenn diese neu und überraschend genug sind), doch erst eine Geschichte erzeugt die notwendigen Bilder. Ich gebe Ihnen im Folgenden einige Beispiele, wie Sie Geschichten in mehreren Varianten einsetzen können:

> ➤ Die ganze Präsentation ist in einer realen Geschichte verpackt. Das kann ein Anwendungsbeispiel, ein Erfahrungsbericht oder eine Erlebnisschilderung sein. Wenn Sie ein Produkt oder eine Dienstleistung präsentieren: Welche Beispiele oder Erfahrungen gibt es? Wenn Sie eine Idee präsentieren: Welches Erlebnis hat Sie auf die Idee gebracht? Wenn Sie ein Projekt präsentieren: Welche Erfahrungen

wurden bisher in der Projektarbeit gemacht? **Beispiel:** Statt statistische Kennzahlen über die Qualität vorzulegen, erzählen Sie eine Geschichte, die aufzeigt, was es bedeutet, wenn die Qualität nicht stimmt. Besonders drastisch wäre es, wenn es um sicherheitsrelevante Bauteile wie Bremsen oder Spannungsschutz geht.

➤ Die ganze Präsentation ist in einer Metapher verpackt. Das ist nicht ganz einfach und es besteht die Gefahr, dass der Transfer von der Metaphorik zur realen Welt nicht gelingt. Wenn Sie diesen Transfer allerdings klar erzeugen können, haben Sie damit ein besonders starkes, wirkungsvolles Werkzeug an der Hand. **Beispiel:** Anstatt theoretisch über den schrittweisen Aufbau einer Präsentation zu erzählen, verwenden Sie die Metapher »Hitchcock-Filme«. Ob dieses Beispiel funktioniert?

➤ Die Präsentation wird durch eine oder mehrere Erzählungen unterstützt. Die Kunst dabei ist, diese nahtlos in die Dramaturgie einzubauen und womöglich mit ihr zu verweben. Einzelne Erzählungen können beginnen und erst später vollendet werden, um ein rundes Bild entstehen zu lassen. Durch diesen Spannungsbogen – die Auflösung kommt erst mit Verzögerung – bleibt Ihr Publikum bei der Stange. **Beispiel:** Anstatt nur trockene Fakten zum Projekt aufzutischen, haben Sie für jeden Punkt ein kleines Beispiel parat, das anschaulich macht, wie Projektarbeit effizienter und teamorientierter ablaufen kann. Die Beispiele stammen entweder aus dem laufenden Projekt oder aus Ihrem Erfahrungsschatz früherer Projekte. Dabei können Sie das Setting der jeweiligen Beispiele vor Ihrem Kernpunkt anreißen. Ihr Anliegen stellt den ersten Wendepunkt dar, und mit dem Rest der Beispielsgeschichte führen Sie zur Lösung, dem Höhepunkt.

Jeder Ansatz einer echten Geschichte erzeugt bei einer Präsentation Spannungsmomente.

»Wir sind doch keine Märchenerzähler!«, mag es da tönen. Doch unterschätzen Sie nie die Macht von Geschichten! Sie erzeugen Bilder und Emotionen und wirken so stärker als jedes Argument. Argumente überzeugen nur diejenigen, die noch meinungsoffen sind. Und Informationen allein reichen nicht aus, um zu überzeugen. Leider ist ein Großteil aller Präsentationen mit Informationen überfrachtet, ohne in irgendeiner Weise zu überzeugen. Scheuen Sie sich nicht, mit Beispielen zu arbeiten. Man könnte dagegen halten, dass ein Beispiel allein gar nichts aussagt: Es muss ja schließlich nicht repräsentativ sein. Und doch: Ein Beispiel wirkt auf die meisten Menschen überzeugender als Statistiken, Zahlen und Beweise. Es ist greifbar, Fakten sind das selten.

Wendepunkte in Ihrer Präsentation

Um aufzuzeigen, wie einfach die Methode bei einer Präsentation angewendet werden kann, folgen nun zwei Schritt-für-Schritt-Beispiele. Beim ersten bin ich von folgender Situation ausgegangen: Sie beraten im Marketing und wollen für Ihren Kunden eine Spiele-App (Programm) für das Apple iPhone und andere Smartphones entwickeln lassen, mit dem sich seine eigenen Kunden regelmäßig beschäftigen und so die Marke immer wieder wahrnehmen und positiv assoziieren.

Kapitel 4 Psycho-Drama

	Plot Point-Methode	Präsentation einer Spiele-App für iPhone
1. Akt	Setting	Der Kunde bekommt Ihr iPhone in die Hand und soll damit ein Foto von einem Plakat machen. Dort ist eine Stelle markiert. Sobald er die iPhone-Kamera auf die Stelle richtet, schließt sich die Kamera-App und stattdessen öffnet sich eine Seite im Internet, auf der steht: »Herzlich willkommen, Herr *[Name des Kunden]*! Freuen Sie sich jetzt auf unsere Ideen, wie Sie bei der Zielgruppe XY Ihren Bekanntheitsgrad steigern und Ihr Image optimieren.« Der Kunde fragt sich vermutlich, wie das funktioniert, und ist zugleich mitten im Thema: Er hat die Aufgabenstellung vor Augen. Die Technik wird eingeführt. Es handelt sich um ein für das menschliche Auge unsichtbares Wasserzeichen im Bild und eine spezielle App, die den Code aus dem Wasserzeichen liest und auf die entsprechende Website leitet. Der Zweck der Aktion ist dem Kunden allerdings noch unklar.
	1. Plot Point	Sie präsentieren nun die Herausforderungen auf dem Markt, beschreiben, wie es aktuell um Bekanntheitsgrad und Image steht, vergleichen mit dem Wettbewerb, erläutern die Denkweise und das Verhalten der Zielgruppe. Die Probleme mit dem aktuellen Bekanntheitsgrad und Image lassen die Situation schlechter aussehen, als vom Kunden erwartet.
2. Akt	**Konfrontation mit Konflikt**	Der Konflikt wird klar. Sie vermitteln dem Kunden das Gefühl, dass es sehr, sehr teuer wird, dem mit entsprechenden Maßnahmen entgegenzusteuern. Zu teuer. Sie erwähnen natürlich nicht, dass Sie schon eine Lösung, nämlich die App, parat haben.

101

2. Akt – Das Drehbuch

	Plot Point-Methode	Präsentation einer Spiele-App für iPhone
2. Akt	**2. Plot Point**	Sie erzählen von einer neuartigen Technik, die Sie jedoch immer noch nicht verraten. Sie erklären vage, wie Sie darauf gekommen sind. Sie kündigen eine tolle, absolut zielgruppenaffine Idee an, die Sie schon getestet haben und die auch der Kunde bereits kennt. Und die so preiswert ist, dass der Kunde sie sich leisten kann.
3. Akt	**Abschluss**	Nun erst ziehen Sie wieder Ihr iPhone aus der Tasche und lassen ihn erneut ein Bild machen. Dieses Mal erscheint eine andere Seite: »Herr *[Name des Kunden]*, Sie haben die Idee in Händen und schon die ersten sieben Punkte auf Ihrem Gewinn-Konto.« Sie haben die Lösung: preiswert und unaufdringlich mit der Spiele-App. Sensationell!
	Höhepunkt	Nun erklären Sie die Funktion der Technik und das Prinzip des Spiels, bei dem man auf jeder Anzeige und jedem Plakat des Kunden Punkte sammeln kann und dafür Preise wie Teilnahme an Events, Musik-Downloads, weitere Spiele-Level und auch Erwähnungen in Social-Communities erhält. Ihr Kunde kann mit geringem Budget für die Spiele-App und das Einarbeiten des Wasserzeichens in sämtliche Werbemittel oder das Anbringen eines Aufklebers auf der Geschäftsausstattung einen Hype auslösen und so sein Image preiswert aufbessern. Das Spiel selbst, die App, ist gratis.

Suspense und der Beginn des Spannungsbogens entstehen dadurch, dass der Kunde schon zu Beginn ein Wissen bekommt, von dem er jedoch noch nicht weiß, dass es die Lösung seiner Probleme ist. Der Konflikt entsteht dadurch, dass Sie ihm die scheinbare Unmöglichkeit aufzeigen, sein Ziel bei seinem Budget zu erreichen. Sie selbst werden zum Held der Handlung in dem Moment, in dem Sie die Lösung ankündigen. Sie erklären dabei, wie Sie darauf gekommen sind (Impuls von außen), um ein Held, nicht ein Angeber zu sein. Der Höhepunkt beginnt durch die Vermutung des Kunden, die Lösung schon zu kennen, die ihm in dem Moment kommt, als Sie ihm ein zweites Mal das iPhone in die Hand geben. Er kann ja die App schon bedienen und weiß jetzt, worauf es ankommt. Dadurch fokussiert er die Idee der Punkte auf einem Gewinnkonto. Allerdings werden Sie, anders als der Regisseur die Kinobesucher, Ihren Kunden nicht in Ungewissheit zurücklassen. Sie erklären ihm zum Schluss, wie das Ganze funktioniert, was es kostet und was zu tun ist (Handlungsaufforderung).

Bekommt der Kunde zu Anfang einen Wissensvorsprung, entsteht Suspense bis hin zum auflösenden Höhepunkt.

Das gezeigte Vorgehen für eine Präsentation ist nur eine Idee von vielen. Wie sieht dagegen das Standardkonzept aus? Erst wird über den Markt berichtet (Analyse), dann werden die Ziele erläutert, anschließend die Strategien vorgestellt, die unter Berücksichtigung der Gegebenheiten zur Zielerreichung führen sollen. Häufig wird alles mit einer mehr oder weniger einfallslosen PowerPoint-Präsentation vorgeführt und in epischer Breite zerredet. Auch das ist ein logischer Aufbau. Doch Spannungspotenzial? Fehlanzeige!

Unsere Version erzeugt beim Kunden von Beginn an zwei Dinge: erstens die Anregung des Spieltriebs und zweitens die Neugierde auf die Lösung: Wie funktioniert das? In den allermeisten Fällen werden es alle Teilnehmer selbst ausprobieren wollen. Der Spaß, den sie dabei haben, ist der beste Beweis dafür, dass Ihr Konzept funktioniert. Mit Bedenken gegen dieses Konzept würden sich die Damen und Herren danach selbst Lügen strafen. Es erzeugt beim Kunden nach einem Moment der positiven Gefühle (die für ihn zunächst keinen Sinn ergeben) eine starke negative Emotion – erster Wendepunkt! – wenn ihm gezeigt wird, wie schlecht es um sein Image steht und wie aufwendig Lösungen wären. Doch der zweite Wendepunkt knüpft dann an den Beginn an und bringt wieder Licht ins Dunkle und eine schöne, erschwingliche Lösung, die positive Emotionen erzeugt. Das Happy End für den Kunden.

So einfach kann eine Dramaturgie aufgebaut werden. Dass Steigerungen möglich sind, haben Sie schon erahnt, oder? Diese entstehen durch andere Reihenfolgen, durch zusätzliche Handlungsstränge oder durch Spannungsmomente. Die folgenden Kapitel werden Ihnen zeigen, wie Sie in den einzelnen Phasen einer Präsentation gezielt Mittel und weitere Methoden einsetzen können, um Spannung zu erzeugen. Wenn Sie diese Ratschläge konsequent umsetzen, ist Ihnen der Präsentationserfolg sicher!

Nun zu unserem zweiten Fallbeispiel, der Dramaturgie einer Projektpräsentation.

> **Fallbeispiel: Dramaturgie einer Projektpräsentation**
>
> Nehmen wir an, Sie haben eine interne Präsentation mit Ihrem Projektteam. Sie werden kaum den Aufwand betreiben, eine umfangreiche Story-Entwicklung zu betreiben. Sie werden kaum eine Liebesgeschichte oder einen Mord einbauen wollen, oder? Und doch können Sie die Hollywood-Methode gezielt nutzen. Zunächst ein Beispiel, anschließend eine Schritt-für-Schritt-Anleitung. Ihre Aufgabe ist die Präsentation des Projektstatus mit den folgenden Inhalten:
>
> ➤ Status quo – Wie weit sind die Aufgaben seit dem letzten Meeting erfüllt?

> Problemlösung – Es gibt eine Änderung, die alle Zeitpläne kippt.
> Aufgabenverteilung – Wer soll was bis wann machen?

Die meisten Präsentatoren würden nun diese Inhalte in eine PowerPoint-Vorlage tippen und dann mehr oder weniger ablesen bzw. minimal kommentiert vortragen. Können Sie da nicht mehr herausholen, indem Sie ein bisschen Spannung einbauen?

In vielen dieser Besprechungen sitzen Kollegen und Mitarbeiter, die mehrmals wöchentlich an solchen Präsentationen teilnehmen. Am Ende der Woche stellt sich heraus: Viel ist nicht hängen geblieben, es waren einfach zu viele Meetings mit zu vielen Themen und zu vielen Inhalten. Schon wenn Sie es schaffen, sich von all den anderen Präsentationen abzuheben, fördert das Ihr Projekt und das, was die Teilnehmer sich merken.

Legen Sie Ihre Ziele genau fest

Es gibt immer verschiedene Möglichkeiten, eine Sache anders und auch besser zu machen. Doch welche ist sinnvoll? Um das herauszufinden, ist es wichtig, die Ziele zu kennen. Bei unserem Beispiel könnten Ihre Ziele als Projektleiter sein:

> Sie wollen sich und dem Team einen vollständigen Überblick verschaffen.
> Sie wollen die Kommunikationsflüsse auf Fehler und Vollständigkeit überprüfen.
> Sie wollen eine Lösung für das aufgetauchte Problem finden.
> Sie wollen die künftigen Aufgaben zuordnen und Zusagen erhalten, dass diese erledigt werden.
> Sie wollen Ihr Team motivieren, noch mehr Überstunden zu machen.

So könnten Ihre Ziele beispielsweise aussehen. Die heikelsten Themen sind dabei sicher die Problemlösung und die Motivation inklusive Überstunden. Um nun die Präsentation dramaturgisch spannend zu machen, bedienen wir uns der Plot Point-Methode:

1. **Setting**
   Sie setzen die Teilnehmer auf den aktuellen Stand, informieren kurz (!) über alles Relevante und lassen dies gegebenenfalls durch Informationen anderer Teammitglieder ergänzen.
2. **Erster Plot Point**
   Sie erläutern die Änderung, die sich ergeben hat.

3. **Konfrontation mit Konflikt**
   Sie zeigen die daraus resultierenden Probleme auf und stellen ausführlich dar, wie dramatisch dies ein termingerechtes Ergebnis gefährdet. Sie arbeiten auf die Entscheidung hin, die die Teammitglieder selbst fällen sollen: Mehr Überstunden sind nötig. Dies ist die einzige Chance, termingerecht abzuliefern.
4. **Zweiter Plot Point**
   Die Kollegen entscheiden sich für mehr Überstunden.
5. **Abschluss**
   Diese Entscheidung hat zwei Vorteile: Erstens stehen die Mitarbeiter zu der selbst getroffenen Entscheidung und sind motiviert, und zweitens sind sie die Helden, die dafür sorgen, dass das Problem beseitigt wird.
6. **Höhepunkt**
   Sie zeigen auf, dass damit das Projekt gerettet ist. Sie feiern die Entscheidung der Mitglieder und verteilen die Aufgaben, die bis zum nächsten Termin umgesetzt werden.

Wie Sie selbst eine Dramaturgie entwickeln

Eine wirklich spannende Dramaturgie zu entwickeln ist eine Kunst. Doch wer sich nicht heranwagt und beginnt, selbst erste Versuche zu starten, kann nie ein Meister werden. Geben Sie nicht zu schnell auf! Beginnen Sie damit, Ihr Thema, Ihre Ziele und die Voraussetzungen zu analysieren. Ein paar Fragen dazu finden Sie im Kasten »Sieben Fragen für Ihre Präsentation«. Je genauer Sie sich mit den Antworten beschäftigen, desto eher finden Sie den richtigen Ansatzpunkt. Die bereits geschilderten Kreativ-Techniken können Ihnen helfen, selbst aus »banalen« oder trockenen Themen Ideen zu entwickeln, die eine spannende und überzeugende Präsentation entstehen lassen. Ich gehe schon meine allerersten Ideen im Geiste durch und versuche, mich in das Publikum zu versetzen. So kann ich mir in etwa vorstellen, wie es reagieren könnte.

Sieben Fragen für Ihre Präsentation

1. Was sind die genauen Ziele Ihrer Präsentation? Was genau wollen Sie erreichen? Unterscheiden Sie dabei ggf. danach, was jeder einzelne Teilnehmer denken, entscheiden, tun oder kaufen soll.
2. Was ist das emotionale Ziel Ihrer Präsentation? Welcher emotionale Zustand führt bei den Teilnehmern dazu, dass sie sich begeistern und überzeugen lassen? Wie können Sie diesen in der Präsentation erzeugen?
3. Können Sie mit Ihrer Präsentation mehr Aufmerksamkeit, Merkfähigkeit und Überzeugungskraft erreichen, wenn Sie lebendiger, spannender und emotionaler vortragen als bisher?
4. Was ist die überraschendste und zugleich wertvollste Information Ihrer Präsentation? Welche Information ist dazu geeignet, so auf sie hinzuarbeiten, dass daraus der Höhepunkt entsteht?
5. Was ist der Konflikt? Wodurch ist die Präsentation nötig geworden und was ist das Problem/sind die Probleme der Teilnehmer, für die es (scheinbar) keine oder keine einfache Lösung gibt? Siehe hierzu die Fragen zum Konflikt oben in diesem Kapitel.
6. Wer ist der Held? Sind Sie das selbst bzw. Ihr Team? Ein Held erhält einen Impuls von außen, der ihm die Idee zur Lösung gibt und diese erst möglich macht: Welcher Impuls ist das?
7. Welche Beispiele, Erlebnisse, Vergleiche, Metaphern oder Übertreibungen können Sie unterstützend heranziehen, um aus Ihrer Präsentation eine Handlung zu machen oder in ihr eine fesselnde Geschichte zu erzählen?

Notieren Sie sich dabei alles, was Ihnen in den Kopf kommt. Es kann durchaus die richtige Methode für Sie sein, wenn Sie jede Idee auf eine kleine Haftnotiz schreiben und diese auf einem großen Tisch oder an der Wand sortieren, bis sich die Dramaturgie immer mehr verdichtet. Was macht sie spannend? Wie können Sie die einzelnen Punkte in die Plot Point-Methode einbauen, bis Sie eine Handlung haben?

An diesem Punkt könnte Ihr Unbewusstes rebellieren – die Worte und Bilder weigern sich zu kommen, die Ideen weigern sich, geboren zu werden. Sie sind nicht allein mit der Leere, die gerade dann entsteht, wenn Sie etwas Kreatives suchen. Das erkannte schon Patricia Highsmith in ihrem Buch *Suspense – oder wie man einen Thriller schreibt*: Halten Sie die Augen und Ohren offen und blicken und lauschen Sie ebenso genau in Ihr Inneres. Ihr Unterbewusstsein findet garantiert Ideen, Sie müssen nur bereit sein, auf die Signale zu achten. All das geschieht nicht, wenn Sie unter Druck stehen – obwohl manch einer gerade diesen Druck braucht, um kreativ zu sein. Lassen Sie sich Zeit – und beginnen Sie deshalb rechtzeitig mit der Planung.

Nach Beantwortung der Fragen entwickeln Sie einen Plot mit zwei Plot Points nach der folgenden Tabelle. Dem ersten und letzten Akt kommt dabei ungefähr je ein Viertel, dem zweiten Akt die Hälfte der Zeit zu. Entscheidend ist, dass Sie vorher ausreichende – aber nicht zu viele – Informationen einbauen, damit der Höhepunkt auch funktioniert. Überflüssige Informationen stören die Handlung und lenken ab. Sie erzeugen zudem Langeweile und Verwirrung. Lassen Sie nur Informationen zu, die der Handlung dienen.

Informationen – nicht zu viele und nicht zu wenige – haben nur eine Aufgabe: den Höhepunkt vorzubereiten.

	Plot Point-Methode	Ihre Dramaturgie
1. Akt	Setting	Definieren Sie den Protagonisten und den/die Antagonisten sowie andere Handelnde. Notieren Sie, welche Informationen die Teilnehmer brauchen, um die Lösung später zu verstehen und akzeptieren zu können. Welche Informationen benötigt der Held, um die Lösung zu erreichen? Wie können Sie daraus ein Setting entwickeln, ohne die Informationen einfach nur aufzulisten? Entscheidende Informationen dürfen nicht verraten, dass darin die Lösung steckt.
	1. Plot Point	Analysieren Sie das relevante Problem und entwickeln Sie daraus einen Wendepunkt, der zur Konfrontation führt bzw. geführt hat.
2. Akt	Konfrontation mit Konflikt	Vermitteln Sie nun die Aspekte des Konflikts und wie die Handelnden damit umgehen. Das Hauptaugenmerk liegt dabei auf dem Konflikt für den Protagonisten. Nebenhandlungen und deren Konflikte halten die Emotionen hoch.
	2. Plot Point	Lassen Sie nun dem Helden einen Impuls von außen zukommen, der die Erkenntnis zur Lösung ermöglicht.
3. Akt	Abschluss	Zeigen Sie die Lösung auf. Gehen Sie nicht zu überraschend vor, sondern bereiten Sie das Publikum in einem angemessenen Tempo darauf vor. Entwickeln Sie einen Weg, den der Held zur Lösung geht.
	Höhepunkt	Entwickeln Sie einen starken Höhepunkt: einen Show-down oder ein schönes Happy End.

Ein visueller Spannungsbogen

Was halten Sie von der Idee, sich einen Spannungsbogen aufzuzeichnen? Bei manchen Themen kann Ihnen dies sehr helfen. Ein Beispiel für eine ganz einfache Dramaturgie sehen Sie in der folgenden Abbildung. Dabei gehe ich anders vor als die meisten: Nicht nur die oberen Spitzen ergeben emotionale Höhepunkte. Auch die unteren Ausschläge sind Spannungsmomente, die zu einem Höhepunkt werden – eben einer mit negativen Emotionen. Lediglich der mittlere, helle Bereich ist der des »Normalen«.

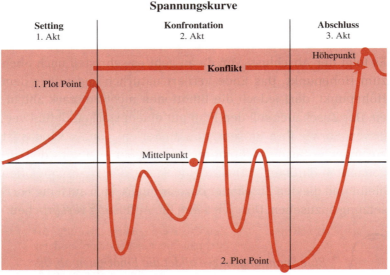

Die Spannungskurve beginnt mit dem Setting. Bereits das Setting selbst kann phasenweise spannend sein, wie beispielsweise die Szene, in der der betrunkene Thornhill das Mercedes Cabrio über die Küstenstraße steuert. Beim Fortsetzungsfilm und bei TV-Serien mit bereits eingeführten Hauptfiguren und Umfeld ist das Setting leichter, und das gilt auch bei einer Präsentation, bei der Ausgangssituation, Thema und Aufgabenstellung allen Anwesenden schon hinreichend bekannt sind. In diesen Fällen ist das Setting kürzer und der Spannungsaufbau Richtung erster Plot Point kann sofort beginnen.

Oft ist die Spannung bereits hoch, wenn der erste Plot Point erreicht ist: Zunächst wirkt alles positiv, dann, durch die Wendung, beginnt der Konflikt. Dieser macht den größten Teil der Handlung aus. Durch weitere Handlungsstränge oder einzelne Szenen entstehen mal mehr, mal weniger, mal positive, mal negative Emotionen. Je stärker sich der Konflikt abzeichnet, je hoffnungsloser es für den Helden wird, desto tiefer fällt die Kurve kurz vor dem zweiten Wendepunkt.

Es folgt der Abschluss. Von da an geht es sehr steil nach oben zum Höhepunkt. Das Ende verliert natürlich gegenüber dem Höhepunkt, darf jedoch die Emotionen nicht zu stark abbauen. Der Zuschauer soll den Film mit einem starken Gefühl verlassen. So wie Ihre Präsentation. In Serien – und auch das ist auf manche Business-Situation übertragbar – gibt es den sogenannten Cliffhanger. Das ist eine Szene, deren Ausgang offen bleibt und die den Zuschauer dazu animiert, sich auch die Fortsetzung anzusehen. Dort wird ihm die Auflösung versprochen.

Eine Spannungskurve bildet die Emotionen ab, die eine Handlung erzeugt.

Patricia Highsmith zeichnete sich manchmal eine Spannungskurve auf, bei der sie die einzelnen Spitzen mit Seitenzahlen versah. Dadurch hatte sie ein klares Ziel vor Augen, bis wann welcher Plot Point – auch mehrere der ineinander verwobenen

Erzählstränge – erreicht werden musste. Auf diese Weise hatte sie es im Griff, weder zu viel noch zu wenig zu schreiben. Im Falle einer Präsentation könnten Sie die Minuten so festlegen.

Lassen Sie Ihre Zuschauer durch Emotionen gehen

Hitchcock selbst hat diesen Begriff wörtlich verwendet: »durch Emotionen gehen«. Das impliziert auch, dass der Zuschauer sich nicht die ganze Zeit in ein und derselben Emotion befindet. Abwechslung und vor allem das Wechselbad der Gefühle erzeugen erst den Reiz. Laut Ernest Lehmann, dem Drehbuchautor von *Der unsichtbare Dritte*, sagte Hitchcock einmal zu ihm: »Das ist kein Film, an dem wir arbeiten, wir konstruieren eine Orgel, eine dieser Orgeln, die man beim Stummfilm hatte. Und wir spielen einen Akkord und das Publikum lacht. Dann einen anderen und das Publikum hält den Atem an. Und bei diesem kichert es. Eines Tages brauchen wir keine Filme mehr zu machen, wir schließen sie an verschiedene Elektroden an und spielen die verschiedenen Emotionen, die sie im Kino erleben werden.« Das zeigt meines Erachtens die Bedeutung von Emotionen ganz besonders deutlich. Sie sind der offenbar einzige Grund, einen Film zu machen.

Eine Emotion wird stärker, wenn ihr die gegenteilige Emotion vorausgegangen ist. Glück wird noch größer, wenn zuvor Kummer erlebt wurde. Mut macht noch stolzer, wenn zuvor Panik regiert hat. Liebe verstärkt sich im Angesicht von Hass.

Kontrast verstärkt: Das Aufeinanderfolgen gegenteiliger Emotionen intensiviert deren Wirkung.

Suspense lebt davon, dass der Zuschauer einen Wissensvorsprung hat. Dieser Wissensvorsprung gegenüber dem Protagonisten lässt ihn mitfiebern, er will ihn beschützen. Emotionen entstehen. In Ihrer Präsentation weiß der Kunde etwas, ohne zu wissen, dass er damit die Lösung in der Hand hält. Dadurch haben Sie ihm einen Wissensvorsprung gegeben, den er zunächst nicht zu nutzen weiß. Ja noch mehr: Er kennt nicht einmal den Wert seiner Information. Er selbst ist entweder Protagonist oder Zuschauer. Sie geben ihm die Rolle, die in Ihre Handlung passt. Sie sind dabei entweder Partner des Protagonisten, der Protagonist selbst (wenn es nicht der Kunde ist) oder der Antagonist. Definieren Sie die Rollen eindeutig, um selbst Klarheit zu haben, wie die Karten verteilt sind. Eine Mischung oder ein Wechsel zwischen verschiedenen Rollen verwirrt das Publikum.

Ein anderes Suspense-Szenario: Es gibt im Publikum Teilnehmer, die ebenso wie Sie die Lösung kennen. Sie haben den Wissensvorsprung und freuen sich auf den Moment, in dem der Kunde diese Lösung endlich entdeckt. So werden diese Teilnehmer zu den Zuschauern, die den Kunden als Protagonisten begleiten. Der Kunde als Protagonist meistert dabei den Konflikt. Sie selbst sind dabei entweder sein Partner, der Antagonist oder sogar »nur« der Regisseur, der das Geschehen steuert.

Sie sehen: Beantworten Sie zunächst die Frage nach den Rollen im Spiel der Präsentation. Daraus ergeben sich zahlreiche Spielarten, und jede Präsentation wird so einzigartig wie ein Hitchcock-Werk.

In aller Kürze

- Hitchcock liebte es, Spannung genau entgegen der üblichen Erwartung aufzubauen: langsam statt schnell, hell statt dunkel, offen statt eng – oder eben umgekehrt. Erwartungen und Gewohntes zu durchbrechen bedeutet, Aufmerksamkeit zu bekommen und Neugierde zu wecken.

- Eine Dramaturgie ist mehr als eine Gliederung in Einleitung, Hauptteil und Schluss. Ihre Aufgabe ist es, einen echten Spannungsbogen zu schaffen, der in einem Höhepunkt gipfelt.

- Eine Handlung besteht immer aus einer inhaltlichen und einer formalen Ebene, dem Was? und dem Wie? Beides trägt zum Spannungsaufbau entscheidend bei.

- Durch Andeutungen, Fragen oder Aufforderungen, die die Vorstellungskraft der Zuhörer stimulieren, regen Sie die Phantasie an und lassen automatisch ein Kopfkino entstehen.

- Spannung entsteht bei einer Präsentation wie im Film durch die Dramaturgie einer Handlung mit einem Konflikt, auf dessen Lösung hingearbeitet wird.

- In Hollywood wird nach der Plot Point-Methode gearbeitet: Setting, erster Plot Point, Konflikt, zweiter Plot Point, Auflösung mit Höhepunkt.

- Jeder Ansatz einer Geschichte erzeugt bei einer Präsentation Aufmerksamkeit und Spannungsmomente. Beispiele und Geschichten machen das Gesagte greifbar.

- Eine Spannungskurve hilft Ihnen, die Emotionen zu visualisieren, die eine Handlung erzeugt.

- Emotionen sind der Hauptgrund, warum wir etwas verstehen oder uns etwas merken.

Kapitel 5

Suspense, Tension and Surprise

Die Spannung steigt

Hitchcock drehte, wie er es nannte, »psychologische Filme«. Ein Film funktioniert – ebenso wie eine Präsentation – nur, wenn ständig die Aufmerksamkeit des Publikums erregt wird. Emotionen und das Wechselbad der Gefühle sind die Träger, die dafür sorgen, dass eine Dramaturgie spannend bleibt und so das Publikum kontinuierlich zu fesseln vermag.

Melanie Daniels (Tippi Hedren) ist in guter Laune. Sie hat sich eben einen kleinen Scherz erlaubt. Sie ist nach Bodega Bay gefahren und hat im Haus von Mitch Brenner (Rod Taylor) zwei Liebesvögel für dessen Schwester abgestellt. Unbemerkt. Als er den Käfig findet, ist sie schon wieder mitten auf der Bay. Sie hat sich dazu ein kleines Ruderboot mit Außenbordmotor geliehen. Mitch fährt in seinem Auto schnell um die Bucht in den Ort Bodega. Offensichtlich will er sie dort zur Rede stellen. Melanie lächelt, und als sie sich der Pier nähert, wartet Mitch bereits auf sie. Sie schaut ihn fragend an, neigt neckisch den Kopf. Sie spielt Erstaunen und triumphiert dabei. Schnitt. Die Großaufnahme einer heranfliegenden Möwe. Nur eine Sekunde. Schnitt. Wieder eine Aufnahme von Melanie im Boot. Die Möwe stößt auf Melanies Kopf herunter. Ein Schrei der Möwe. Nur eine Sekunde. Schnitt. Die Großaufnahme der davonfliegenden Möwe. Nur eine Sekunde. Schnitt.

Diese Szene ist der erste Angriff eines Vogels in einem weiteren Meisterwerk Hitchcocks: *Die Vögel* von 1963, nominiert für den Oscar für beste visuelle Effekte. Die Szene spielt eine große Rolle im Aufbau der Suspense-Story, denn sie kündigt das Thema an. Der Reiz der Geschichte liegt darin, dass harmlose Vögel plötzlich und unerklärlich Menschen angreifen. Daneben bediente sich Hitchcock einer Technik, die er mit Surprise, Überraschung, bezeichnete. Denn er unterschied sehr genau zwischen Suspense, Tension und Surprise. Von Surprise als alleinigem Spannungsmittel hielt er wenig. Und trotzdem brauchte und nutzte er diese Überraschungsmomente, um seine Geschichte spannend und lebendig zu halten.

Surprise hatte für Hitchcock einen großen Nachteil: Eine Überraschung ist ein Moment, auf den der Zuschauer nicht vorbereitet ist. Das führt zu einem Augenblick des Erschreckens, was eine starke und kurze Emotion ist. Drei Sekunden nur dauert der Angriff der Möwe insgesamt. Ein kurzer Moment, den er an anderer Stelle wohl gedehnt hätte. Während Melanies langer Fahrt in dem kleinen Boot über die Bodega Bay ist nicht einmal eine Möwe zu sehen. Außer dem Motor des Bootes ist auch nichts zu hören. In diesem Film verzichtete Hitchcock gänzlich auf Musik, ließ nur per Synthesizer die Vogelstimmen inszenieren. Nichts kündigt, wie in vielen Szenen Hitchcocks eigentlich üblich, den Angriff an. In den zahlreichen weiteren Angriffsszenen des Films beispielsweise. Hitchcock bevorzugte die lang anhaltende Anspannung beim Publikum, die durch Suspense und Tension entsteht.

Das Stilmittel der Surprise setzte Hitchcock dann ein, wenn es der Suspense-Story diente, er ordnete es unter. An dieser Stelle ging es Hitchcock darum, den Zuschauer auf das Thema vorzubereiten. Dabei war sein Gedanke, dass über seine Filme viel geredet wurde und das Publikum schon vorher wusste, dass es um angreifende Vögel geht. Das Publikum sitzt im Kino und wartet darauf, dass – endlich – Vögel angreifen. Das geschieht dann aber so unvorbereitet, dass der Überraschungseffekt umso größer ist.

Tension (Anspannung) ist, neben Suspense und Surprise, das dritte große Stilmittel, um Spannung zu erzeugen. Dabei entsteht die Spannung dadurch, dass die Handlung kurzfristig verzögert wird und das Publikum auf etwas Vorhersehbares warten muss. Der Zuschauer weiß, dass gleich etwas geschehen muss, wird aber durch kleine Ablenkungsmanöver oder Verzögerungen hingehalten. »Die Regie ist dazu da, die Zeit entweder zusammenzuziehen oder zu dehnen, wie wir es gerade brauchen, wie wir es wollen.[5]«

Tension und Surprise setzte Hitchcock nur ein, wenn sie Suspense unterstützten.

Die Begriffe Tension, Suspense und Surprise sind typischerweise fest mit Hitchcock verbunden. Diese drei Stilmittel und weitere, die ich Ihnen ebenfalls im Verlauf dieses Kapitels präsentieren werde, können Sie, wie ein guter Regisseur, in Ihre Dramaturgie einbauen. Alle drei erzeugen auf ihre Weise Aufmerksamkeit, Spannung und Emotionen.

Hochspannung in jeder Szene

Suspense kann – neben dem gesamten Plot – auch in jeder einzelnen Szene angewendet werden. Der Definition von Suspense habe ich bereits im Kapitel 3 Raum gegeben, dort jedoch vor

---

[5] Truffaut, 1993, S. 286

allem auf die gesamte Geschichte bezogen. Tension und Surprise sind dagegen vor allem Techniken, um einzelne Szenen interessant und spannend zu gestalten. Wie die drei Techniken genau definiert werden, wie sie sich voneinander unterscheiden und wie Sie sie bei Ihrer Präsentation einsetzen können, erfahren Sie im Folgenden.

➤ Suspense

Suspense setzt das Wissen oder eine Ahnung des Publikums voraus. Das Publikum wird zumindest teilweise informiert, sodass es – setzt es die Elemente richtig zusammen – den Ausgang erraten kann. Suspense arbeitet daher längerfristig auf die Wendung oder Lösung hin. Suspense erzeugt gleichzeitig Erwartung, dass etwas Bestimmtes eintrifft, und Zweifel, ob es nicht doch anders ausgeht. Suspense läuft also entweder auf das Eintreffen oder das Nicht-Eintreffen eines erwarteten Ereignisses hinaus. Es könnte eine schlimme Befürchtung eintreffen – aber auch kurz vorher die Rettung kommen. Es könnte ein glückliches Ende nehmen – aber auch kurz vorher etwas passieren. Die Krähen, die sich in der in Kapitel 3 beschriebenen Szene auf dem Klettergerüst neben der Schule sammeln, könnten Melanie Daniels angreifen – sie könnten aber auch einfach wieder wegfliegen. Die Spannung entsteht dabei durch das Gefühl, dass etwas passieren kö n n te, was aber völlig unsicher ist.

Suspense erzeugt Atmosphäre und eine Mischung aus Erwartung und Zweifel.

Hitchcock dazu: »Spannung ist nicht Bewegung, wie die meisten Leute meinen, sondern Atmosphäre. Eine Szene in einer engen Telefonzelle kann viel dramatischer sein als hundert über die Leinwand galoppierende Pferde.⁶« Diese Telefonzelle, in die Melanie während eines Angriffs der Vögel flüchtet, ist dabei auch eine Metapher. Zu Beginn des Films, in der Zoohandlung, fängt Mitch einen entkommenen kleinen Vogel ein und setzt ihn in den (goldenen) Käfig zurück. Seine Worte dabei: »Zurück in den goldenen Käfig, Melanie Daniel.« Mit der Telefonzelle spielt Hitchcock auf diese Szene an: Nun ist es Melanie, die im Käfig ist, und die Vögel sind draußen. Wobei ihm durchaus bewusst war, dass diese Umkehrung der Realität vielleicht niemandem auffallen würde.

Je nach Erwartungsinhalt handelt es sich bei Suspense um eine Entscheidungs- oder eine Erklärungsspannung. Im ersten Fall ist der Zuschauer gespannt auf den Ausgang einer tatsächlichen Situation (Action-Szene, Katastrophe, …) oder des Kampfes zwischen Protagonisten und Antagonisten. Im zweiten Fall wartet er auf die Erklärung für einen rätselhaften Umstand. Die Wahrscheinlichkeit für einen guten Ausgang ist sehr gering, aber immerhin möglich. In der Regel wird der Ausgang natürlich gewährleisten, dass die Handlung weiterlaufen kann. Löst der Held jedoch sein Problem (er wendet Gefahr ab, gewinnt gegen den Antagonisten …), wird er dadurch höchstwahrscheinlich in die nächste Problemsituation geraten – es sei denn, es handelt sich um die letzte Szene.

Suspense-Situationen werden beispielsweise dadurch erzeugt, dass der Zuschauer aufgrund eigener Erfahrungen oder Vorstellungen Hoffnungen oder Befürchtungen hat. Oder er wird durch Andeutungen oder Anspielungen, die ihm einen bestimmten Ausgang suggerieren, auf eine falsche Fährte gelockt – die er auch erahnt. Auf der formalen Ebene entsteht Suspense zum Beispiel dadurch, dass der Zuschauer durch seine Perspektive

---

[6] Hitchcock auf einer Pressekonferenz, Quelle: www.filmmuseum-hamburg.de/580.html

oder einen Schnitt in die Perspektive des Antagonisten eine Bedrohung erkennt, die dem Protagonisten verborgen bleibt – so wie bei der in Kapitel 3 beschrieben Szene, in der Melanie vor der Schule sitzt und wartet. Langsam sammeln sich immer mehr Krähen auf dem Klettergerüst der Bodega Bay Schule, ohne dass Melanie dies bemerkt. Der Zuschauer kann die Vögel aber sehen. So entsteht der Wissensvorsprung, der für Suspense so wichtig ist. Der Zuschauer will am liebsten in die Szene eintauchen und Melanie zurufen:»Pass auf, die Krähen!« Empathie mit dem Protagonisten ist ein starkes Mittel: Wie würde ich als Zuschauer an der Stelle des Protagonisten jetzt reagieren?

Suspense ist die Königsklasse unter den Techniken und findet auf Szenen-Ebene oder auf der Ebene der Gesamthandlung des Films statt. Was der Zuschauer dabei empfindet, beschreibt Oscar Wilde in einem treffenden Satz: »This suspense is terrible. I hope it will last.« – »Diese Spannung ist furchtbar. Ich hoffe, sie wird anhalten.«

Suspense in der Präsentation

In Ihrer Präsentation nutzen Sie Suspense, indem Sie dem Publikum Stück für Stück Informationen geben, ohne zu viel zu verraten. Der Höhepunkt – Ihre große Lösung, Ihr Produkt usw. – muss bis zuletzt geheim bleiben und darf trotzdem nicht einfach als Überraschung vorgelegt werden. Begründen Sie, warum Sie sich für diesen Weg entschieden haben, nehmen Sie Fragen und Bedenken geschickt vorweg, zeigen Sie technische Details auf, erzählen Sie von der Entwicklung oder geben Sie Erfahrungsberichte, nennen Sie Ergebnisse, die mit Ihrer Lösung erzielt werden können und kündigen Sie die Lösung an, ohne sie schon zu zeigen.

Achten Sie dabei auf eine Dramaturgie, die immer wieder Ihre (preiswerte, einfache ...) Lösung fast unmöglich macht. Bauen Sie eine Erwartungshaltung auf, die sich Schritt für Schritt der Lösung nähert. Suspense entsteht dadurch, dass Ihr Publikum immer wieder Teilinformationen bekommt und so eine Ahnung entstehen kann.

➤ Tension

Wenn Suspense mit Spannung, Gespanntheit, Nervenkitzel übersetzt wird, dann ist Tension eher eine kurze Anspannung. Tension bezeichnet eine akute Bedrohungssituation, die zumeist nur kurz anhält und sich auch nur bedingt zeitlich strecken lässt. Der Kontext der Erzählung ist für diese Form der Spannung weitgehend unerheblich. Die Aufgabe ist es, den Zuschauer noch ein wenig länger auf die Folter zu spannen. Um dies wirkungsvoll umzusetzen, muss der Zuschauer das Gefühl haben, mit dem Protagonisten eins zu sein, selbst in der Szene zu sein. Es muss wehtun, dass das Ereignis noch länger hinausgezögert wird. Und wenn es dann endlich eintrifft, muss der Zuschauer das Gefühl haben, dass es wert war, darauf zu warten. Wobei wir hier nicht von langen Zeitspannen sprechen. Tension findet meistens im Sekundenbereich statt.

Tension kann durch Verlangsamung der Szene oder durch Verzögerung der Handlung, aber auch der Schnittfolge entstehen. Eine Szene wird langsamer, indem die Handelnden langsamer spielen, mehr Dialog geführt oder mehr Wegstrecke zurückgelegt werden muss. Eine Verzögerung der Handlung spielt sich auf der inhaltlichen Ebene ab: Der Mörder hebt das Messer zum Stich, da kommt jemand um die Ecke und er muss sich noch einmal kurz zurückziehen, bevor er erneut ansetzt. Hitchcock nutzte besonders gern die Schnittfolge, um Tension aufzubauen. So wurden Einstellungen besonders lange geschnitten.

 Tension entsteht durch Verzögerung der erwarteten Aktion oder Ereignisse.

Die wirkungsvollste Tension-Szene in *Die Vögel* ist diejenige, als die Kinder das Schulhaus verlassen sollen. Die Lehrerin gibt noch die Anweisung, dass die Kinder ganz leise sein und erst auf ihr Zeichen hin so schnell wie möglich loslaufen sollen. Was zeigt Hitchcock? Er hält eine halbe Minute nur auf die Krähen. Erst nach einer Weile hört man die Kinder schreiend loslaufen und sieht, wie die Krähen aufsteigen. Die Kinder sieht man erst wieder, als die Krähen schon angreifen. Während dieser halben Minute wird der Zuschauer auf die Folter gespannt. Er weiß nicht, was bei den Kindern passiert.

Anmerkung: In vielen Serien oder neueren Produktionen wird Tension häufig durch einen Wechsel in eine andere Szene erzeugt. Ein Beispiel: Der Kommissar verfolgt eine Spur, doch der Mörder ist hinter ihm. Dem Kommissar ist die Gefahr nicht bewusst, dem Zuschauer schon. Schnitt. Sein Kollege verhört derweil im Büro einen Zeugen. Durch den Schnitt entsteht eine Form von Tension, weil der Zuschauer bis zum nächsten Schnitt warten muss, um zu erleben, ob der Mörder nun zuschlägt oder der Kommissar gerettet wird. Das ist sehr typisch für Krimis, Daily Soaps etc. Allerdings kann der Zuschauer während der anderen Szene die Anspannung wieder verlieren. Hitchcock hätte diese Variante deshalb zu billig gefunden und hat sie nicht eingesetzt. Ihm war es sehr wichtig, dass der Zuschauer am Geschehen dranbleibt und es keine parallelen Handlungen gibt. Das ist schwieriger, aber umso eleganter und spannender.

> **Tension in der Präsentation**
>
> In einer Präsentation können Sie die Wartezeit ebenfalls dehnen. Sie kündigen etwas absolut Neues an (die Lösung) und lassen Ihr Publikum dann gezielt warten. Das können manchmal einige Sekunden sein, manchmal vielleicht sogar eine oder zwei Minuten. Auf der formalen Ebene können Sie in dieser Zeit einfach eine Sprechpause machen, einen Schluck Wasser trinken oder einen Umbau zum

Medienwechsel als vorgeschobene »Begründung« nutzen. Natürlich sprechen Sie diese Begründung nicht aus, sondern lassen die Zuschauer bewusst im Unklaren. Der Umbau kann möglichst reibungslos und professionell vonstatten gehen oder Sie verfahren bewusst tölpelhaft – zwei Varianten, Tension zu erzeugen.

Auf der inhaltlichen Ebene können Sie sogar noch länger strecken, wenn Sie es geschickt anstellen. Sie kündigen Ihre Neuigkeit an und leiten dann über zu etwas anderem. Sie erklären beispielsweise, was Sie überhaupt dazu gebracht hat, eine Neuerung zu entwickeln, oder warum veränderte Bedingungen im Markt das Produkt nötig machen werden. Bleiben Sie aber beim Thema – keinen Szenenwechsel wie in einer Soap! Mit kleinen Nebensätzen können Sie mehrmals auf die Neuerung hinweisen: »... wie ich Ihnen ja gleich zeigen werde, haben wir auch dafür genau die richtige Lösung.« Übertreiben Sie es nicht. Gut ist es dann, wenn nicht auffällt, dass Sie die Lösung hinauszögern – oder dies humorvoll übertreiben. Und Ihre Neuerung muss natürlich halten, was Sie vorher versprechen!

➤ Surprise

Eine Überraschung ist etwas, das plötzlich und unerwartet eintritt. Der Nachteil daran: Es ist zwar ein heftiger, aber nur kurzer Moment, in dem die Emotionen der Zuschauer angeregt werden. Und deswegen auch schnell wieder vorbei. Zugegeben, wenn Surprise mit richtigem Erschrecken verbunden ist, schlägt das Herz vielleicht noch eine Weile schneller. Doch das eingangs erwähnte Beispiel des Möwenangriffs verdeutlicht es: Surprise kann in wenigen Sekunden vorbei sein. Was nicht Hitchcocks Vorstellung entsprach. Ebenso wie Tension ist Surprise ein Element innerhalb einer Szene und der Suspense untergeordnet.

Surprise löst eine kurze, aber heftige Emotion aus.

> **Surprise in der Präsentation**
>
> In einer Präsentation ist alles Unerwartete eine Überraschung. Ob Sie plötzlich mit der flachen Hand auf ein Flip-Chart schlagen, sich schweigend ins Publikum setzen, obwohl jeder erwartet, dass Sie jetzt etwas sagen oder ob Sie ernsthaft eine Lösungsvariante vorschlagen, die jeder für undenkbar hält. Eine Überraschung erzeugt stets Aufmerksamkeit und Emotionen. Sie muss danach aufgefangen werden, doch das ist leichter, als eine wirkungsvolle Überraschung zu entwickeln. Wenn Sie beispielsweise mehrere neue Produkte vorstellen, können Sie beim zweiten bereits vorgeben, dass sei alles gewesen. Und dann doch noch ein drittes aus dem Ärmel ziehen.

➤ Mystery

Ein weiteres Stilmittel, um Spannung zu erreichen, ist Mystery. Mystery[7], im Sinne von Geheimnis, lässt den Zuseher vollkommen im Unklaren, wie es überhaupt zu einer Situation gekommen ist. Das ist bei Hitchcock häufig der Fall. Hitchcock nutzte manchmal einen MacGuffin, ein von ihm erfundener Begriff, der eigentlich nichts bedeutet. Ein MacGuffin ist ein für die Handlung unbedeutendes Objekt (es kann auch eine Person, ein Ort etc. sein), das aber letztlich eine Begründung für alles darstellt. In *Der Unsichtbare Dritte* sind es Mikrofilme, die in einer präkolumbischen Statue versteckt sind. Es geht – im Gegensatz zum Spionagethriller – nicht darum, dass Thornhill und die Kidnapper beide hinter den Mikrofilmen her sind; Thornhill weiß ja nichts von deren Existenz. Sie sind jedoch der Grund dafür, dass die Kidnapper Thornhill als vermeintlichen Spion Kaplan ausschalten wollen und damit der Grund für die gesamte Handlung des Films.

---

[7] Der Begriff hat nichts mit der relativ jungen, im Deutschen verwendeten Bezeichnung für ein Filmgenre zu tun, das sich mit Unerklärlichem beschäftigt (Pseudoanglizismus). Im Englischen wiederum bezeichnet »Mystery« einen gewöhnlichen Kriminalroman, was hier ebenfalls nicht gemeint ist.

Hitchcock suchte selbst immer eine Antwort, doch sein Publikum ließ er gerne mit Fragen zurück.

Hitchcock war ein Detail-Fanatiker, und so ließ er schon mal Dreharbeiten unterbrechen (was er gemeinhin wegen der Kosten sehr, sehr ungern tat), wenn ihm die Logik einer Szene nicht eingängig war. Das bedeutete nicht, dass er dem Publikum die Logik erklärte. Im Gegenteil, oft blieb er dem Publikum ganz bewusst die Erklärung schuldig und ließ es mit diesem Mystery zurück.

Hitchcock klärt uns während des ganzen Films nicht darüber auf, warum die Vögel überhaupt angreifen. Er selbst hatte zu Beginn der Dreharbeiten in einer Zeitungsmeldung gelesen, dass eine Gruppe Krähen Lämmer angegriffen hatte. Die Ursache dafür war Tollwut, doch Tollwut war ihm zu unappetitlich und so wollte er dies nicht erwähnen. Im Gegenteil: Es gibt sowohl einen Polizisten, der nach einem Angriff von Spatzen die Sache nüchtern abtut, als auch eine ältere Ornithologin, die fachmännisch beteuert, dass Vögel aufgrund ihrer Intelligenz und Verhaltensweisen überhaupt nicht zu gemeinschaftlichen Angriffen fähig seien. Auch die Anschuldigung einer Dame, dass Melanie damit zu tun haben müsse, bleibt unbestätigt, aber auch unwidersprochen. Es bleibt ein Mystery, warum die Vögel so reagieren.

Mystery in der Präsentation

Diese Methode ist recht leicht bei Präsentationen einzusetzen. Und vor allem als Einstieg geeignet: Sie versetzt Ihre Teilnehmer gleich am Anfang mitten ins Geschehen, beispielsweise in die Situation, die sie erleben werden, wenn sie Ihr Produkt bereits besitzen. Die Zuhörer wollen im Anschluss garantiert so schnell wie möglich erfahren,

> wie es dazu gekommen ist. Sie präsentieren also erst die Lösung und erzeugen damit ein tolles Bild in ihren Köpfen – Übertreibungen erlaubt. Dadurch entsteht eine positive Vision, und Ihre Kunden wollen wissen, ob und wie sie sie erreichen können. Aufmerksamkeit garantiert!

➤ Erzählsprünge

Klassischerweise ist ein Erzählsprung ein Sprung in der Handlung über einen längeren Zeitraum, also beispielsweise von der Jugend des Protagonisten hin zu seinen besten Jahren. Hitchcock lässt Sprünge in der Erzählung – und deswegen verwende ich den Begriff hier etwas anders – im Sekundenbereich passieren. Er war kein Freund von Gewaltszenen, grausamen oder ekelerregenden Bildern. Er setzte sie nur da ein, wo es unbedingt für die Handlung nötig war. Die Grausamkeit der Vogelangriffe kostete er in aller Länge aus. Auch zeigt er das erste Todesopfer der Vögel, den Farmer Forset, den Mitchs Mutter entdeckt. Die Vögel sind über Nacht in sein Haus eingedrungen und haben ihm die Augen ausgehackt. Er zeigt den toten Farmer in seinem Schlafzimmer. Dabei springt die Kamera in drei kurzen Zoom-Stufen immer näher an die ausgehackten Augen. Eines der grässlichsten Bilder des Films. Doch er verzichtet auf alles, was nicht unbedingt gezeigt werden muss. Was danach mit dem toten Farmer geschieht, wird nicht gezeigt. Auch an anderen Stellen gibt es diese Erzählsprünge häufig. So kommt Mitchs Mutter mit einem gewaltigen Schock vom Hof des toten Farmers nach Hause. Fassungslos und nach Worten ringend läuft sie ins Haus. In der nächsten Szene liegt die Mutter im Bett und wird von Melanie versorgt. Erzählsprünge bei Hitchcock dienen also der Verdichtung und wirken so Langeweile entgegen.

Kapitel 5 Suspense, Tension and Surprise

Hitchcock übersprang gerne Details, wenn es der Erzähldichte diente – auch auf Kosten von Action.

Erzählsprünge in der Präsentation

Erzählsprünge sind kein Muss, sondern eine Möglichkeit, langweilige Informationen und Passagen zu überspringen. Im Prinzip arbeiten Sie mit der Intelligenz und der Vorstellungskraft Ihres Publikums. Wenn Sie über die Entwicklung eines Konzepts berichten, erzählen Sie nur von den spannenden Momenten, den Meilensteinen. Sorgen Sie aber dafür, dass die Lücken durch Logik und Phantasie wirklich nachvollziehbar bleiben.

Spannungs-Varianten statt Chronologie

Eine Geschichte muss fesseln, sie muss dabei jedoch keineswegs chronologisch ablaufen. Viele Präsentationen sind nach einer bestimmten chronologischen oder ähnlich konsequenten Logik aufgebaut. Das führt jedoch oft dazu, dass Überraschungsmomente unmöglich sind. Die Logik darf nicht fehlen, doch durch Veränderungen der Reihenfolge kann Spannung entstehen. Regisseure arbeiten mit Rückblenden, Erzählsprüngen und – besonders wichtig und wirkungsvoll – der Phantasie des Zuschauers. So wird beispielsweise in der Mitte einer Handlung begonnen oder sogar mit dem Höhepunkt. Der Zuschauer wird bewusst allein gelassen mit der Vermutung, wie es zu dieser Situation gekommen ist. Erst im Laufe des Films erfolgt eine Auflösung. Falls es überhaupt wichtig ist: Bei einem Mord ist mit Sicherheit der Auslöser von Belang, während bei einem Vulkanausbruch vor allem die Folgen interessieren.

Jede Handlung kann auf unterschiedliche Art begonnen werden. Jede führt zu einer anderen Art der Spannung, wie Sie in der folgenden Tabelle erkennen werden. Erzeugen Sie dazu selbst die Bilder, die in Ihrem Kopf die Situation ausmalen. Als Beispiel stelle ich Varianten der Szene mit Melanie vor der Schule und einen Einstieg in die Präsentation der Spiele-App aus dem letzten Kapitel gegenüber.

Ablauf	Erzählschema in *Die Vögel*	Präsentation (Beispiel Spiele-App)
Chronologie	1. Melanie kommt zur Bank. 2. Krähen setzen sich hinter ihr aufs Klettergerüst. 3. Melanie wartet nervös, ohne die Krähen zu bemerken. 4. Melanie entdeckt die Krähen. 5. Melanie warnt die Lehrerin.	1. Der Kunde beauftragt Sie, weil er denkt, ein Imageproblem bei der Zielgruppe zu haben. 2. Die Marktanalyse bestätigt dieses Imageproblem. 3. Sie haben überlegt, welche Lösungsmöglichkeiten es gibt. 4. Das Budget ist zu gering. 5. Die Spiele-App ist die Lösung.
1. Suspense (Erwartung)	1. Melanie kommt zur Bank. 2. Krähen setzen sich hinter ihr aufs Klettergerüst.	1. Der Kunde beauftragt Sie, weil er denkt, ein Imageproblem bei der Zielgruppe zu haben. 2. Die Marktanalyse bestätigt dieses Imageproblem.

Ablauf	Erzählschema in *Die Vögel*	Präsentation (Beispiel Spiele-App)
2. Tension (Dehnung)	2. Krähen setzen sich aufs Klettergerüst. 3. Melanie wartet nervös, ohne die Krähen zu bemerken.	2. Die Marktanalyse weist ein großes Imageproblem aus. 3. Sie haben überlegt, welche Lösungsmöglichkeiten es gibt.
3. Surprise (Überraschung)	2. Krähen setzen sich aufs Klettergerüst. 4. Melanie entdeckt plötzlich die Krähen.	2. Die Marktanalyse bestätigt ein Imageproblem. 4. Das Budget ist zu gering.
4. Mystery (Geheimnis)	4. Melanie entdeckt Krähen. 5. Melanie warnt die Lehrerin.	4. Das Budget ist gering. 5. Eine preiswerte Spiele-App ist die Lösung.

Keine dieser alternativen Varianten hat Hitchcock in Reinform eingesetzt, alle wären möglich gewesen. Die Chronologie ist dabei die logischste, strukturierteste und naheliegendste. Sie wird bei vielen Präsentationen eingesetzt. Die anderen Varianten haben ihr jedoch oft eines voraus: Sie sind spannender!

Anfängliche Verwirrung lässt Fragen entstehen – und Neugierde auf die Antworten.

Suspense lässt uns mehr wissen als Melanie weiß – so entsteht die Erwartungshaltung, dass etwas passieren wird. Diese Variante hat Hitchcock gewählt. Tension legt dagegen den Schwerpunkt auf die Dehnung, das lange und nervöse Warten steht im Vordergrund. Surprise arbeitet ohne diese Vorausschau, und

Melanie entdeckt plötzlich die Krähen. Bei Mystery wird nicht erklärt, was vorausgegangen ist, sondern gleich das Ende gezeigt: die Warnung der Lehrerin.

Als Ergebnis gilt: Je unvollständiger oder verwirrender eine Geschichte ist – oder zumindest zunächst erscheint – desto spannender wird es für das Publikum. Bei einer Präsentation darf, im Gegensatz zum Film, natürlich zum Schluss nichts offen bleiben, alle entstandenen Fragen müssen geklärt sein. Doch genau diese Fragen, die Fragen, die im Lauf des Vortrags in den Köpfen des Publikums entstehen, sind es, die die Aufmerksamkeit und die Spannung hochhalten. So denken die Zuhörer aktiv mit und suchen bereits selbst nach Antworten, statt nach Gegenargumenten zu suchen.

Das Publikum denkt bewusst und empfindet unbewusst

Mag das Publikum diese Verwirrung? Ja, aber ...! Wenn Sie Teilnehmer bewusst, auf der logischen Ebene befragen, dann werden Ihnen einige antworten, dass ihnen eine klare, nachvollziehbare Struktur und eine chronologische Reihenfolge lieber ist. Warum? Weil diese Teilnehmer vom Persönlichkeitstyp sehr strukturiert, rational und sachorientiert sind[8]. Dabei handelt es sich jedoch um die Oberfläche, das Bewusstsein und die Logik. Tatsächlich lassen sich auch diese Menschen auf der unterbewussten Ebene mit Emotionen, Spannung und Überraschungen leichter erreichen und mühelos überzeugen – und haben auch noch Spaß dabei.

---

[8] Erläuterungen zu den drei unterschiedlichen Persönlichkeitstypen finden Sie in meinem Buch *Professionelle Authentizität – Warum ein Juwel glänzt und Kiesel grau sind*, Gabler, Wiesbaden, 2010.

Und Sie kennen es sicher von sich selbst: Wenn Sie einen Film sehen, der stark mit Spannung arbeitet, insbesondere mit der quälenden Dehnung der Zeit bis zur Entscheidung, dann tut das manchmal richtig weh. Es ist unangenehm und trotzdem lieben wir es – siehe oben bei Oscar Wilde. Der Begriff Spannung oder Anspannung kommt ja nicht von ungefähr.

Auch wenn Teilnehmer intervenieren mögen – Spannung wirkt letztlich besser als Logik.

Einstieg mit Spannung

Wie sieht das jetzt beim Beispiel der Spiele-App aus? Sie können die unterschiedlichen Spannungs-Varianten als Einstieg in Ihre Präsentation nutzen, um Emotionen und Überzeugungskraft zu entwickeln. Für jeden der vier Abläufe aus der Tabelle hier nun die Adaption auf das Präsentationsbeispiel:

1. **Suspense:** Um wahren Suspense zu erzeugen, nutzen Sie die Phantasie der Teilnehmer. Bereits bei der Vorstellung der Aufgabe arbeiten Sie mit Anmerkungen darauf hin, dass der Kunde bei der Analyse selbst eventuelle Lösungsmöglichkeiten durchdenkt. Die Analyse zeigt dann, dass die Zielgruppe beispielsweise sehr Smartphone- und App-affin ist. Kommt der Kunde nun selbst auf die Idee, dass es eine besonders gute Möglichkeit wäre, für die Imageverbesserung eine App einzusetzen, wird er später Ihrer Idee kaum noch widersprechen (können).
2. **Tension:** Sie eröffnen dem Kunden, dass sein Problem noch viel größer ist, als er glaubt. Die Situation ist dramatisch. Um Spannung aufzubauen, breiten Sie in aller Länge

alle möglichen Lösungen aus – außer der App natürlich –, die aber aus irgendwelchen Gründen nicht funktionieren. Der Kunde weiß nicht, ob Sie eine Lösung haben oder ihm nahelegen, es mit diesem Budget erst gar nicht zu versuchen. Je mehr zu verwerfende Möglichkeiten Sie aufzeigen, desto spannender wird es, desto größer wird die Tension. Hier aber nicht übertreiben: Wenn es zu viel wird, dann reagiert der Kunde gereizt. Es ist vor allem eine Frage der formalen Ebene, also der Art, wie Sie ihm diese Lösungen präsentieren. Interessant kann dieses Vorgehen sein, wenn Sie es nutzen, um bei einer Wettbewerbspräsentation mögliche Lösungen der Wettbewerber von vornherein abzuwerten.
3. **Surprise:** Die Marktanalyse zeigt in dramatischer Weise, wie groß das Imageproblem ist und wie viel Aufwand nötig sein wird, es langsam, aber stetig wieder aufzubauen. Dann kommen Sie zum Punkt Budget und überraschen den Kunden mit der Aussage, dass es mit seinem Budget keine Chance gibt, eine Lösung zu finden. Sie tun ernsthaft so, als ob damit die Sache gelaufen sei. Nun lenken Sie mit anderen Informationen ab, beispielsweise misslungenen Versuchen des Wettbewerbs. Ihr Ziel: Der Kunde soll immer weniger daran glauben, dass es noch eine Lösung geben kann. Erst später lösen Sie überraschend auf und eröffnen, dass Sie doch eine geniale Lösung für sein kleines Budget gefunden haben, nämlich die Spiele-App.
4. **Mystery:** Sie stellen gleich zu Beginn die Spiele-App vor und lassen den Kunden damit spielen. So begeistert er sich selbst für die App, ohne zu wissen, was es damit auf sich hat. Eine Erklärung geben Sie zunächst nicht ab. Des Rätsels Lösung erfolgt erst gegen Ende der Präsentation.

Können Sie sich bereits vorstellen, welches Stilmittel Sie bei Ihrer Präsentation wählen werden, um den Einstieg spannend zu gestalten? Eignet sich Ihre Geschichte besser dafür, mit Tension, Suspense, Surprise oder mit Mystery zu beginnen? Jede dieser Lösungen hat ihre Vor- und Nachteile. Entscheidend dabei: Die Grundlage jeder spannenden Präsentation ist eine gute Dramaturgie. Ohne diese Dramaturgie lässt sich kein stimmiges Gesamtkonzept erzielen.

Und trotzdem ist die Dramaturgie allein längst nicht alles. Bei einigen dieser Spannungs-Varianten kann der Schuss nach hinten losgehen, wenn die Details nicht stimmen. Insbesondere die Elemente der formalen Ebene erfordern Fingerspitzengefühl und eine gewisse Konsequenz. Erst der richtige Einsatz von Tension, Suspense und Surprise, die richtige bildliche und sprachliche Umsetzung können ein überzeugendes Gesamtwerk kreieren. Das gilt für einen Film genauso wie für eine Präsentation. Vielleicht gelingt es Ihnen nicht beim erstem Mal, alle Details perfekt umzusetzen, aber ich kann Ihnen eines versichern: Je öfter Sie mit diesen Mitteln arbeiten, je kreativer Sie damit umzugehen lernen und je selbstverständlicher deren Einsatz für Sie wird, desto meisterhafter werden Ihre Präsentationen in Zukunft sein!

In aller Kürze

- Suspense war Hitchcocks Leitfaden – alles andere wurde ihr untergeordnet.

- Tension wird durch zeitliche Dehnung erzeugt. Sie dient dazu, die Befriedigung der Erwartung oder Ahnung des Zuschauers noch einen Moment lang zu verzögern.

- Surprise entsteht plötzlich, der Zuschauer zuckt zusammen. Die emotionale Wirkung ist dabei nur von kurzer Dauer.

- Mystery entsteht, wenn sich der Zuschauer nach der Ursache fragt. Hitchcock blieb uns häufig Erklärungen schuldig.

- Erzählsprünge à la Hitchcock sorgen für eine Verdichtung und ein schnelles Vorankommen der Handlung. Hitchcock übersprang gern logische Details und erhöhte dadurch das Tempo. Die emotionale Energie der Handelnden war ihm wichtiger als die Wirkung offensichtlicher Gewalt oder grausamer Bilder.

- Die Auflösung der Chronologie ist eine geschickte Möglichkeit, bereits in der Dramaturgie mit Tension, Suspense, Surprise und Mystery wirkungsvolle Spannungsbögen zu erzielen

- Die Dramaturgie allein reicht nicht aus, um Spannung zu erzeugen. Erst die zusätzliche Verwendung von Spannungstechniken im Detail (formale Ebene) und eine professionelle Ausführung machen eine Präsentation spannend und überzeugend.

Kapitel 6

Im Kopf des Zuschauers

Storytelling für Top-Präsentatoren

»Es sind nicht die Momente, in denen du atmest, es sind die Momente, die dir den Atem rauben« – ein wunderbarer Satz aus *Hitch, der Date Doktor.* Auch Präsentatoren dürfen ihrem Publikum den Atem rauben. Oder besser gesagt: Sie sollten es tun. Und das funktioniert am besten mit packenden Geschichten.

Ein Kino-Trailer zu Hitchcocks Meisterwerk *Psycho*. Hitchcock selbst geht durch die Szenerie des Films, das Areal des Bates Hotel. Er präsentiert es den Zuschauern. In Schwarz-Weiß gedreht, wie auch der Film, obwohl in Hollywood längst Farbe Standard war. Nachdem er das Haus und das Schlafzimmer von Norman Bates Mutter gezeigt hat, geht er in das kleine Wohnzimmer neben der Rezeption des Motels. Er erzählt von einem privaten Abendessen. Er wird nachdenklich. »Und, äh ...« Er dreht sich um, schaut auf ein Bild. »Da fällt mir ein«, spricht er wieder zum Publikum und geht langsam zu einem barocken Bild einer Nackten, »dieses Bild hier hat außerordentliche Bedeutung ... weil es ... äh«, und er wird wieder nachdenklich, blickt kurz zu Boden. Dann lenkt er ab. Er will es wohl doch nicht verraten. »Gehen wir erst noch zu Zimmer Nummer 1.« Er verlässt den Raum. Der Türgriff scheint staubig zu sein, denn er wischt sich die Finger ab. Er geht zu besagtem Zimmer 1, das sich direkt nebenan befindet. Zum Zimmer selbst bemerkt er nur, dass alles aufgeräumt ist. Dann dreht er sich zu einer Tür und geht darauf zu. Bevor er sie öffnet, wendet er sich zum Publikum. »Das Badezimmer«, bemerkt er bedeutungsschwanger in betont britisch-distinguierter Sprechweise mit angehobener, leicht gerümpfter Nase. Er öffnet die Tür, schaltet das Licht ein, betritt das Bad. Er sieht sich um, stellt auch hier fest, dass alles gereinigt wurde. »Aber hier haben sie inzwischen sauber gemacht ... Sie hätten nur das Blut sehen sollen.« Das Wort Blut betont er ganz besonders angewidert. »Der ganze, ... der ganze Raum war ... nein, es ist zu grauenvoll, nicht zu beschreiben.« Er schüttelt sich, wendet sich angeekelt ab, sucht nach etwas anderem, das er dem Publikum zeigen kann.

Was ist eben passiert? Zweierlei: Zum einen habe ich eine Sprache gewählt, die sehr beschreibend ist. Kurze Sätze, die im Großen und Ganzen nur das schildern, was zu sehen und zu hören war. Keine Interpretationen. Die sogenannte Bildersprache, die wir uns im Kapitel 10 noch genauer ansehen werden. Sie heißt so, weil diese von mir beschriebenen Momente bei Ihnen Bilder im Kopf erzeugt haben. Wenn Sie den Film gesehen haben, dann sind es – so weit noch möglich – Bilder aus der Erinnerung. Wenn Sie ihn nicht gesehen haben oder sich nicht an alle Einzelheiten erinnern, dann entstehen trotzdem Bilder. Sie setzen Ihre Phantasie ein, ohne darüber nachzudenken. Sie können gar nicht anders. Denn Sprache ist im Gedächtnis fest und unmittelbar mit Bildern verknüpft. Unmittelbar trifft zumindest auf die Wörter zu, bei denen ein einfaches Bild möglich ist, wie Blut oder Badezimmer.

Durch beschreibende Bildersprache entstehen Bilder in unseren Köpfen.

Zum anderen erzeugt Hitchcock auch virtuelle Bilder. Wenn Sie den Trailer gesehen haben, werden Sie festgestellt haben, dass er fast nichts zeigte! Das vom Meister angesprochene Bild wurde nicht aus der Nähe gezeigt. Vom Wohnzimmer, Zimmer 1 und Badezimmer sah der Zuschauer eigentlich nichts. Die Kamera war auf Alfred Hitchcock gerichtet, der sich im jeweiligen Zimmer aufhielt. Mehr als ein wenig Hintergrund, oft nur Tapete bzw. Fliesen, war da nicht zu sehen. Erst recht nicht das Blut, das ja weggewischt wurde. Sagte der Regisseur. Wer den Film nicht schon kannte, konnte sich nun sein Bild machen. Wie unordentlich war das Zimmer wohl, bevor sie es wieder aufgeräumt haben? Wie viel Blut war wohl im Badezimmer? Wer andere Hitchcock-Filme kannte, konnte sich keine besonders blutigen Szenen vorstellen. Es gab bei Hitchcock nie viel Blut. Oder war das etwas Neues? Alles voller Blut?

Durch Andeutungen lässt Hitchcock Freiraum für eigene Bilder in unseren Köpfen.

Hitchcock präsentierte seinen Film mit einem Versprechen. Er versprach Horror und Blut. Doch er versprach es nicht direkt, zeigte es uns nicht. Stattdessen ließ er Bilder in unserem Kopf entstehen: Kopfkino.

Kennen Sie noch die Google Chrome-Werbung von Anfang 2011? Auf weißem Hintergrund steht da: »Hänsel und« – »Ach du grüne« – »backe, backe« – »Wie Pech und« – »Friede, Freude,« usw. Was passiert in diesen Momenten? Natürlich ergänzen Sie das fehlende Wort. Das ist Intelligenz. Und das tun Sie auch, wenn ich Ihnen Folgendes erzähle: »Ich bin neulich mit meinem Hund durch den Park gegangen. Da komme ich an einem Pärchen auf der Parkbank vorbei. Ich schaue hin, denn die Frau ist sehr attraktiv. Die beiden haben sich doch glatt ...« Na, was ergänzen Sie wohl? Eben!

Wenn Lücken bleiben, füllen wir diese automatisch mit unserer Phantasie.

Sprache ist das Tor zu Bildern

Sie sind ebenso in der Lage, Bilder in den Köpfen Ihres Publikums entstehen zu lassen. Aber genau das Gegenteil wird meistens gemacht: Alles wird erklärt, möglichst jede Unklarheit beseitigt. Und damit oft noch mehr Verwirrung erzeugt. Woher kommt das? Ich denke, dass vor allem Männer dazu tendieren, Dinge verstehen zu wollen. Wenn sie ein neues technisches Spielzeug entdecken, wollen sie ergründen, wie es funktioniert. Ich weiß übrigens bis heute nicht, auf was der Touchscreen meines iPhones reagiert. Druck kann es nicht sein, Wärme auch nicht. Dieses Unwissen ist für einen Mann in der Regel ein unerträgliches Gefühl. Dabei ist es doch eigentlich egal. Den meisten Frauen ist das auch gleichgültig, sie wollen Dinge nutzen, nicht verstehen.

Haben Sie schon einmal einen Roman gelesen und danach die Verfilmung gesehen? Waren Sie ebenfalls enttäuscht? Die beim Lesen selbst produzierten Bilder entsprechen nicht denen, die uns der Film präsentiert. Die eigene Phantasie kreiert Geschichten und die entsprechenden Bilder oft interessanter; sie lassen einen Spielraum, der es uns ermöglicht, unsere eigenen Vorstellungen zu integrieren.

Kapitel 6 Im Kopf des Zuschauers

Wenn alles erklärt wird, bleibt kein Freiraum mehr für die eigene Vorstellungskraft.

Anstatt also alles erklären zu wollen, sollten wir besser die Phantasie der Zuschauer nutzen und ihnen Freiräume lassen. Und genau das tut Hitchcock hier. Wenn er vom Blut im Bad erzählt, kann sich jeder so viel Blut vorstellen, wie er will. Es kann auch jeder seine eigenen Vermutungen anstellen, wie das Blut dort hinkam. Okay, offensichtlich ein Mord. Aber wer hat wen ermordet? Was waren Motiv, Tatwaffe und Hintergründe?

Nachdem Hitchcock angeekelt vom Blut ablenken will, hebt er den Deckel der Toilette und merkt an, dass hier ein besonders wichtiger Hinweis gefunden wurde: »Da unten«. Dann erzählt er, dass der Mörder zur Tür hereinkam (woher sonst?) und dass die Dusche lief und er deswegen nicht gehört werden konnte. Bei diesen Worten setzt erstmals in dieser Szene Musik ein, zunächst leise und sonor. Er wendet sich dem geschlossenen Duschvorhang zu. Er hält einen Moment inne. Die Musik wird lauter, die Töne heller. Er reißt den Vorhang plötzlich zur Seite. Schnitt. Original-Szene aus dem Film: Janet Leigh duscht, erschrickt, schreit schrill. Der Schriftzug »PSYCHO« wird sofort in großen Lettern vor ihrem Gesicht eingeblendet. Zu ihrem Schrei wird die Musik lauter. Staccato-artige Töne von Streichinstrumenten lassen sie noch dramatischer erscheinen. Diese Musik werden wir auch im Film hören. Während des Mordes.

Hitchcock konnte nicht nur außergewöhnliche Filme kreieren, er verstand es auch, Dinge zu präsentieren. Eine im Fernsehen von 1955–1965 ausgestrahlte Serie nannte sich auch *Alfred Hitchcock presents*. Er wusste genau, wie er Blickkontakt, Bewegung oder Sprache einzusetzen hatte. Doch vor allem wusste er, Geschichten zu erzählen.

Präsentieren Sie Geschichten

Was ist Ihre Vorstellung von Geschichten? Ein Märchen? Ja, auch das ist eine Geschichte. In einer Präsentation haben Sie eine viel größere Palette an Möglichkeiten. Hier einige Beispiele:

- Rahmenhandlung
- Abenteuer
- Beispiel
- Metapher
- Mehrere kleine Geschichten

Es liegt an Ihrem Thema, welche Version Sie wählen. Und ich weiß aus der Erfahrung vieler Seminare und Coachings, dass sich mancher anfangs komisch dabei vorkommt, wenn er eine Geschichte erzählt. Zumindest in Deutschland, denn Storytelling ist in vielen Regionen der Erde völlig normal. Angelsächsisch geprägte Kulturen nutzen diese Überzeugungstechnik ebenso gern wie südliche oder arabische. Nach anfänglicher Überwindung werden Sie jedoch bald positive Erfahrungen sammeln und immer besser werden. Im Folgenden gebe ich Ihnen einige Beispiele für die verschiedenen Möglichkeiten.

1. Rahmenhandlung

Die ganze Präsentation wird in eine Geschichte verpackt. Sie wollen Ihr Unternehmen vorstellen und dabei nicht den üblichen Weg, also Folien mit Zahlen, Standorten und Organigramm zeigen? Dann überlegen Sie sich eine Geschichte dazu. Wie wäre es, wenn Sie einen Protagonisten das Unternehmen erkunden lassen und dies mit einer Digitalkamera dokumentieren? Die Bilder versehen Sie dann mit den notwendigen Informationen. Ob der Protagonist ein möglicher Kunde ist, oder ob Sie stattdessen mit entsprechendem Humor ein Kind, einen Hund, eine Spielzeugfigur oder gar einen Stuhl nehmen, ist eine Frage Ihrer Phantasie.

Sie wollen Ihrem Team die Ergebnisse Ihres Besuchs beim amerikanischen Hauptfirmensitz präsentieren? Dann tun Sie dies doch mal zur Abwechslung in Form eines Reiseberichts mit Fotos. Erwecken Sie dabei aber keinen Neid, weil Sie nur die schönen Bilder vom Essen und Feiern zeigen. Wie wäre es mit dem Büro Ihrer Kollegen und der dortigen Kantine? Ob Sie Bilder zeigen können, hängt natürlich auch davon ab, ob Sie vor Ort fotografieren dürfen. Sie können auch erzählen, was Sie dort erlebt haben. Sie werden sehen, dass die Aufmerksamkeit größer ist und die Ergebnisse fortan mit Bildern verknüpft sein werden. Zudem werden Menschen, die Sie getroffen oder neu kennengelernt haben, für die Teilnehmer realer – und Entscheidungen damit auch verständlicher.

Sie wollen Ihrem Vorstand ein neues Konzept präsentieren? Dann fassen Sie das Wichtigste in einer kurzen Geschichte zusammen, in der Sie die Vision des umgesetzten Konzepts ausmalen.

2. Abenteuer

Berichten Sie davon, wie es zum Objekt der Präsentation (Ihrem Konzept, Ihrem Produkt...) kam oder welchen Weg Sie nehmen mussten, um es zu realisieren. Das kann der Grund für die Entwicklung eines Produkts sein, die Geschichte, die die Entwicklungstrends und der Markt dazu bieten, das kann aber auch einfach die Geschichte der Entwicklung selbst sein. Wie kam es zu dieser Produktentwicklung und was waren die Hindernisse, die Sie auf dem Weg ausräumen mussten? Ich behaupte, dass jede Entwicklung eines Konzepts, eines Projekts, einer Dienstleistung, eines Produkts oder einer Beratung eine Menge Abenteuer bereithält. Sie müssen Sie nur finden. Und dann nach dem Konzept einer wirkungsvollen Dramaturgie und mit den Methoden Suspense, Tension und Surprise aufbereiten. Natürlich schadet auch ein wenig Mystery nicht, Sie müssen ja nicht alles verraten.

3. Beispiel

Beispiele wirken stark, obwohl sie eben nur ein zufälliges Exempel sind, das eigentlich keineswegs Anspruch auf Allgemeingültigkeit hat. Doch weil Beispiele etwas Plastisches und Nachvollziehbares sind, glauben Menschen daran und verallgemeinern sie. Beispiele wirken stärker als Argumente und Fakten. Plötzlich geht es nicht mehr darum, ob das Beispiel wahr ist, es geht darum, ob es nachvollziehbar ist und welche Bilder es erzeugt. Sammeln Sie deshalb Anwendungsbeispiele aus dem Unternehmensalltag oder andere Situationen, die Sie verwenden können. Doch auch hier gilt: Das Ganze muss aufbereitet werden. Erzählen Sie nicht nur in zwei, drei Sätzen, was Ihr Kunde oder Sie erlebt haben. Schmieden Sie daraus eine Präsentation mit Dramaturgie und Spannung.

4. Metapher

Eine Metapher ist eigentlich eine rhetorische Figur, in der ein Wort durch bildhafte andere Wörter oder Begriffe ersetzt wird. Die »Schuppen« auf der Kopfhaut oder »Der Fisch stinkt vom Kopf her« sind Beispiele dafür. Der Begriff Metapher wird auch für eine ganze Geschichte verwendet, die bildhaft die eigentliche Aussage ersetzt. Ähnliche Formen sind Analogie, Parabel,

Gleichnis, Märchen, Anekdote oder Allegorie. (Die Unterschiede erspare ich Ihnen hier.) So kann beispielsweise vom Häuptling und seinen Indianern die Rede sein, und trotzdem weiß jeder, dass der Chef und die Mitarbeiter gemeint sind. Eine Präsentation kann komplett auf einer solchen Geschichte aufgebaut sein. Ein Beispiel: In einer Präsentation zum Thema Change-Management wurde die ganze Situation mit dem Thema Fußball in eine Metapher verpackt. So war die Rede von Spielführer, Mannschaft, Foul, Spielzeit, Abseits und vielen weiteren Metaphern. Da diese Präsentation vor einem fußballbegeisterten Publikum und zur Zeit der Fußball-WM stattfand, passte alles zusammen. Nur eine Metapher bitte ich Sie nicht mehr zu verwenden: Schach. Denn die wurde schon von so vielen Unternehmensberatungen so häufig verwendet, dass sie völlig abgedroschen ist. (Abgedroschen ist übrigens auch eine Metapher!) Besser ist es ohnehin, Ihre eigene Geschichte zu kreieren und ganz individuell auf Ihr Thema anzupassen.

5. Mehrere kleine Geschichten

Wenn es nicht möglich ist, Ihre gesamte Präsentation in eine Geschichte zu verpacken, dann verwenden Sie zu den einzelnen Punkten mehrere kleine. Diese müssen dann allerdings kurz und knackig sein. Das macht die Sache schwieriger, denn einer kurz erzählten Handlung fehlt es oft an den Kleinigkeiten, die sie spannend und überraschend machen. Ich verwende als Einstieg gern eine Metapher, die das Thema darstellt.

> **Meine Eisbrecher-Metapher für Präsentationsseminare**
>
> Ein König hatte einen Traum. Er träumte eines Nachts, dass ihm all seine Zähne ausfallen. Er war neugierig und wollte wissen, was es bedeutet, wenn einem im Traum die Zähne ausfallen. So ließ er einen Traumdeuter rufen und dieser Traumdeuter wusste, dass jeder Zahn, der einem im Traum ausfällt, für einen Verwandten steht,

der sterben wird. Und so sprach er: »Euer Majestät, das bedeutet wohl, dass all Eure Verwandten sterben werden.« »Bist du des Wahnsinns?« brüllte der König. »Weißt du nicht, wen du vor dir hast? Wie kannst du es wagen, mir so etwas zu sagen?« Er ließ den Mann bestrafen und in den Kerker sperren. Der König war jedoch immer noch neugierig und ließ einen anderen Traumdeuter rufen. Der beste Traumdeuter des Reiches kam von weit her. Auch dieser wusste, dass jeder Zahn, der einem im Traum ausfällt, für einen Verwandten steht, der sterben wird. Doch er wusste auch, was mit seinem Kollegen geschehen war, der unten im Kerker schmorte. So überlegte er einen Moment lang und sagte dann: »Euer Majestät, das bedeutet wohl, dass Ihr all Eure Verwandten überleben werdet.«

Mit dieser kleinen Metapher – entsprechend spannend erzählt – starte ich meine Seminare; und es ist immer wieder lustig, während meiner ersten Worte in die verwirrten Gesichter zu blicken. Viele sind überrascht und wundern sich, warum ich von einem Märchenkönig erzähle. Erst wenn sie den letzten Satz hören und die Moral der Geschichte verstehen – dass es nämlich nicht darauf ankommt, was man zu sagen hat, sondern wie man etwas rüberbringt – zaubert die Metapher ein kleines Lächeln auf die Gesichter.

Geschichtenspeicher

Sammeln Sie Geschichten. Natürlich gibt es eine Reihe von Büchern oder Quellen im Internet, die unterschiedliche Geschichtensammlungen anbieten. Besser sind eigene oder solche aus dem Umfeld des Unternehmens. In jedem Unternehmen gibt es zahlreiche Erzählungen von Kunden, von Kollegen oder auch aus früheren Zeiten, die zu sammeln sich lohnt. Tauschen Sie sich mit anderen aus und legen Sie sich eine Geschichten-Datenbank an. Auch im Internet, in Büchern, in Newslettern, in Zeitungen und Magazinen und im täglichen Leben werden Sie fündig. Da diese Geschichten leicht vergessen werden, ist es sinnvoll, stets ein kleines Notizbuch dabeizuhaben oder ein entsprechendes Programm im Smartphone zu benutzen, um die Geschichten sofort zu notieren. Selbst wenn Sie sich nicht vorstellen können, eine bestimmte Geschichte je zu verwenden, kann sie später doch als Anregung für Ihre eigene Variante dienen. Jedes Unternehmen sollte zudem eine Geschichten-Datenbank anlegen, in der alle Erfolgsgeschichten gesammelt werden. Aus dieser können sich dann alle bedienen, die präsentieren oder verkaufen.

Manchmal passen Geschichten nicht genau zu dem, was Sie erläutern wollen. Oder Sie können bestimmte Details nicht erwähnen, weil sie der Geheimhaltung unterliegen. Dann verändern Sie die Geschichte. Geschichten müssen nicht der Wahrheit entsprechen, solange nichts vollkommen Falsches behauptet wird. Wichtig ist, dass die Geschichte so hätte passieren können, dass sie realistisch ist und auch Rückfragen standhält. Sie erzählen »Ihre« Wahrheit, nicht »die« Wahrheit, denn die gibt es ohnehin nicht.

Es muss nicht realistisch sein

Hitchcock erzählt in *Psycho* folgende Geschichten:

1. Eine Sekretärin ist in einen geschiedenen Mann verliebt, mit dem sie sich ab und zu trifft, der sie aber nicht heiraten will, weil er zu viele Schulden hat, um Alimente zahlen zu können. Als sich die Gelegenheit ergibt, unterschlägt sie Geld von ihrem Chef, um den Mann heiraten zu können. Als sie jedoch zu ihm fährt und unterwegs übernachtet, bereut sie die Tat; sie beschließt umzukehren und das Geld zurückzugeben. Banal, oder?
2. Eine Frau kommt in ein abgelegenes Hotel, das seit dem Neubau einer Bundesstraße kaum mehr Gäste hat. Sie trifft dort auf den jungen Hotelier, der an Schizophrenie leidet. Sein Vater war früh gestorben und der junge Mann hatte aus

Eifersucht seine Mutter und ihren neuen Liebhaber ermordet. Seitdem übernimmt ein Teil seiner Persönlichkeit phasenweise die Rolle seiner Mutter, deren Leiche er gestohlen und konserviert hat. In der Rolle seiner Mutter, die auf junge, weibliche Hotelgäste eifersüchtig ist, begeht er weitere Morde. Die Frau, die zugleich die Sekretärin aus der ersten Handlung ist, wird das dritte Opfer. Unglaubwürdig, oder?
3. Der Liebhaber der Sekretärin bekommt Besuch von deren Schwester und einem Privatdetektiv; diese erzählen ihm von der Unterschlagung. Sie versuchen auf eigene Faust zu ermitteln, da der Chef von einer Anzeige absehen würde, wenn er das Geld zurückerhielte. Der Detektiv findet das Hotel und informiert den Mann und die Schwester. Er fährt erneut zum Hotel, da er beim ersten Besuch die Mutter des Hoteliers nicht sprechen durfte. Nun wird auch er ermordet. Der Mann und die Schwester machen sich Sorgen und fahren zum Hotel. Während der Mann den Hotelier ablenkt, sucht die Schwester nach der Mutter. Sie entdeckt sie schließlich mumifiziert im Keller. Unrealistisch, oder?

Wenn Sie den Film so erzählen, wird keiner Ihrer Zuhörer vor Begeisterung aufschreien. Sie werden wenige Bilder und kaum Emotionen wecken. Doch wie ist es, wenn sich eine einzige Mordszene folgendermaßen anhört?

Mord unter der Dusche

Melanie hat eben beschlossen, zurückzufahren und das unterschlagene Geld zurückzugeben. Sie macht sich Notizen, wie sie die 700 Dollar aufbringen kann, die sie davon für ein Auto ausgegeben hat. Sie zerreißt den Zettel, spült ihn in der Toilette hinunter und beschließt zu duschen. Sie schließt die Badezimmertür, legt den Bademantel ab und steigt in die Wanne. Sie genießt das warme Wasser, das ihren Körper hinabläuft. Man sieht sie von oben, aus dem Blickwinkel des Brausekopfs, von vorn, von der Seite. Sie seift sich ein. Schnitt. Durch den Duschvorhang erkennt man, wie die Badezimmertür aufgeht. Melanie hört nichts. Das Wasser der Dusche ist lauter. Unbekümmert duscht sie weiter.

Da wird plötzlich der Duschvorhang aufgerissen. Melanie dreht sich um. Im Gegenlicht sieht sie eine alte Frau mit einem großen Messer. Sie schreit. Schrille Musik setzt ein. Ein durchdringendes Staccato. Die Frau sticht zu. Melanie versucht sich zu wehren. Die Kamera zeigt das Entsetzen in Melanies Gesicht. Sie zeigt das Wasser in der Wanne, das sich vom Blut färbt. Und sie zeigt das Messer, das wieder und wieder auf Melanie einsticht. Sieben Mal, acht Mal. Dann verlässt die Mörderin das Badezimmer eilig. Lässt die Tür offen. Melanies Hand in Großaufnahme. Dunkle, dramatische Musik statt des schrillen Staccatos. Sie stützt sich an der Wand ab. Doch ihre Finger finden keinen Halt auf den Fliesen. Langsam rutscht die Hand tiefer. Melanie sinkt zusammen. Sitzt zusammengekauert in der Wanne. Sie greift nach dem Duschvorhang. Dieser kann ihr keinen Halt geben. Die Musik wird langsam und stoppt. Öse für Öse reißt der Vorhang aus. Melanie bricht schließlich zusammen, fällt mit dem Oberkörper über den Wannenrand. Ihr Kopf schlägt auf dem Boden auf. Schnitt. Eine lange Einstellung zeigt das letzte Blut, das zusammen mit dem Wasser in den Ausguss läuft. Mit dem Blut schwindet Melanies Leben. Schnitt. Melanies Auge ist in Großaufnahme zu sehen. Ein totes Auge. Weit offen. Die Kamera zoomt zurück und zeigt Melanies Kopf auf den kalten Fliesen. Schnitt. Der Duschkopf von unten, das Wasser läuft immer noch.

Diese Szene dauert im Film nicht einmal drei Minuten. Doch sie besteht aus rund 70 Einstellungen. Einstellungen, die uns das ganze Grauen präsentieren, ohne auch nur einen Stich zu zeigen. Hitchcock zeigt das Zustechen, aber nie, wie das Messer auf die Haut trifft. Drei Tage wurde an diesen gut zweieinhalb Minuten gedreht. Der Duschkopf wurde mit zwei Meter Durchmesser nachgebaut, sodass man ihn von unten filmen konnte, ohne dass die Kamera nass wurde. Janet Leigh musste wieder und wieder nackt in die Wanne. Doch aus einem »einfachen Mord« (»Frau wird unter der Dusche erstochen«) wird eine der eindringlichsten Szenen der Filmgeschichte. Das ist spannend!

Kreieren Sie Ihre eigene Geschichte

Kopfkino bedeutet, dass die Phantasie Lücken füllt, die durch eine Geschichte entstehen. Wie können Sie nun diese Lücken in den Köpfen Ihrer Zuhörer entstehen lassen? Suchen Sie zunächst eine geeignete Geschichte. Kramen Sie in der Kiste Ihres Lebens – die eigenen Geschichten sind die besten. Sie können Sie lebendig und echt erzählen, weil Sie sie selbst erlebt haben, mit all den Emotionen, die durch das Erlebnis entstanden sind.

Das Leben hat Ihnen schon viele Erlebnisse beschert: ein Fundus potenzieller Geschichten für Ihre Präsentation.

Wenn Sie nicht auf eine eigene Geschichte zurückgreifen, dann überlegen Sie sich, welche Situationen, Beteiligte oder Moral Ihre Geschichte unbedingt haben muss. Ein bis drei Anhaltspunkte reichen. Dann lassen Sie Ihrem Unterbewusstsein Zeit – auch über Nacht oder gar mehrere Tage. Lassen Sie sich inspirieren. Was dann kommt, das kommt, weil es erinnerungswürdig und damit erzählwürdig ist. Manchmal entstehen verrückte Ideen, manchmal ist es eine Geschichte, die ganz nah an Ihrem Thema ist, so wie oben unter Abenteuer oder Beispiel beschrieben.

Die ideale Geschichte ist spannend. Wenn Ihre Geschichte das nicht, sondern eher banal ist, muss sie aufgemotzt, durch Zutaten fein säuberlich ergänzt werden, ohne dass auch nur eine Zutat bloßes Beiwerk ist. Jede Ergänzung muss in der Geschichte einen Sinn haben und zur Spannung oder Lösung beitragen. Erzählen Sie die Geschichte zunächst so, wie Sie sie Freunden erzählen würden. Dabei geht es nicht um Fakten – auch nicht um die korrekte Reihenfolge. Es ist unerheblich, wann Ihr erstes Mal war, es sind die emotionalen Erinnerungen, die Bedeutung haben, oder? Bei einem Neugeborenen nennen viele Eltern Name, Gewicht und Größe bei der Geburt, weil es außer Fakten noch nichts über die kleine Persönlichkeit zu erzählen gibt. Wenn Sie über einen Freund sprechen, werden Sie kaum derartige Fakten nennen, oder? Sie beschreiben, was für ein herzensguter Mensch er ist. Eine gute Geschichte besteht nicht aus Fakten, vielmehr erzeugt sie Bilder und Emotionen – sie berührt. Sie muss spannend und lebendig sein – oder werden. Auf welchen Höhepunkt können Sie hinarbeiten?

Im nächsten Schritt analysieren Sie die neue Variante der Geschichte: Ist sie dramatisch und spannend genug? Kommt das, worauf es Ihnen ankommt, auch rüber? Entstehen Bilder und Emotionen bzw. werden Ihre eigenen Emotionen transportiert? Gibt es Freiraum für phantasiereiches Kopfkino? Überlegen Sie, an welchen Stellen Sie Zutaten hinzufügen können, die die Handlung besser transportieren und zum Kopfkino beitragen. Malen Sie sich Ihre Geschichte so erlebnisreich und detailreich wie möglich aus. Sammeln Sie zunächst einmal alles, was Ihnen einfällt. In einem zweiten Durchgang lassen Sie dann die Dinge weg, die überflüssig, übertrieben oder irreführend sind. Eliminieren Sie aber auch Fakten und Informationen, die für eine emotionale Geschichte unerheblich sind. Nehmen Sie es mit der Wahrheit nicht so genau, es geht nicht um Richtig oder Falsch. Es geht darum, dass Ihre Botschaft transportiert werden kann. Es ist Ihre Wahrheit, die Sie vermitteln. Mit einer Geschichte transportieren Sie Informationen auf einer tieferen, nichtrationalen Ebene. Ihre selbst erlebten Geschichten sind ohnehin nicht angreifbar.

Es gibt nicht d i e Wahrheit – es kann immer nur Ihre Wahrheit sein.

Wer ist der Protagonist in Ihrer Geschichte, wer der Antagonist? Waren Sie der Verlierer? Drehen Sie das Ganze um und machen Sie sich zum Helden! Oder nehmen Sie einen Dritten als Helden, der Sie gerettet hat. Es kommt immer darauf an, dass die Botschaft stimmt – und Sie sind Drehbuchautor und Regisseur!

Die Erzählform erzeugt Spannung

Wenn Sie keine eigene Geschichte, sondern eine aus dem Markt, dem Unternehmen oder rund ums Produkt erzählen, ist die Wahrheit wichtiger. Das heißt nicht, dass die Geschichte langweilig sein muss. Denken Sie nicht, dass Ihre Erlebnisse auf dem Weg zum neuen Produkt banal seien. Es kommt immer darauf an, was Sie daraus machen. Haben Sie in einer Zeitung gelesen, dass eine bestimmte Entwicklung auf dem Markt stattfindet, und deshalb das neue Produkt entwickelt? War das außergewöhnliche Design Ihres neuen Produkts nur ein gewöhnlicher Entwurf aus einer Serie von vielen, vielen Skizzen? Ist Ihr Produkt nichts Außergewöhnliches, sondern nur eine preiswertere Variante eines Konkurrenzprodukts? Egal! Die Handlungsstränge von *Psycho* sind auch erst einmal nichts Besonderes. Erst die

Aufbereitung durch Hitchcock machen daraus das Meisterwerk. Picken Sie sich etwas heraus und machen Sie sich daran, eine spannende Geschichte zu entwickeln. Hitchcock hat es auch nicht immer ganz genau genommen. Natürlich dürfen Sie übertreiben, natürlich dürfen Sie Details hinzufügen oder weglassen. So lange es keine billigen Effekte sind, sondern dem Fortschritt der Handlung dient, ist es erlaubt. Seien Sie mutig!

Erst die Erzählform macht das Meisterwerk!

Bilder und Emotionen

Mehrmals habe ich in den letzten Absätzen auf Kopfkino und Phantasie hingewiesen. Denn genau das fehlt vielen Geschichten. Dabei ist es so einfach: Denken Sie an Ihre eigenen Emotionen, nicht an die Fakten. Eine Erzählung ist dann eine Geschichte, wenn Bilder dabei entstehen. Und Bilder wiederum lösen Emotionen aus. Auch ein Bild kann eine Geschichte erzählen. Einige Beispiele:

- Ein totes Reh liegt am Straßenrand.
- Ich liege auf einer Frühlingswiese voller Margeriten, die Sonne kitzelt meine Nase, der angenehme Duft von Parfum strömt in meine Nase.
- Ein Duschvorhang ist mit roten Spritzern übersät.

Eigentlich war noch nichts davon eine Geschichte – oder doch? Phantasie ist, wenn sofort der Unfall mit dem Reh vor Ihren Augen abläuft und nicht nur das beschriebene Ergebnis als Bild erscheint. Emotionen entstehen, wenn Sie sich selbst auf der Wiese erleben und das Parfum riechen. Das Kopfkino läuft, wenn Sie *Psycho* kennen und den Duschvorhang in einem Fachgeschäft sehen. Das Gute ist, dass Ihr Publikum gar nicht anders kann: Sie malen ein virtuelles Bild mit Worten und schon ist es in den Köpfen und erzeugt Emotionen. Dagegen ist jeder machtlos. Setzt sich Ihre Geschichte aus Fakten zusammen oder aus Bildern?

Der Duschvorhang gehört zum Mord

Welche Geschichte auch immer Sie erzählen, über einige Bestandteile brauchen Sie vor allem selbst Klarheit. Überprüfen Sie Ihre Geschichte also noch einmal auf Vollständigkeit und Stringenz:

1. Wer sind Protagonist, Antagonist und deren Helfer?
2. Was ist der Konflikt und wie entsteht er (der erste Plot Point)?
3. Wie wird der Konflikt letztlich gelöst (der Höhepunkt)?
4. Welchen Impuls bekommt der Held dazu von außen (der zweite Plot Point)?
5. Wie führen Sie in die Geschichte hinein und welche Informationen braucht der Zuhörer dazu (das Setting)?
6. Welche scheinbaren Lösungen des Konflikts gibt es womöglich im Mittelteil und welche neuen Probleme entstehen sofort danach, um die Geschichte am Laufen zu halten und den Druck auf den Protagonisten zu vergrößern?
7. Sind die Aussage der Geschichte (die Moral) und der Bezug zu Ihrem Präsentationsthema so klar, dass Sie sie nicht erklären müssen? Eine Geschichte, die erklärt werden muss, ist wie ein Witz, der nicht funktioniert hat.

Eine besondere Rolle wird dem Einstieg in die Geschichte zuteil. Eine Geschichte beginnt unmittelbar – und in der Regel zeitlich kurz vor dem Höhepunkt. Erklärungen, die womöglich Monate oder Jahre früher ansetzen, bergen die Gefahr, dass die Geschichte langweilt, bevor sie richtig beginnt.

Im Kino beginnen Filme manchmal langsam. Das hat damit zu tun, dass der Vorspann läuft und die Kinogäste erst ruhig werden müssen. Einige Filme beginnen dagegen mit heißer Action. In Ihrer Präsentation müssen Sie in jedem Falle Ihre Zuhörer so schnell wie möglich in die Geschichte hineinziehen. Das erreichen Sie, indem Sie sofort ein Bild malen, statt eine lange Vorrede zu halten. Oder indem Sie gleich eine Frage in den Köpfen der Zuhörer entstehen lassen. Für beide Möglichkeiten gebe ich Ihnen Beispiele:

- »Auf der letzten Motor Show Detroit. Erster Tag, kurz bevor die Besucher kommen. Wir stehen am Stand, sind eben mit den letzten Vorbereitungen fertig geworden. Ich kann gerade noch einen schnellen Kaffee runterschütten. Die Ruhe vor dem Sturm.« Sie beschreiben die Szene. Sofort ist der Zuhörer mitten in Ihrer Geschichte. Er beginnt, sich die Situation auszumalen und stellt sich neugierig die Frage, was wohl als Nächstes geschieht. Oder wie ist es Ihnen eben gegangen?
- »Ich habe mich neulich gefragt: ›Wie haben die von Zuzuka es hinbekommen, so eine Leistung aus dieser kleinen Batterie herauszuholen?‹ Dann bin ich ins Labor gegangen und was glauben Sie, was ich da entdeckt habe?« Egal, ob Sie sich als Erzähler selbst eine Frage gestellt haben, ob Sie direkt eine rhetorische Frage ans Publikum stellen oder ob Sie eine Frage indirekt entstehen lassen: Jeder im Publikum wird sich entweder innerlich Antworten geben oder, wenn er keine findet, neugierig sein und Ihnen in der Folge gespannt zuhören. Er ist jetzt mitten in Ihrer Geschichte.

Den Spannungsbogen erzeugen Sie dann natürlich dadurch, dass es auf die Fragen, die entstehen, nicht sofort eine Antwort gibt. So bleibt der Zuschauer bei Ihnen, denn er wartet auf die Antwort. Die Spannung steigt.

In aller Kürze

- Mit Bildersprache und Andeutungen regen Sie das Kopfkino der Zuschauer an. Lücken werden automatisch durch eigene Phantasie und Erinnerungen ergänzt. Überflüssige Erklärungen und Details bremsen dagegen den Freiraum.

- Für die eigene Geschichte in Ihrer Präsentation haben Sie verschiedene Möglichkeiten: eine Rahmenhandlung, ein Abenteuer, ein Beispiel, eine Metapher oder mehrere kleine Geschichten.

- Sammeln Sie Geschichten, auch wenn sie Ihnen zunächst banal erscheinen. Sie können als Quelle und Rahmenhandlung dienen.

- Eine Geschichte, die nicht spannend genug ist, kann durch die Erzählweise und durch Ergänzungen, die die Handlung unterstützen und vorantreiben, spannend gemacht werden.

- Wahrheit ist subjektiv. Es ist immer die Wahrheit des Erzählers, eine allgemeingültige Wahrheit gibt es nicht.

- Die nötige Klarheit einer Geschichte entsteht durch gute Vorbereitung und einen stimmigen Aufbau. Manchmal müssen Sie die Originalgeschichte umschreiben und klar definieren, wer in Ihrer Erzählung der Held ist.

- Ziehen Sie das Publikum bereits mit Ihren ersten Worten in die Erzählung hinein. Lange Vorreden ersticken das Kopfkino.

Kapitel 7

Der Cary Grant der Präsentation

Lachen ist die halbe Miete

Humor ist, wenn man trotzdem lacht.[9] **Und doch muss über Humor nicht gelacht werden, zumindest nicht immer laut. Humor wirkt auch, wenn er dezent verwendet wird. Hitchcock setzte Humor ein und doch drehte er nie vordergründig lustige Filme. Humor hilft zu verstehen und bricht das Eis. Humor ist ein Stück Lebenselixier.**

Roger Thornhill (Cary Grant) wird zu Beginn des Films *Der unsichtbare Dritte* aufgrund einer Verwechslung entführt. Als er zwischen den Entführern im Fond des Wagens sitzt, fragt er nicht nach dem Grund oder dem Ziel, sondern äußert stattdessen: »Sagen Sie mir nicht, wo wir hinfahren, ich möchte überrascht werden.« Am Ziel, einem herrschaftlichen Landhaus, angekommen, fragt er wieder nicht nach Grund und Ziel, sondern nach etwas ganz anderem: »Eine Frage, was gibt's eigentlich als Nachspeise?« Und als die Entführer ihn in die Bibliothek sperren, meint er: »Sie brauchen sich nicht zu beeilen, ich habe ja genug zum Lesen.« Hitchcock inszenierte Thornhill als Mann mit Humor, der besonders in aussichtslosen Situationen eine

---

[9] Diese Formulierung wird Otto Julius Bierbaum (1865–1910), einem deutschen Journalisten und Schriftsteller, zugeschrieben.

eigentlich unpassende Bemerkung machte. Eine Rolle, die hervorragend zu Cary Grant passt und ein Humor, der den beiden Briten Grant und Hitchcock durchaus entspricht.

Menschen lachen gern. Das ist sicher der Grund, warum mancher Slapstick-Film mit einer überdimensionalen Dichte an Humor bei gleichzeitigem Mangel an Handlung und Niveau ein Kassenschlager wird. Aber Humor in einer Präsentation? Ja! Und der Grund ist ganz einfach: Menschen lachen gern – siehe oben! Eben auch im Job. Es geht nicht um das Lachen als solches, sondern um die Folgen, die das Lachen mit sich bringt: Menschen, die lachen, passen besser auf, merken sich Dinge besser und behalten Situationen (wie eine Präsentation) in positiver Erinnerung. Eben genau das, was bei positiven Emotionen entsteht. Bleibt die Frage nach der Seriosität. Aber keine Angst: Humor und Seriosität des Inhalts widersprechen sich nicht. Es kommt allerdings auf das Niveau an. Lachen tut gut, und deshalb darf auch im Besprechungsraum gelacht werden!

Humor in seriösen Situationen ist kein Widerspruch – es hängt jedoch von der Art des Humors ab.

Lachen macht locker

Lachen entsteht aus vielerlei Gründen und in den unterschiedlichsten Situationen. Wir lachen, wenn etwas überraschend anders ist als erwartet. Wir lachen auch aus Erleichterung, besonders bei angespannten oder peinlichen Situationen (als Abwehr von Angst), zur Abwendung drohender sozialer Konflikte (als Sympathiebekundung), in komischen und erheiternden Situationen oder als Ausgleichsreaktion, beispielsweise beim Kitzeln.

Körperlich ist Lachen eine Reflexhandlung, die aber teilweise kontrolliert werden kann.

Lachen ist ein Reflex, der Spannung löst.

Aber wozu eigentlich Humor in einer Präsentation? Neben der besseren Atmosphäre ist vor allem der Harlekin-Effekt von Bedeutung: Durch Humor können Botschaften vermittelt werden, die direkt nur schwer oder gar nicht übermittelbar sind. Im Mittelalter war der Harlekin der Einzige, der dem König die Wahrheit sagen durfte – mit Humor!

Lachen hat viele Vorteile, für den Präsentierenden ebenso wie für die Teilnehmer:

➤ Das Eis wird gebrochen.
➤ Die Atmosphäre wird entspannt.
➤ Emotionale Situationen können besser ertragen werden.
➤ Durch die Ausschüttung von Dopamin entsteht Lernbereitschaft.
➤ Die Aufmerksamkeit steigt und hält länger an.
➤ Es bleibt mehr in Erinnerung.
➤ Kritische Botschaften werden leichter verdaulich.
➤ Sympathie entsteht und wird gefördert.
➤ Humorvolle Botschaften werden weitergetragen.

Wie viel Humor darf's denn sein?

Es gibt Menschen, denen liegt es einfach, andere zum Lachen zu bringen. Manche wiederum sind eher ernst veranlagt. Das liegt zum einen an der Persönlichkeit, denn wir Menschen sind nun mal verschieden. Zum anderen liegt es auch an Faktoren wie Mut, Souveränität und Können. Im Grunde hat wohl jeder die Anlagen, witzig zu sein. Denken Sie aber nicht, Sie müssten die Lacher eines Mario Barth, Dieter Nuhr oder Erwin Pelzig ernten. Eine Präsentation ist keine Comedy-Show, bei der die Dichte der Gags gemessen und ständig daran gearbeitet wird, diese noch zu erhöhen. Wenn Sie den einen oder anderen Schmunzler erzeugen, erreichen Sie während Ihrer Präsentation schon eine viel entspanntere Atmosphäre.

Beim Humor sind die Geschmäcker sehr verschieden.

Worüber Menschen lachen, kann sehr unterschiedlich sein. Was den einen köstlich amüsiert, findet der andere gar nicht komisch. Der eine lacht lieber über die darstellerischen Übertreibungen von Otto oder Mario Barth, der andere über den feinsinnigen Wortwitz von Erwin Pelzig oder Dieter Nuhr und wieder ein anderer über perfekt inszenierte Comedy-Shows wie die von Hape Kerkeling oder Michael Mittermeier. Gleichzeitig gibt es viele Menschen, die über die jeweilige Art des Humors dieser Comedy-Stars überhaupt nicht lachen können. Auch über Ihre Gags wird nicht immer und von allen gelacht werden. Allerdings haben Sie einen entscheidenden Vorteil gegenüber Comedians: Bei diesen wird vorausgesetzt, dass sie lustig sind, und eine solche Erwartung kann leichter enttäuscht werden. Von Ihnen erwartet das keiner, und wenn einer Ihrer Gags floppt, sind Sie vermutlich der Einzige, der es merkt. Lassen Sie sich Ihre Enttäuschung nicht anmerken, Ihr Publikum kennt ja Ihre Absichten nicht.

Voll entspannt

Selbstsicherheit ist eine Voraussetzung, um andere zum Lachen zu bringen. Sowohl geplanter als auch spontaner Humor funktionieren nur, wenn Sie sich und Ihre Wirkung beherrschen. Wenn Sie unsicher sind oder sich auf andere Dinge konzentrieren, wie beispielsweise Ihre Inhalte oder die Technik, dann werden Sie kaum die Wirkung erzielen, die ein Gag braucht, um zu funktionieren. Sobald Sie sich Gedanken darüber machen, ob der Gag zünden wird oder vielleicht schiefgeht, wird er nicht mehr funktionieren. Sobald Sie Angst haben, der Gag wäre zu frech oder Humor insgesamt unangebracht, wird gar keine Atmosphäre für Humor entstehen.

Je souveräner Sie sich fühlen, desto besser funktioniert ein Gag.

Natürlich können Sie andere auch unfreiwillig zum Lachen bringen. Unfreiwilliger Humor, dass also Menschen über Sie lachen, obwohl Sie es nicht beabsichtigt hatten, hat immer etwas mit Auslachen zu tun. Gehen Sie souverän damit um, wenn das passiert, auch wenn Ihnen die Situation peinlich ist. Bleiben Sie gelassen und lachen Sie mit – oder geben Sie, wenn Sie das beherrschen, einen besonders trockenen Kommentar dazu ab. Wenn Sie zeigen, dass Sie über sich selbst lachen können, ist das eine gute Voraussetzung dafür, sympathisch zu wirken.

Doch viel interessanter ist es, wie Sie Humor entwickeln und gezielt einsetzen können. Darüber sind schon viele Bücher veröffentlicht worden, und doch kann man Humor mit Logik und Struktur nicht wirklich gerecht werden. Er ist schlicht eine Kreativleistung.

Humor erfinden

Es gibt billigen, albernen, schwarzen, trockenen, sarkastischen, britischen, jüdischen, kindlichen, spontanen, feinen, zynischen Humor, Humor auf Kosten anderer, über sich selbst oder unter der Gürtellinie – und sicher habe ich bei der Aufzählung noch so manches vergessen. Doch eines haben alle Formen gemeinsam: Sie bringen uns zum Lachen. Beim Präsentieren soll Humor Botschaften vermitteln oder leichter verdaulich machen, Lernklima und Atmosphäre schaffen – und Sie auch noch sympathisch machen. Und da unterscheidet sich der Humor einer Präsentation oder eines Films von Witz und Comedy. Witz und Comedy können sich über alles und jeden lustig machen, jemanden in die Pfanne hauen und (fast) alle Tabus brechen. Wenn Mario Barth sich darüber auslässt, dass Frauen die Fernbedienung auf den Fernseher legen, was der Grundidee einer Fernbedienung ja widerspreche, können Frauen über sich selbst lachen, weil sie sich ertappt fühlen. Männer lachen gleichzeitig über die Frauen, weil sie die Situation ebenfalls als unlogisch empfinden und sie vielleicht sogar schon einmal zu Hause erlebt haben. In einer Präsentation kann man es sich dagegen nicht erlauben, sich über Einzelne oder Gruppen lustig zu machen. Auch dann nicht, wenn niemand aus dieser Gruppe anwesend ist. Das schränkt zwar ein – garantiert aber auch ein Mindestniveau.

Bewahren Sie stets das der Veranstaltung angemessene Niveau – sonst wird es peinlich.

Und noch etwas ist tabu: das Erzählen von Witzen. Da mag es Ausnahmen und Ausnahmetalente geben, doch in der Regel erzeugen Witze eher Ablehnung (weil die Absicht durchschaubar ist) oder ein müdes Gähnen (weil der Witz schon bekannt ist oder dieser Humor nicht bei diesem Publikum ankommt).

Für den Einsatz von Humor bei Ihrer Präsentation bleiben also vor allem zwei Möglichkeiten: sich im weitesten Sinne über sich selbst lustig zu machen oder Wort- und Situationswitz zu entwickeln. Sie können Humor nach bestimmten Kriterien »erfinden«, also nach einem Schema entwickeln. Noch einfacher ist es, stets Augen und Ohren offenzuhalten, Bonmots, Gags oder Situationskomik zu notieren und diese als Anregung zu verwenden.

Wenn Sie vor unterschiedlichem Publikum präsentieren, legen Sie sich ein Repertoire von Gags zu: Wenn Sie merken, dass etwas funktioniert – das kann geplant oder spontan entstanden sein oder auch aus dem Publikum stammen – dann merken Sie sich das. Bauen Sie es in zukünftigen Präsentationen an derselben Stelle ein. Das neue Publikum weiß ja nicht, dass Sie den Gag schon 20 Mal »spontan« gemacht haben. Und nebenbei werden Sie ihn jedes Mal ein wenig besser präsentieren und vielleicht sogar noch optimieren. Ich habe schon öfter Ideen aus dem Publikum aufgegriffen. Denn bei Humor spielt die Quelle keine Rolle, es kommt nur auf die Wirkung an. Hüten Sie sich aber vor Gags, die schon zu viele verwendet haben – und da gibt es so einige!

In die Irre geführt

Die meisten Gags funktionieren, weil das Publikum auf eine falsche Fährte gelockt wird, also etwas anderes erwartet, als das, was schließlich passiert. So hat es auch Hitchcock gemacht. Die Frage, die er sich stets gestellt hat, war: »Was erwartet das Publikum und was ist genau das Gegenteil?« Es geht immer darum, die zuvor aufgebaute Erwartungshaltung zu durchbrechen. So wie in den geschilderten Szenen mit Cary Grant, der ganz anders reagiert, als man das von jemandem erwarten würde, der gerade entführt wurde. Humor ist also letztlich nichts anderes, als das Verknüpfen zweier oder mehrerer Gedanken, die in dieser Kombination neuartig sind. Unpassendes, das trotzdem einen gemeinsamen Nenner hat, wird miteinander verknüpft. Es werden Querverbindungen im Gehirn der Zuhörer genutzt, die es so vorher noch nicht gab. In Hitchcocks Werken entstanden auf diese Weise viele neuartige Szenen und viele seiner Gags. Genauso entsteht bei Ihrer Präsentation aus Situationskomik Spannung und Überraschung.

Ein Gag ist das Verknüpfen zweier nicht zusammenpassender Gedanken, die einen gemeinsamen Nenner haben.

Ein Gag muss leicht verständlich und gut inszeniert sein. Der Widerspruch muss klar erkennbar sein. Ein Gag muss keinen Schenkelklopfer oder Lachkrampf erzeugen. Hitchcocks Gags reizen selten dazu, laut loszulachen. Es ist eher ein feinsinniger, sympathischer Humor. Ein Humor, wie Sie ihn wunderbar auch für seriöse Präsentationen einsetzen können. Auch dann, wenn Sie bisher nicht als besonders humorvoll aufgefallen sind. Denn jeder Mensch ist ein anderer Humor-Typ. Während der eine am laufenden Band laute, urkomische Gags von sich gibt, produziert ein anderer leisen zynischen Humor, den er dann auch noch trocken rüberbringt. Überlegen Sie, was Ihr Stil ist, welche Art von Humor Sie gern hätten und was Ihnen tatsächlich entspricht. Analysieren Sie dazu, welche Gags und Witze Ihnen gefallen und warum.

Der beste – und schwierigste – Humor ist dabei der, der spontan entsteht, niemanden verletzt und zur Situation passt. Doch wie entsteht Humor? Egal ob spontan oder geplant, Humor entsteht, wie bereits erwähnt, durch neuartige Querverbindungen. Es gibt Menschen, die sind so gut darin, diese Querverbindungen zu finden, dass sie zu allem etwas Lustiges zu sagen haben. Die meisten geben jedoch nach ein paar erfolglosen Versuchen auf und konstatieren: »Ich habe eben keinen Humor.« Doch die Kreativleistung beim Humor ist erlernbar, und auch hier gilt wie bei allen Lernvorgängen: Erst mit der Übung kommt die Meisterschaft. Überlegen Sie bei allen Situationen, die Sie zum Schmunzeln oder zum Lachen reizen: »Und was ist das Unerwartete, Gegenteilige, Übertriebene, Absurde oder Skurrile daran?« Je verrückter Ihre Ideen, desto besser. Querverbindungen reduzieren können Sie immer noch. Seien Sie lieber grenzenlos kreativ.

Spontaner Humor – Situationskomik – ist die sympathischste Humorform.

Humortechniken

Die Querverbindung allein macht den Gag meist noch nicht witzig. Die Pointe muss vorbereitet werden. Das bedeutet: Die Fährte muss gelegt werden, damit der Zuhörer etwas anderes erwartet. Wie beim Film brauchen Sie auch meist ein Setting, also die Erklärung, worum es geht. Die Pointe ist der zweite Plot Point, auch wenn es manchmal gar keinen ersten gibt oder dieser nur durch die Erwartungshaltung virtuell existiert. Und natürlich muss das Timing stimmen. Vielleicht ist es Ihnen schon mal passiert, dass Sie einen guten Witz wörtlich nacherzählen und er trotzdem nicht funktioniert. Dann liegt das meist an Details wie Tempo und Timing.

Für den Aufbau eines Witzes oder Gags gibt es einige Grundformen, die Ihnen helfen können, Ihre Idee in die richtige Form zu bringen. Ich erläutere Ihnen diese zum Teil am Beispiel von Witzen, obwohl diese für Präsentationen weitgehend ungeeignet sind. Situationskomik oder Gags funktionieren nach denselben Grundprinzipien, benötigen aber den jeweiligen Zusammenhang und sind deshalb als Beispiele weniger geeignet.

➤ Der Dreisprung

Ein beliebter Klassiker ist der dreiteilige Aufbau, bei dem die ersten beiden Begriffe die Fährte auslegen und der dritte die unerwartete Verknüpfung bietet, wie etwa: »Blender, Betrüger und Berufsblondinen«. Blender ist das Thema, Betrüger die Fährte – eine Steigerung, infolge derer das Publikum eine weitere Steigerung erwartet. Stattdessen kommt etwas, das es gar nicht gibt, obwohl bei jedem sofort ein Bild entsteht. Die Berufsblondine passt wegen des Anfangs-Bs (Alliteration) in den Dreisprung, aber auch als augenzwinkernde Beschreibung eines Blenders oder Betrügers – und ist doch nicht die erwartete Steigerung. Ein weiteres Beispiel: »Die Funktionsweise eines Computers ist so einfach, dass jeder sie verstehen kann, der ein wenig Allgemeinbildung und etwas Vorstellungskraft hat – und einen IQ von etwa 750.« Wieder wird mit den ersten beiden harmlosen Aussagen eine Richtung vorgegeben, die durch die dritte – unmögliche – Voraussetzung absurd wird. Noch gemeiner ist der Dreisprung von Rainer Werner Fassbinder: »Es gibt drei Arten von Frauen: die schönen, die intelligenten und die Mehrheit.«

➤ Doppeldeutigkeit der Worte

Mit der falschen Fährte spielt auch, wer die Doppeldeutigkeit von Worten nutzt: »Ist das nicht schön? – Ja, das ist nicht schön!«

Der Zuschauer erwartet eine positive Antwort, und wird stattdessen mit dem – durchaus logischen – Gegenteil überrascht. Manche Worte wie Bank, Schloss oder Schimmel haben ohnehin zwei Bedeutungen: »Alle Dinge sind schwer, bevor sie leicht werden.« Auch die nächste Aussage arbeitet mit Doppeldeutigkeit: »Man kann Wasser trinken, man kann es auch lassen.« Ja wie nun, das Wassertrinken bleiben lassen? Oder ist hier von der Entsorgung danach die Rede? Noch ein Witz? »Ich lasse mich scheiden!« sagt die Spatzenfrau wütend. »Warum denn?« fragt die andere Spatzin. »Mein Mann hat 'ne Meise!« Noch ein Beispiel gefällig? Ein Chirurg zum anderen: »Ich schneide bei meinen Patientinnen ganz gut ab.«

> **Doppeldeutigkeit des Sinns**

Der bei einer weltweiten Abstimmung zum besten Witz der Welt gekürte Witz arbeitet ebenfalls mit einer Doppeldeutigkeit: Zwei Jäger gehen durch den Wald, plötzlich bricht einer zusammen, atmet nicht mehr und verdreht die Augen nach oben. Der andere ist verzweifelt und ruft mit dem Handy bei der Rettung an. Der Mann in der Leitzentrale besänftigt: »Jetzt beruhigen Sie sich erst mal, und dann müssen wir sicherstellen, dass Ihr Kollege tot ist.« Ein kurzer Moment, dann ein Schuss. Zurück am Telefon, meint der Jäger: »Okay, und was jetzt?« Sicherstellen wird dadurch doppeldeutig, dass die Formulierung nicht korrekt ist, was in diesem Moment niemandem auffallen wird. Es hätte heißen müssen »sicherstellen, ob Ihr Kollege tot ist«. Solche Ungenauigkeiten sind manchmal nötig, damit ein Gag funktioniert. Damit arbeitet auch der folgende Witz: Ein Paar checkt in einem Hotel ein. »Sind Sie verheiratet«, fragt der Portier? »Ja«, sagt der Mann. »Ich auch«, fügt die Dame hinzu. Auch hier wieder eine Ungenauigkeit, die zur Pointe führt. Denn der Portier meinte natürlich, ob sie miteinander verheiratet sind.

2. Akt – Das Drehbuch

➤ Unzulässige Verknüpfung

Dr. Eckhart von Hirschhausen hat sinngemäß den folgenden Satz geprägt: »Ich glaube an ein Leben nach dem Tod, zumindest in Teilen: Haben Sie schon einen Organspendeausweis?« Auch hier leitet er die Erwartungen in die falsche Richtung, denn ein Leben nach dem Tod stellen sich die meisten anders vor. Aus dem spirituellen Ansatz wird so ein ganz pragmatischer. Freiraum für Interpretationen lässt die folgende Verknüpfung von Gott und reichen Menschen: »Wenn Sie wissen wollen, was Gott über Geld denkt, schauen Sie nur, wem er welches gegeben hat.« Wen der Neid regiert, der kann sein negatives Bild reicher Menschen aufs Geld übertragen und es verteufeln. Wer reich ist (oder werden will), sieht sich erst recht durch Gott bestätigt. Ob Gott tatsächlich entschieden hat, wer wie viel Geld besitzt?

➤ Das Offensichtliche sichtbar machen

Häufig werden im Sprachgebrauch Ausdrücke sinnbildlich oder verfremdet verwendet. Die wörtliche Bedeutung anzusprechen, öffnet den verlorenen Zugang zur wahren Bedeutung: »Meine Mutter hat nie die Ironie verstanden, als sie mich Hurensohn nannte.« So frotzelt auch Woody Allen mit der rein rechnerisch wahren Behauptung: »Bisexualität verdoppelt Ihre Chancen, am Samstagabend Sex zuhaben.« Und die Aussage einer offenbar enttäuschten Ehefrau: »Der direkte Weg zum Herzen eines Mannes ist von vorn durch den Brustkorb« ist ja durchaus richtig, medizinisch gesehen, oder?

➤ Wortspiele

Sie können auch mit einzelnen Wörtern spielen: »Ich gebe Ihnen recht, und zwar senkrecht!« Ein Spiel mit der Kombination von recht und senkrecht, die außer den fünf Buchstaben nicht viel gemein haben. So wie die Frucht-Bar nicht viel mit fruchtbar zu tun hat. Vieler dieser Wortspiele sind nur gesprochen wirksam, da die Gleichheit nur phonetisch besteht (wie bei Beeren und Bären), manchmal sogar nur im Dialekt. Sie funktionieren dann, wenn die Vorbereitung der Pointe sauber aufgebaut ist. Oder wenn sie erklärt werden: »Wissen Sie was Politik ist? Poly heißt viele, das bedeutet also, dass da viele Menschen mit einem Tic herumlaufen.«

➤ Übertreibung

Wenn Sie etwas humorvoll betonen wollen, dann ist ein einfacher Weg die maßlose und unrealistische Übertreibung. So ist es auch bei den folgenden zwei Beispielen: »Beim Adel hat es oft zu wenige standesgemäße Partner gegeben. Deshalb gab es schon mal Barone, die waren ihr eigener Vater!« Natürlich muss hierzu schon ein bestimmtes Bild von Adeligen vorhanden sein, wie auch von Ehemännern im nächsten Witz: Sie: »Liebst du mich eigentlich noch?« Er: »Ich habe dir vor 20 Jahren gesagt, dass ich dich liebe. Solange ich nicht das Gegenteil behaupte, gilt das.« Zahlenmäßige Übertreibungen können Sie bei Wiederholungen steigern. So sprechen Sie von drei Kunden, die gestern vor Begeisterung angerufen haben. Kurz darauf, Sie sind noch beim gleichen Thema, sind es fünf, dann zehn und plötzlich Tausende.

➤ Untertreibung

Auch Untertreibungen können gut funktionieren: »Wenn wir nicht gewinnen, besteht das Risiko, dass wir verlieren.« Der Hilferuf der Apollo 13-Besatzung: »Houston, wir haben ein Problem« wirkt durchaus witzig, wenn ein scheinbar großes Problem im Betrieb dadurch vergleichsweise klein gemacht wird.

Und auch der britisch-distinguierte Kommentar, den Königin Elisabeth II. dem Vernehmen nach zu unangenehmen Vorfällen im Familienkreise abgibt, nämlich sie sei »not amused« ist eine Untertreibung, die Außenstehende zum Schmunzeln bringt.

➤ Vergleiche

Vergleiche sind besonders plastisch in Kombination mit einer Übertreibung. »Wenn eine Frau sich die Lippen nachzieht, so ist das, wie wenn ein Soldat sein Maschinengewehr putzt«, sprach dereinst der gute alte Bob Hope. Hat er übertrieben? Oder der Gast im folgenden Witz: Fragt der Kellner: »Mein Herr, was halten Sie von diesem Wein?« Darauf der Gast: »Na ja, ein wenig Salat und Öl dran, dann ist er gar nicht so schlecht.« Und wer öfter mal Ärger mit Abstürzen bei seinem PC hat, kann vermutlich über folgenden Vergleich lachen: »Was haben ein U-Boot und ein Windows-PC gemeinsam? Wenn man ein Fenster öffnet, gibt es ein Problem.« Na ja, ein wenig plump, anspruchsvoller ist es da schon, auf die folgende Idee zu kommen: »Ich bin gerade von New York nach Beaver Falls gezogen. Von der Stadt, die niemals schläft, in die Stadt, die noch nie aufgewacht ist.«

➤ Parodie

Wenn Sie bekannte Sprichwörter, Sprachbilder oder Ähnliches verwenden, dabei aber relevante Begriffe ersetzen oder neu zusammenstellen, entsteht eine ganz andere, unerwartete und damit humorvolle Aussage. Es wird eine bekannte Fährte gelegt, die sich dann aber als falsch erweist: »Ich kann nicht einschlafen.« – »Dann zähl' doch einfach die Folien!« Auch die folgenden Beispiele funktionieren nach dieser Methode: »Der Apfel fällt nicht weit vom Ross.« »Besser, man ist ein Elefant im Porzellanladen, als eine Meißener Tasse im Elefantenhaus.« »Der Mann im Haus erspart den Klapperstorch.«

➤ Umschreibungen

Harald Schmidt arbeitet gerne mit der Methode, Dinge neu zu benennen, und so gab er der Pille diesen neuen Namen: »Es gibt jetzt seit 50 Jahren die Antibabypille, oder wie es in der Fernsehbranche heißt: den Alimenteblocker.« Ebenfalls von Dirty Harry, wie er auch genannt wird, stammt die folgende Zeile: »Sex auf öffentlichen Parkplätzen ist in Italien legal – eine völlig neue Bedeutung des Begriffs ›Park and ride‹.« Was in der Politik gemacht wird, um unangenehmen Dingen den Schrecken zu nehmen (sozialverträgliches Frühableben, Entlassungsproduktivität, Humankapital), wird hier zur Humortechnik. Die »Abstimmung mit den Füßen« bedeutet nichts anderes, als dass ein Publikum einen langweiligen Vortrag verlässt, und »das runde Kilogramm schwabbeliger weißer Masse zwischen Ihren beiden Ohren« ist das Gehirn, auch wenn bei diesen Beispielen die Umschreibung eher plastischer Natur ist.

➤ Absurdität

Auch Absurditäten können wir als lustig empfinden: »Wenn Sie schon von Wählern und Wählerinnen sprechen, dann bitte auch von den Bürgermeistern, Bürgermeisterinnen, Bürgerinnenmeistern und Bürgerinnenmeisterinnen.« Absurdität entsteht ebenfalls, wenn die Wertigkeit zweier Elemente stark unterschiedlich ist und der Wert anders zugeordnet wird. Sie: »Schatz, das ist nicht unser Baby.« Er: »Pst, aber der Kinderwagen ist besser.« Die Absurdität einer Botschaft kann einem auch erst durch Nachrechnen bewusst werden: »Fussball ist zu neunzig Prozent Kopfarbeit. Die andere Hälfte ist Körperarbeit.« Absurd sind auch diese Widersprüche: »Ich möchte Ihnen nun sehr höflich befehlen ...« und »Darf ich Ihnen kurz die Komplexität schildern?«

➤ Ironie

Ironie entsteht dadurch, dass der Sprecher das Gegenteil von dem sagt, was er meint: »Na, heute ist ja wieder ein Traumwetter«, beim Blick aus dem Fenster in den strömenden Regen. Mit Ironie kann auch Humor über die eigene Person sympathisch verpackt werden: »Ich bin kein guter Liebhaber. Aber ich bin wenigstens schnell!« Auch die nachfolgende Aussage ist offensichtlich ironisch: »Bei der Beerdigung werden immer so viele nette Dinge über einen Menschen gesagt. Eigentlich schade, dass ich meine eigene nicht erleben werde.« Noch dazu wird dem Zuhörer in diesem Moment bewusst wird, dass es ihm selbst genauso gehen wird – was die Wirkung der Aussage noch steigert.

➤ Running Gag

Ein Running Gag ist etwas, was sich regelmäßig wiederholt. So kann eine bestimmte lustige Situation (beispielsweise ein Versprecher) für den Rest der Veranstaltung immer wieder eingesetzt werden. Die besten Running Gags entstehen spontan in der Situation. Bei einer Präsentation gibt es aber durchaus die Möglichkeit, einen Running Gag gezielt einzubauen. Nehmen wir an, Sie verwenden zu Beginn Ihrer Präsentation ein Beispiel mit einem virtuellen Kunden. Nun kann dieser Kunde während Ihrer Präsentation immer wieder zu Wort kommen. Zum Running Gag wird es, wenn er irgendeine lustige Eigenschaft hat, beispielsweise einen besonders lustigen Dialekt, eine Unart oder dergleichen.

Eine ganz andere Art von Running Gag sind die Cameo-Auftritte Alfred Hitchcocks in seinen Filmen. Dabei handelt es sich um den Auftritt einer bekannten Person, die aber keine eigentliche Rolle in diesem Film hat. Bei einem seiner ersten Filme, *Der*

Mieter von 1927, fehlten Hitchcock Statisten, und so liefen der Regisseur und einige Crew-Mitglieder selbst im Hintergrund durchs Bild. Das kam so gut an, dass er fortan in jedem seiner Filme einen Kurzauftritt hatte. Da das Publikum sich bald zu sehr auf seinen Auftritt konzentrierte, legte er ihn bei späteren Filmen ganz an den Anfang. In zwei Filmen, bei denen der Auftritt eines Unbeteiligten nicht möglich war, war er stattdessen auf einem Foto an der Wand (*Bei Anruf Mord*) bzw. in einer Zeitungsanzeige (*Das Rettungsboot*) zu sehen.

➤ **Unzulässige Fragen**

Unzulässige oder absurde Fragen sind in sich unlogisch, oder sie basieren auf einem Wortspiel: »Wenn Schwimmen schlank macht, was machen Blauwale dann falsch?« »Warum ist einsilbig dreisilbig?« »Wenn nichts an Teflon haftet, wieso haftet es an der Pfanne?« »Wenn Maisöl aus Mais gemacht wird, wie sieht es mit Babyöl aus?« oder »Warum muss man für den Besuch beim Hellseher einen Termin haben?«

➤ **Rollentausch**

Um eine Situation humorvoll zu kommentieren, können Sie sich in eine andere Rolle begeben. Das ist übrigens auch eine Kreativitätstechnik, um Humor zu entwickeln. Wie würde jemand anderes eine Situation beschreiben? »Mein Hund würde ja jetzt sagen: ...« Wahlweise ersetzen Sie den Hund durch Frau/Mann, vierjährige Tochter, Chef, Psychiater, Auto oder Ihre Schreibtischlampe.

➤ **Alter Ego**

Fast schon die Hohe Schule, doch eine gelungene Technik, um Unangenehmes zu transportieren, ist es, eine zweite Figur zu kreieren. Wie der Bauchredner mit seiner Puppe schlüpfen Sie in zwei Rollen: Sie, der die Botschaften seriös präsentiert, und die Kunstfigur, die das Ganze kommentiert oder Beispiele vormacht. Diese zweite Figur kann sich – wie der Harlekin bei Hofe – mehr erlauben, muss sich jedoch deutlich von Ihnen unterschieden. Es ist auch sinnvoll, dass Sie schnell zwischen den Rollen hin- und her wechseln können, also keine Verkleidungen oder Ähnliches nötig sind. Ein Hut geht gerade noch, wenn Sie ihn geschickt einsetzen. Besser geeignet ist eine andere Stimme oder Sprechweise, beispielsweise eine Kopfstimme oder ein starker Dialekt. Unterstützen können Sie den Rollenwechsel, indem Sie einen Schritt zur Seite gehen und diese beiden Positionen dann konsequent nutzen.

Sie sehen: Humor ist sehr vielseitig. Die obigen Strukturen können nur Beispiele sein. Beginnen Sie, das Lustige, Verwechselbare, Absurde, Ironische oder Unerwartete in Aussagen, Bildern, Gegenständen, Situationen oder Handlungen zu entdecken, und sammeln Sie alles, was mit Humor zu tun hat. Dann können Sie immer mehr humorvolle Details in Ihre Präsentation einbauen. Übung macht den Meister.

Wenn Gags floppen

Nicht jeder Gag funktioniert wie geplant. Das kann immer mal passieren, und es passiert auch professionellen Komikern. Das Entscheidende ist, wie Sie damit umgehen. Zunächst einmal: Ruhe bewahren. Vermutlich weiß niemand, dass Sie an dieser Stelle einen Lacher erwartet haben. Je nach Publikum lachen die Anwesenden womöglich ohnehin lieber in sich hinein. Ich habe zwei Erfahrungen gemacht: Lacht der Ranghöchste, lachen die anderen auch, ist er eher ruhig, sind es die andern auch. Und: Je größer das Publikum, desto eher wird gelacht. Es scheint so, als ob sich die Menschen bei Anwesenheit eines Vorgesetzten oder in kleinen Gruppen weniger zu lachen trauen. Es muss also nicht an Ihrem Humor liegen, wenn wenig gelacht wird.

Wenn ein Gag floppt: Cool bleiben!

Wenn offensichtlich ist, dass ein Gag nicht funktioniert hat, und Sie die Situation noch retten möchten, können Sie sich auch über sich selbst lustig machen: »Den Witz habe ich mir gestern selbst erzählt – also i c h musste herzlich lachen.« Oder: »Eigentlich sollte das ein Gag sein, doch irgendwie muss sich die Pointe verspätet haben.« Manchmal passt auch der Spruch: »Ach so, Sie hatten wohl über diesen Gag gestern schon gelacht, ich verstehe.« Doch auch diese Bemerkungen müssen sitzen, sprich gut rüberkommen. Ansonsten gehen Sie lieber über die Situation hinweg und ignorieren die gescheiterte Pointe. Lassen Sie sich nicht entmutigen! Solange Sie kein ablehnendes Raunen hören, machen Sie weiter. Eine hohe Frequenz steigert die Chance, dass doch noch gelacht wird. Fragen Sie sich hinterher, wie Sie Ihren Gag beim nächsten Mal besser präsentieren können. Häufig stimmt einfach die Betonung, das Timing oder die Wirkungspause nicht.

In aller Kürze

- Humor lockert auch in einem seriösen Umfeld (wie einer Präsentation) die Atmosphäre. Der richtige Humor gefährdet auch keineswegs die Ernsthaftigkeit der Informationen.

- Lachen erzeugt Dopamin, das wiederum viel positive Wirkung hat. So steigt die Aufmerksamkeit, Ihre Teilnehmer merken sich besser, was Sie gesagt haben und Kritisches wird leichter akzeptiert.

- Humor ist sehr individuell. Akzeptieren Sie es, wenn Zuhörer nicht laut lachen.

- Souveränität, Entspanntheit und eine eigene gute Stimmung lassen Ihren Humor locker wirken und besser ankommen. Wer nervös ist, verpatzt viele Gags.

- Humor entsteht durch das Verknüpfen zweier eigentlich nicht zusammenpassender Gedanken, die einen gemeinsamen Nenner haben.

- Die Erwartungshaltung des Publikums bei einer Präsentation ist anders als bei einer Comedy-Show. Niemand ist enttäuscht, wenn ein Gag floppt, es hat ja auch niemand einen erwartet.

- Wenn Ihr Gag nicht funktioniert, bleiben Sie gelassen oder legen noch einen drauf – ganz wie es Ihnen entspricht.

Kapitel 8

Und die Folie hat doch Recht

PowerPoint und Co. perfektionieren

Augen sind schnell im Erfassen, und Bilder vergessen wir nicht so leicht. Wenn Sie ein Fotobuch durchblättern, erinnern Sie sich wahrscheinlich noch Jahre später an einzelne Bilder. Hitchcock hat mit seinen Filmen Bilder gemalt, die sich eingeprägt haben. Gute Folien sind mehr als Textcharts. Folien können wie Bilder sein.

Viele Hitchcock-Filme haben einen – für die damaligen technischen Möglichkeiten – aufwendig umgesetzten Vorspann. Manche haben eine geradezu legendäre sogenannte »Kinetic Typography«. Das ist eine animierte Schrift, die in Abstimmung mit der Musik den Vorspann zum Hingucker macht. Nur: Der Vorspann läuft im Kino, wenn die Zuschauer schon alle Platz genommen haben oder das jetzt endgültig tun sollten. Bei Hitchcock dauern sie meist knapp zwei Minuten. Zudem ist es für alle Mitwirkenden, von den Schauspielern über die technischen Filmschaffenden bis hin zum Regisseur selbst sehr wichtig, im Vorspann genannt zu werden. Bei einer Präsentation ist die Situation vollkommen anders. Und doch können wir auch hier von den Bildern Hitchcocks lernen.

Viele Präsentationen beginnen stattdessen mit einer statischen Titelfolie, die unzählig Details enthält:

- Titel der Präsentation
- Name des Präsentators
- Titel bzw. Position des Präsentators
- E-Mail-Adresse des Präsentators
- Web-Link des Unternehmens
- Adresse des Unternehmens mit Telefonnummern
- Anlass bzw. Name der Veranstaltung
- Ort und Datum
- Firmenlogo
- Firmenlogo des Kunden
- Copyright-Hinweis

Entrümpelung ist definitiv angesagt. Denn die Frage ist doch: Wozu all diese Informationen? Bei Informationen, egal in welchem Kontext, ist es ganz einfach: Je mehr Informationen Sie wahrnehmen, desto weniger Bedeutung wird der einzelnen zuteil. Diese zentrale Aussage wird uns insbesondere in diesem Kapitel immer wieder beschäftigen. Es sind oft dieselben Gründe, warum viele Präsentatoren zu viele Informationen schon auf der Titelfolie haben: Es gibt Design-Vorgaben zu einem einheitlichen Firmen-Design, die Folien werden auch als gedrucktes Handout verwendet, es wird im Umfeld gewohnheitsmäßig so verfahren oder der Präsentator befürchtet, eine vermeintlich wichtige Information zu vergessen. Alternativen erhalten Sie in diesem Kapitel.

Je mehr Informationseinheiten, desto stärker verliert jede einzelne an Bedeutung.

Das war's dann mit der Spannung

Und um alle Spannung von vornherein zu verhindern, wird häufig sogar auf der Titelfolie schon der eigentliche Höhepunkt der Präsentation verraten. Ein Beispiel: Zu einem Coaching kam ein Kunde mit einer Präsentation über eine Zahlungsmethode im Internet. Die Idee: Nutzer können besonders einfach und mit hoher Sicherheit Beträge bezahlen, quasi mit einem Klick. Was stand auf der Titelfolie? »XXX-Pay – das schnelle und sichere Bezahlsystem im Internet«. Schon wusste jeder, dass XXX-Pay die Lösung ist.

Selbst wenn Sie im Vorfeld schon mit Ihren Kunden über die Idee und die Vorteile Ihres Produkts gesprochen haben: In der Präsentation muss die Spannung bis zum Schluss gehalten werden! Bei Hitchcocks *Die Vögel* war den meisten Kinobesuchern vorher bekannt, dass Vögel Menschen angreifen. Trotzdem wusste keiner genau, was passieren wird. Oder mögen Sie es, wenn Ihnen jemand von einem Film erzählt und schon alles verrät?

Titelfolien und Foliengestaltung kommt eine hohe Bedeutung beim Aufbau von Spannung zu. Sie dürfen nichts vorwegnehmen, sondern müssen die Spannung fördern. Inhalte, Abbildungen und Design können alle ihren Teil dazu beitragen.

Nehmen Sie auf der Titelfolie nichts von der Spannung vorweg.

Design ist kein Sahnehäubchen

Die Gestaltung von Folien dient nicht dem »hübsch machen«. Natürlich spielt Ästhetik eine große Rolle – ich bin der Überzeugung, sie ist ein Grundbedürfnis des Menschen. Design hat jedoch noch vor der Ästhetik die Aufgabe, das Auge des Betrachters zu führen. Der berühmte Bauhaus-Spruch »Die Form folgt der Funktion« sagt genau das aus: Die Form dient dazu, die Funktion zu vereinfachen und zu erleichtern. Folien-Design hat also eine sehr wichtige Aufgabe für die Informationsübermittlung. Dass Menschen zudem lieber schöne Dinge betrachten, ist auch kein Geheimnis. Nun sind Sie vielleicht kein ausgebildeter Designer und haben trotzdem Geschmack. Sie haben Ihre Wohnung schön eingerichtet. Das Design Ihres Autos hat in den allermeisten Fällen eine große Rolle bei der Kaufentscheidung gespielt und auch bei Ihrem äußeren Erscheinungsbild achten Sie auf Schönheit und Stimmigkeit. Dass die Geschmäcker dabei sehr verschieden sind, dass nicht alles den Geschmack der Masse trifft und dass Sie aus Kosten-, Zeit- oder Praktikabilitätsgründen vielleicht auch Kompromisse eingehen müssen, wissen wir alle. Aus diesen Gründen kümmern sich auch viele Präsentatoren zu wenig ums Folien-Design. Vergessen Sie nicht, dass der Gesamteindruck der Folien wesentlich zu Ihrem Image beiträgt!

Ästhetik ist ein Grundbedürfnis des Menschen.

Weniger ist mehr

Sie sitzen als Zuschauer in einer Präsentation. Eine neue Folie wird gezeigt. Sie sehen sie zum ersten Mal. Doch die Folie ist voll. Und der Präsentator spricht auch noch dazu. Lesen? Oder zuhören? Die Folie ist zu komplex, um sie zu erfassen, während der Präsentator spricht. Ist es Ihnen auch schon mal so ergangen? Vermutlich häufig. Je mehr Inhalte eine Folie hat und je unübersichtlicher sie ist, desto länger brauchen die Zuschauer, um sie zu erfassen und zu verstehen. In dieser Zeit prasseln zusätzlich die Worte des Präsentators auf sie nieder. Viel zu oft erleben wir Folien, die zu voll und zu unübersichtlich sind, zu kleine Schrift haben, teilweise schlicht hässlich sind, das Auge nicht führen und von den gesprochenen Worten ablenken. Oft haben wir nicht einmal Zeit, den Inhalt der Folie zu erfassen, und schon zeigt der Präsentator die nächste Folie. Deshalb gelten für jede Folie folgende Anforderungen:

> Möglichst wenig Inhalt (kurze Texte, Bilder statt Worte)
> Möglichst einfache Führung des Auges
> Ausreichend Zeit, den Inhalt zu erfassen und zu verstehen
> Ästhetik im Rahmen des Möglichen
> Unterstützung für die Worte

Der letzte Punkt ist ein ganz entscheidender, denn er hat etwas mit dem Grundverständnis einer Präsentation zu tun. Durch die einfache Verwendung von Software wie PowerPoint sind die Folien vielerorts in den Mittelpunkt geraten und es wird – wie selbstverständlich – eine Folienschlacht zelebriert, bei der der Redner aus einer dunklen Ecke der Bühne Folie für Folie vorliest und kommentiert. Die Projektionsfläche wird zum Mittelpunkt des Interesses und bietet doch nur Lesestoff in hoch dosierter Form.

Die Folien dürfen nie zum Mittelpunkt werden. Ihre Aufgabe ist es, den Präsentator zu unterstützen.

Eine Präsentation hat den Sinn zu erleben, wie Präsentator und Inhalt zueinander in Bezug stehen. Sie hat die Aufgabe, diese Beziehung auf das Publikum zu übertragen. Dabei sollen die Begeisterung und die Emotionen des Präsentators auf das Publikum übertragen werden. So entstehen nachhaltige Überzeugung und die Motivation zu kaufen, zu glauben und zu unterstützen. Ginge es nur darum, den Inhalt der Folien zu zeigen, würde eine einfache Rund-Mail ausreichen und aller Aufwand wäre überflüssig. Das bedeutet, dass die Folien – auch wenn sie noch so gut sind – nur unterstützende Funktion haben dürfen, aber auch haben müssen. Die zentrale Aufmerksamkeit muss sich dabei auf den Präsentierenden richten, dessen Worte und nonverbale Kommunikation die eigentliche Botschaft transportieren. Folien dienen dazu, Dinge unterstützend zu visualisieren und unter Umständen die Struktur zu zeigen. Folien sind kein Film und der Präsentator ist nicht nur der Platzanweiser. PowerPoint ist nur ein Werkzeug, nicht mehr und nicht weniger!

Folie ist Folie und Handout ist Handout

Es scheint so praktisch: Folien dienen nicht nur dazu, den Blickkontakt des Publikums vom Präsentator wegzulenken, sie können diesem auch gleich als Notizen dienen und danach sogar noch als Handout herhalten. Leider widersprechen sich diese Anforderungen, auch wenn es tagtäglich von Tausenden PowerPoint-Nutzern so praktiziert wird. Wenn der Präsentator die Hauptrolle spielt – und darauf lege ich Wert – dann sollte der Blick des Publikums möglichst wenig zur Folie wandern. Nämlich nur dann, wenn der Präsentator etwas bewusst unterstützend zeigen will. Der Blick des Publikums soll hauptsächlich zu Ihnen als Präsentator gehen, und dafür zu sorgen ist Ihre Aufgabe.

Ein Präsentator, der seine Folien als Notizen braucht, ist nicht gut vorbereitet. Eine solche Präsentation wird aus verschiedenen Gründen ohnehin langweilig werden. Mehr dazu, wenn es um Timing und nonverbale Aspekte der Präsentation geht.

Das größte Veto lege ich beim Thema Folien als Handout ein. Die Aufgaben eines Handouts sind:

➤ den Teilnehmern eine Zusammenfassung zu geben
➤ zusätzliche Hintergrundinformationen zu liefern
➤ Inhalte später nachlesen zu können
➤ Personen, die nicht anwesend sind, eine Möglichkeit zu bieten, sich im Nachhinein zu informieren

Wenn ein Handout seinen Zweck erfüllt, beinhaltet es also deutlich mehr Text, als dies für Folien jemals sinnvoll wäre. Das gilt auch umgekehrt: Wenn eine Folie so aufgebaut ist, wie Sie es in diesem Kapitel lernen, dann reicht diese Folie nie und nimmer als Handout. Deshalb gilt immer: PowerPoint-Folien sind kein Handout, ein Handout muss separat erstellt werden – auch wenn das Mehraufwand bedeutet. Ein gutes Handout besteht aus einer Seite, auf der die wichtigsten Punkte zusammengefasst sind und enthält darüber hinaus zusätzliche Details, ergänzenden Informationen, Quellenangaben etc.

Trennen Sie Folie und Handout, sonst sind die Folien zu voll und das Handout zu lückenhaft.

Wenn Sie also Folien und Handout künftig trennen, werden Sie ganz andere Möglichkeiten für die Gestaltung Ihrer Folien erkennen. Text wird automatisch weniger wichtig, denn die Folien müssen – bzw. sollen! – nicht mehr selbsterklärend sein. Ab sofort werden Ihre Folien wirklich nur noch einen Zweck erfüllen: Sie werden, zu Ihrer Unterstützung, an die Wand geworfen. Folien werden nicht mehr gedruckt und ausgeteilt, und deswegen entfallen alle Kompromisse. Design, Klarheit und Reduktion stehen im Mittelpunkt.

Timing statt Notizen

Um durch Folien einen Moment der Tension zu erzeugen, gibt es eine einfache Methode. Zunächst ein Blick darauf, wie langweilige Präsentatoren ihre Folien einsetzen: Ein Klick, und die neue Folie wird gezeigt. Ein Blick des Präsentierenden auf die Folien, um sich zu erinnern, welcher Punkt nun dran ist. Er liest den ersten Punkt wahrscheinlich wörtlich vor, kommentiert ihn ein wenig, um dann mit dem nächsten Punkt Ähnliches zu tun. Was macht das Publikum inzwischen? Während der Präsentator den ersten Punkt vorliest, hat es längst den Inhalt der gesamten Folie gelesen. Wenig spannend!

Die Profi-Methode hat ein vollkommen anderes Timing, setzt jedoch voraus, dass Sie gut vorbereitet sind. Sie beginnen mit überleitenden Worten zum Thema der nächsten Folie, ohne diese schon zu zeigen. Erst exakt in dem Moment, in dem Sie ein Schlüsselwort aussprechen, klicken Sie und zeigen die neue Folie. Kurz vor dem Schlüsselwort machen Sie eine spürbare Pause – dadurch entsteht Tension – und der Klick kommt genau gleichzeitig mit Ihrem Schlüsselwort.

Mit dem richtigen Timing kommen Sie und Ihre Folien viel besser zur Geltung.

Die Vorschau-Funktion für die nächste Folie können Sie als kleine Gedächtnisstütze nutzen. Aktivieren Sie dazu die Funktion »Bildschirmpräsentation« bzw. »Referententools« von PowerPoint oder »Moderatormonitor« bei Keynote. Dann können Sie die nächste Folie und sogar Notizen auf Ihrem Bildschirm sehen und so im richtigen Moment klicken, während das Publikum nur die aktuelle Folie sieht.

Unsitten und schlechte Gewohnheiten

Bevor wir zu praktischen Tipps kommen, überlegen Sie, welche Informationen Ihr jeweiliges Publikum auf einer Titelfolie genau benötigt. Kennt das Publikum Sie, weil Sie Kollegen sind oder zu diesem Kunden eine langjährige Beziehung haben? Wozu dann Ihre Kontaktdaten – die hat das Publikum längst. Oder sitzen dort lauter Fremde? Stehen Sie in Wettbewerb zu anderen Präsentationen des Tages oder ist Ihre der einzige Anlass für die Zusammenkunft? Welches der zu Beginn des Kapitels genannten Elemente brauchen Sie wirklich auf der ersten Folie? Reicht es nicht, einen Titel zu zeigen, der Neugierde erweckt? Natürlich kommen Sie schnell an die Grenzen des »Erlaubten«, wenn Sie sich an die Richtlinien Ihres Unternehmens halten müssen. Und als ehemaliger Designer und Experte für Corporate Design weiß ich, wie diese Vorlagen erstellt werden: Das Unternehmen liefert dem Designer Muster-Präsentationen und der Designer übernimmt alle Angaben, die dort normalerweise auf dem Titel stehen. In die Vorlage baut er dann für all diese Angaben ein Feld ein. Der Präsentator wiederum glaubt, diese auch alle ausfüllen zu müssen, ohne dabei den Aspekt zu beleuchten, was für eine lebendige, spannende und überzeugende Präsentation das Beste ist.

Wenn es in Ihrem Unternehmen Corporate Design-Vorlagen gibt, dann diskutieren Sie darüber oder testen Sie die Grenzen – dazu fordere ich Sie im Namen Ihres Publikums ausdrücklich auf! Füllen Sie nicht jedes Feld aus und setzen Sie sich auch einmal über Vorgaben hinweg. Das bedeutet nicht, dass Sie diese vollkommen ignorieren – ein einheitlicher Auftritt hat durchaus seine Berechtigung. Wo er aber zum Korsett wird, entstehen unweigerlich Informationsflut und Langeweile!

Folienvorlagen entrümpeln

Jede überflüssige Information lenkt ab. Zu viele Informationen erschlagen sich gegenseitig. Auch Kopf- und Fußzeilen lenken vom Inhalt der jeweiligen Folie ab und kosten zudem Platz. Oft befinden sich auf der Folienvorlage viele überflüssige Standards, über die kaum noch jemand nachdenkt. Hier nun meine Anregungen, wie Sie es besser machen können.

> **Titelfolie:** Zu viele Informationen nehmen der einzelnen die Bedeutung und sind zudem meist unnütz. Eine klare Headline, die Spannung erzeugt, und je nach Situation noch Ihr Name und das Firmen-Logo – das sollte genügen. Denken Sie bei der Gestaltung der Titelfolie an ein Buchcover: Bild, Titel, Autor, Verlag – mehr nicht.
> **Logo des Unternehmens:** Muss denn wirklich auf jeder Folie das Logo stehen? Was passiert Ihrer Meinung nach, wenn auf allen Folien dasselbe steht? Es fällt irgendwann niemandem mehr auf. Platzieren Sie das Logo stattdessen ab und zu auf einer Folie, die Sie beispielsweise zu Beginn eines neuen Themas verwenden (Zwischentitel).
> **Name des Präsentators:** Wenn Ihre Teilnehmer Ihren Namen nach kurzer Zeit noch nicht kennen, haben Sie etwas falsch gemacht. Platzieren Sie ihn also entweder nur am An-

fang und Ende oder auf den Zwischentiteln. Seien Sie auch sparsam mit Titeln, nicht jeder muss dabeistehen und nicht jeder ist – je nach Situation – auch angebracht. »Dr.« gehört zum Namen, »Dipl.-Kfm.« ist in den meisten Fällen übertrieben.

▶ **Logo des Kunden:** Grundsätzlich unterliegt jedes Logo einem Urheberrecht; auch das Logo Ihres Kunden dürfen Sie also nicht ungefragt verwenden. Andererseits kann es ein Zeichen von Wertschätzung sein. Wägen Sie also ab, ob es wirklich sinnvoll ist, es zu verwenden. Dann aber nur einmal, nicht auf jeder Folie.

▶ **Seitenzahl bzw. Foliennummer:** Es gibt Ausnahmesituationen, bei denen sich Teilnehmer zu einzelnen Folien Notizen machen (z. B. Prüfungen). In diesem Fall kann eine Foliennummer hilfreich sein. In allen anderen Fällen ist das eine absolut überflüssige Information. Womöglich dahinter auch noch die Gesamtzahl aller Folien: »Folie 3 von 237«? Welch eine Drohung!

▶ **Datum:** Das Datum ist eine Sache fürs Handout, nicht für die Folien. In der Regel kennen die Teilnehmer das aktuelle Datum und brauchen es nicht von der Wand abzulesen.

▶ **Speicherpfad:** Eine Information, die nur Hacker benötigen. Der Dateiname oder gar Speicherpfad der Datei auf Ihrem Computer hat auf einer Folie nichts verloren.

▶ **Copyright-Hinweis:** Das ©-Zeichen oder ein Copyright-Hinweis ist in Deutschland überflüssig. Geistiges Eigentum ist dadurch keineswegs sicherer, es ist ohnehin durch das Urheberrechtsgesetz geschützt.

▶ **Quellenangaben:** Selbst wenn Sie im wissenschaftlichen Bereich präsentieren, gehören Quellenangaben ins Handout. Das setzt natürlich voraus, dass Sie ein ordentliches Handout vorbereitet haben. Auf den Folien ist eine Quellenangabe eine verzichtbare Information. Ausnahmen sind Quellenangaben, die aus lizenzrechtlichen Gründen angegeben werden müssen, beispielsweise bei Fotos. Dann die Angaben kleinhalten, damit sie den Gesamteindruck nicht stören.

Folien, bei denen schon die Kopf- und Fußzeilen überfrachtet sind, verwirren mehr, als sie überzeugen.

Und wenn all diese Informationen auf Ihrer Firmenvorlage vorgegeben sind? Füllen Sie die Felder einfach nicht aus, solange Sie nicht unbedingt müssen. Noch besser ist es sogar, Sie führen die Diskussion mit der entsprechenden CD-Abteilung, um unternehmensweit bessere Folien einzuführen. Ich leiste Ihnen gern Schützenhilfe.

Grundlegendes zum Thema Design

Die Aufgabe von Design ist es vor allem, das Auge des Betrachters zu führen. Sobald dieser die Folie zum ersten Mal sieht, wird er versuchen zu erkennen, worum es geht. Bei wenigen Wörtern Text ist das noch recht einfach: Er liest von links nach rechts und von oben nach unten. Doch wenn die Folie viel Text enthält, geht es schon los: Bis wohin oder wie genau soll er lesen? Der Leser überfliegt oder liest nun alles, obwohl vermutlich zunächst nur der erste Punkt besprochen wird. Warum ihm dann alles zeigen? Um es Ihrem Publikum leichter zu machen und es nicht abzulenken, präsentieren Sie ihm nur den Punkt, über den Sie gerade sprechen. Das bedeutet entweder, dass Sie die Punkte Schritt für Schritt einblenden, sobald Sie darüber sprechen. Oder sogar, dass Sie für jeden Punkt eine einzelne Folie machen. Warum nicht? Von Regeln, die eine bestimmte Menge Folien pro Minute oder Minuten pro Folie vorgeben, halte ich nichts. Die Anzahl der Folien sagt nichts über die Qualität Ihrer Präsentation aus.

Kapitel 8 Und die Folie hat doch Recht

Design hat die Aufgabe, das Auge des Betrachters effizient zu führen.

Textfolien: Den Überblick behalten!

Präsentations-Alltag sind Textfolien mit sogenannten Bullet Points, also Aufzählungszeichen, und ganzen Sätzen. Es ist jedoch Unsinn, komplette Aussagen auf eine Folie zu schreiben.

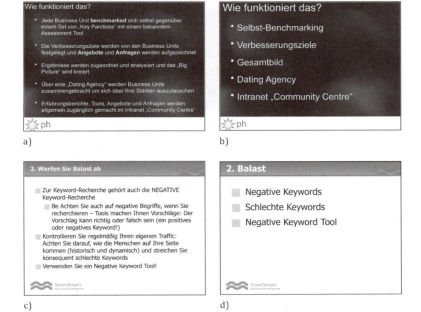

Beispiele für schlechte und gute Textfolien: Die jeweils linke Folie ist überfüllt mit ganzen Sätzen. Auf der rechten Seite erkennt man die Reduktion auf einen Ausdruck. Alles Weitere wird vom Präsentator gesprochen.

Da steht dann: »Wir müssen künftig darauf achten, dass unsere Lieferanten das Zertifikat ABC nachweisen.« Dem Präsentator bleibt ja fast nur noch, diesen Text vorzulesen oder zu kommentieren. Es ist auch lerntechnisch falsch, Texte gleichzeitig zu schreiben und zu sprechen – davon später mehr. Deshalb zwei Empfehlungen: Was immer Sie durch Abbildungen – vom Tortendiagramm bis zum Foto – visualisieren können, wirkt stärker als Text. Und wenn es ohne Text nicht geht bzw. keine Abbildung möglich ist, dann reicht ein Stichwort, z. B. »Zertifikat ABC«. Alles andere sagen Sie dazu. Machen Sie nicht den Fehler, die Teilnehmer schon das lesen zu lassen, was Sie ihnen gleich erklären. Als Gliederungspunkt ist ein Stichwort vollkommen ausreichend – mehr muss nicht sein!

Grafiken: Schritt für Schritt zum Ziel

Ist auf Ihrer Folie eine komplexe Grafik oder Illustration zu sehen, dann ist es für den Betrachter umso schwieriger, sie schnell zu erfassen. Zwar ist eine Abbildung prinzipiell eine wesentlich hilfreichere Information als ein geschriebener Text, doch die Reihenfolge von links nach rechts und von unten nach oben gilt jetzt nur noch eingeschränkt. Der Betrachter sucht also nach einem Anfang, versucht, die Zusammenhänge zu verstehen etc. Das dauert eine Weile, und es ist besser, wenn Sie ihn jetzt nicht allein lassen. Deshalb ist auch hier meine Empfehlung: Erstellen Sie die Abbildung zunächst so einfach wie möglich und lassen alles Überflüssige unbedingt weg. Falls Sie Bedenken wegen der Vollständigkeit haben, fügen Sie die komplette und komplexere Version der Abbildung ins Handout ein und weisen gegebenenfalls darauf hin. Bauen Sie die Abbildung zudem schrittweise auf, um den Betrachter führen und gleichzeitig erklären zu können, worum es geht.

Ein Beispiel: Die folgende Abbildung zeigt unter a) eine Original-Folie. Diese ist verwirrend und optisch nicht gegliedert; es wird nicht auf Anhieb klar, worum es geht. Machen Sie ein Experiment und stoppen Sie die Zeit, bis Sie die Abbildung vollkommen verstanden haben. Meine Empfehlung ist stattdessen, die Folie stückweise aufzubauen, beginnend bei b) bis hin zu h). Wie viele Zwischenschritte Sie einbauen, hängt davon ab, worauf es Ihnen ankommt. Es können drei oder auch zehn sein. Bei jedem neuen Schritt erklären Sie, was die Teilnehmer sehen. In diesem Beispiel werden zunächst die vier hellgrauen Felder mit Ihren Komponenten erklärt und erst anschließend die Zusammenhänge, hier durch Pfeile symbolisiert. Was denken Sie, welcher Ablauf leichter verstanden wird?

Wenn Sie Abbildung a) und h) vergleichen, werden Sie sehen, dass ich noch weitere Details verändert habe: Statt der dünnen, gepunkteten Umrandung mit Schatten sind die vier Felder hellgrau und klar getrennt voneinander. In vielen Fällen ist auch der Einsatz von Farbe sinnvoll. Die Schrift habe ich in gemischter Schreibweise statt nur in Großbuchstaben gesetzt, das macht sie wesentlich besser lesbar. Bei den einzelnen Komponenten habe ich auf die Kopien im Hintergrund verzichtet und die Randlinie so dünn gemacht, dass sie die Schrift nicht negativ beeinflusst. Und schließlich habe ich die Pfeile ebenfalls grau gemacht, um die Schrift nicht zu beeinflussen, und gleichzeitig wesentlich dicker, damit sie besser sichtbar sind. In der Original-Folie sind die Pfeilrichtungen durch die Überlagerung teilweise schwer zu unterscheiden. Das alles sind gestalterische Kleinigkeiten, die Sie einfach umsetzen können und die es Ihrem Publikum wesentlich leichter machen.

2. Akt – Das Drehbuch

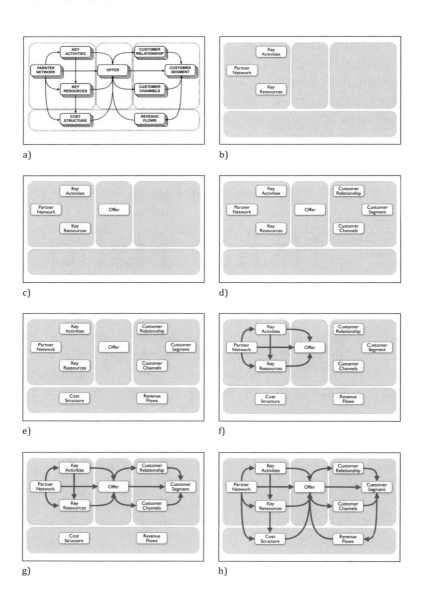

Schrittweiser Folienaufbau hilft dem Publikum, Ihre Gedanken nachzuvollziehen und die Folien schnell zu verstehen.

Schrift und Schriftgröße

Die Wahl der Schrift ist aussagekräftig, doch bei den meisten Unternehmen ohnehin vorgegeben. Es gibt mehrere Zehntausend unterschiedliche Schriftschnitte, in der Computersprache auch Fonts genannt. Bleiben Sie bei einer oder höchstens zwei,

Schriften kombinieren

Serife
Oberlänge
x-Höhe
Unterlänge

Hxhg Hxhg

Cambria 46 Punkt   Helvetica 46 Punkt
Cambria und Helvetica zu unterschiedliche Proportionen

Hxhg   Hxhg

Cambria – Helvetica   Garamond – Gill Sans

Oberlänge
x-Höhe
Unterlänge

Hxhg Hxhg

Garamond 46 Punkt   Gill Sans 46 Punkt
Garamond und Gill Sans unterschiedlich aber passend

© 2011, Michael Moesslang

die dann aber gut zusammenpassen müssen. Schriften passen dann zusammen, wenn einige ihrer Merkmale wie Buchstabenform, Serifen (die kleinen Füßchen am Ende der einzelnen Striche), Verhältnis der x-Höhe zu den Ober- und Unterlängen etc. teilweise übereinstimmen und sie sich in den anderen Merkmalen deutlich unterscheiden. Zwei zueinander passende Schriften haben beispielsweise dieselben Proportionen und Grundformen, haben aber einmal Serifen und einmal nicht.

Oben erkennen Sie, dass gleich große Schriften, hier die Cambria und die Helvetica, eine unterschiedliche x-Höhe haben. Bei der Helvetica ist diese größer. Bei der Cambria ist – wie bei vielen Schriften – zudem die Oberlänge des h länger als die des H. Auch das g ist bei beiden Schriften anders. Garamond und Gill haben wiederum eine große Übereinstimmung, man kann sie gut miteinander kombinieren.

Noch wichtiger ist die Lesbarkeit. Grundsätzlich sind Serifen-Schriften (z. B. Times, Garamond) auf Papier besser lesbar. Am Monitor ist das nicht unbedingt der Fall. Das Gegenteil, dass nämlich Serifenlose (z. B. Helvetica, Franklin) am Monitor grundsätzlich besser lesbar sind, gilt heute auch nicht mehr. Das mag für die Anfänge des PC-Zeitalters gegolten haben, als Schrift- und Bildschirmauflösung noch gering waren.

Entscheidend für die Lesbarkeit sind vor allem die Größe und der Kontrast. Dass mittelblaue Schrift auf hellblauen Grund nicht wirkt, versteht jeder. Was die Größe angeht, scheint es weniger Allgemeinwissen zu geben. Immer wieder gibt es Folien mit 20, 16 oder sogar nur 12 Punkt Schriftgröße. Wenn dann auch noch die häufig voreingestellte PowerPoint-Funktion »Textgröße anpassen« aktiviert ist, reduziert PowerPoint automatisch die Textgröße nochmals, wenn eine bestimmte Textmenge im Feld erreicht ist. Deaktivieren Sie dieses Feld in jedem Fall und behalten Sie selbst die Kontrolle über die Einstellungen. Verwenden Sie auch für normale Lesetexte Schriften, die jenseits der 24 Punkt-Marke liegen. Tests haben zwar ergeben, dass auch deutlich kleinere Schriften noch lesbar sind, doch das ist erstens anstrengend und zweitens sieht nicht jeder Zuschauer gleich gut. Und warum sollten Sie Ihr Publikum anstrengen? Machen Sie es ihm so leicht wie möglich! Außerdem reduzieren Sie automatisch die Textmenge, wenn der Platz begrenzt ist.

Es ist schwierig, absolute Größenangaben zu machen, denn je nach Projektionsfläche und Raumtiefe verändern sich die Schriftgrößen an der Wand. Umso mehr gilt: Lieber auf Nummer sicher gehen und 24 Punkt und größer benutzen. Bei Keynote, der entsprechenden Software auf Apple, wird übrigens die Punktgröße anders berechnet: 24 pt bei PowerPoint entsprechen dort ungefähr 32 pt bei einer Folienauflösung von 1024 x 768 Pixel.

Hintergrund

Irgendein schlauer Mensch hat einmal gesagt, dass Folien weiß sein müssen und die Schrift schwarz, weil das besser lesbar sei. Und wissen Sie was? Er hatte Unrecht! Die weiße Folie projiziert eine große helle Stelle auf die Wand, und die ist bei den heutigen, lichtstarken Beamern oft zu hell. Wenn Sie einen schwarzen Hintergrund und weiße Schrift einsetzen, verbindet sich die schwarze Folie nahtlos mit der Wand und nur die Schrift leuchtet. Oft ist das besonders gut lesbar. Sie sollten es aber ausprobieren, denn es hängt von der Qualität des Beamers, seinem Abstand zur Wand und der dazu proportionalen Leuchtkraft sowie von den Lichtverhältnissen im Raum ab. Ich kann keine allgemeingültige Empfehlung aussprechen, aber das Gerücht mit den weißen Folien entbehrt jeder Grundlage. Ich persönlich mag lieber dunkle Hintergründe.

Gliederung der Schrift

Geben Sie sich nicht mit den meist dürftigen Vorgaben von PowerPoint zufrieden. Dort ist eine leicht reduzierte Schriftgröße oft der einzige Unterschied zwischen einem Hauptpunkt und einem untergeordnetem Punkt. Bevor Sie beginnen, sollten

a)

b)

c)

d)

Der Text, in diesem Fall eine Adresse, gewinnt durch optische Gliederung an Übersicht. Dazu wurden der Schriftschnitt Fett, Schrift in Grau, Aufteilung in Blöcke und feine Linien verwendet.

Sie auf Ihrer Master-Folie grundsätzliche Einstellungen hierzu vornehmen und diese dann für jede Folie übernehmen. Sind die Hauptpunkte mit 32 und die Unterpunkte mit 28 Punkt voreingestellt, ist der Kontrast meist zu gering. Machen Sie deshalb die Hauptpunkte entweder fett (bei gleicher Schriftgröße) oder die Differenz der beiden Schriften etwas größer. Eine gute Faustregel lautet, dass die Unterpunkte ca. 25–33 Prozent kleiner sein sollten, zu 32 passt also besser 24 Punkt. Experimentieren Sie im Vorfeld mit Schriftgrößen und -stärken, um ein klares Schriftbild zu erzeugen.

Wenn Texte auf einer Folie unterschiedliche Wertigkeit haben, beispielsweise bei einer Adressangabe, dann gliedern Sie diese Texte, um dem Auge Halt zu geben und die jeweilige Bedeutung zu unterstreichen. In der Abbildung ist bei a) der Text gleichförmig untereinander getippt. Bei b) werden die Einheiten durch Abstände gegliedert, bei c) sind die Titel fett und heben sich so vom Rest ab. Da die Titel weniger wichtig sind als die Adressangaben selbst, sind sie bei d) in einem helleren Ton gesetzt und die Absätze zudem noch durch gepunktete Linien getrennt. Nehmen Sie diese Beispiele als Anregung, um mit Ihren eigenen Texten zu experimentieren.

Die Macht der Bilder

Ein Bild sagt mehr als tausend Worte – eine alte Weisheit. Und es erzeugt zusätzlich zur Aussage eine emotionale Botschaft. Bild und Emotion bleiben stärker in Erinnerung als dies jemals bei Text der Fall ist. Deshalb gilt auch für Folien, was ich in den vorigen Kapiteln bereits im Hinblick auf die erzählerische Ebene betont habe: Nutzen Sie Bilder, wo immer Sie können. Technisch gesehen ist das heute einfacher als je zuvor, und durch Internet und leistungsstarke Rechner mit großen Kapazitäten sind Bilder heute keine technische Hürde mehr. Die Frage ist vielmehr: Welches Motiv wähle ich aus, wo nehme ich es her und wie setze ich es ein?

Das richtige Motiv zu finden ist nicht immer einfach. Klar, wenn Sie eine neue Maschine präsentieren, dann bilden Sie vielleicht diese ab. Doch das allein wird in Bezug auf Spannung oder Überzeugungskraft wenig Effekt haben. Wenn Sie eine Aussage unterstreichen möchten, dann wird diese mit dem richtigen Bildmotiv untermauert und im Gedächtnis verankert. Ein einzelnes Bild kann eine ganze Geschichte erzählen. Sie können natürlich auch eine Reihe von Bildern einsetzen, die zusammen eine Geschichte ergeben. Bei der Bildauswahl sind Sie als Regisseur gefragt. Hitchcock hätte zunächst einmal überlegt, was die Zuschauer am allerwenigsten erwarten. Wenn Sie von strategischem Vorgehen sprechen und Ihnen als Motiv nur Schach einfällt, dann werden Sie nur ein müdes Gähnen ernten. Was passt zur Aussage und ist trotzdem außergewöhnlich? Suchen Sie Motive, die niemand erwartet. Auch Humor entsteht durch die richtige Bildauswahl.

Bilder sind Gedächtnisstützen und erzeugen Emotionen. Nutzen Sie auf Ihren Folien häufiger Bilder als Text.

Möglichkeiten, Bilder zu finden und sich auch bei der Motivauswahl inspirieren zu lassen, gibt es im Internet zuhauf. Es gibt Bildagenturen wie slideshare.com, fotolia.de, photocase.com oder clipdealer.com, die speziell für Präsentationen ein Preismodell anbieten, das es ermöglicht, für wenige Cent oder Euro die Nutzungsrechte für ein Motiv zu erwerben. Denn grundsätzlich hat jedes Bild einen Urheberschutz, unabhängig davon, ob dies vermerkt ist oder nicht. Es muss also nicht unbedingt ein © bei einem Bild stehen, damit es geschützt ist. Und jede Präsentation ist eine öffentliche Aufführung, auch wenn sie intern im Unternehmen abgehalten wird.

Kapitel 8 Und die Folie hat doch Recht

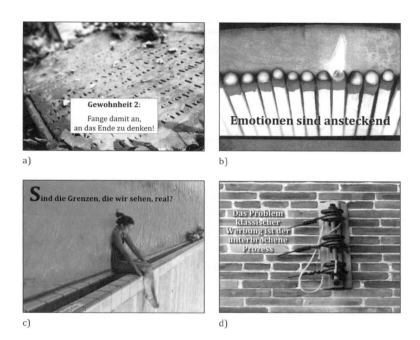

Diese vier Folien haben eine anregende Bildauswahl gemeinsam.

Den größten Fundus an guten Bildern bietet flickr.com, die größte Foto-Community weltweit, in der Hobby- und Profi-Fotografen ihre Bilder präsentieren. Auch dort gibt es Bilder, die Sie verwenden können. Entscheidend für die Rechte sind die Creative Commons-Symbole. Das ist quasi das Gegenteil des ©-Zeichens, und je nach Symbol oder Symbol-Kombination dürfen Sie die Bilder für Präsentationen nutzen. Die genaue Erklärung zu den Rechten finden Sie auf flickr.com unter dem Menüpunkt Entdecken ›Creative Commons oder auf der Website de.creativecommons.org. »Nicht kommerzielle Nutzung« bezieht sich auf den Wiederverkauf von Bildern, nicht auf eine Präsentation. Sie dürfen also Bilder verwenden, die mit den entsprechenden Symbolen gekennzeichnet sind. Je nach Vorgabe müssen Sie jedoch den Urheber nennen oder dürfen das Motiv nicht verändern. Das Entscheidende ist jedoch, dass die Bilder kostenlos sind und die Auswahl riesig ist! Übrigens gibt es auch auf Wikipedia viele Bilder, die Sie verwenden dürfen und die ebenfalls durch Creative Commons-Symbole gekennzeichnet oder sogar ganz frei sind (Public Domain).

Häufig wird auch die Bildersuche von Google verwendet. Bedenken Sie jedoch, dass diese Bilder keineswegs frei genutzt werden dürfen, worauf Google auch hinweist – es sei denn, die Nutzung wird, z. B. mit den Creative Commons-Symbolen, ausdrücklich erlaubt.

Qualitätsstandards bei Bildern

Die Qualität Ihrer Gestaltung und insbesondere auch die von Bildern beeinflusst den Gesamteindruck Ihrer Präsentation und damit auch Ihr eigenes Image bzw. das Ihres Unternehmens. Grobpixelige Bilder dürfen Sie sich heute nur noch in Ausnahmefällen erlauben, wenn es sich beispielsweise um ein einmaliges Motiv handelt, das es nur so gibt. Lernen Sie – falls Sie es nicht ohnehin können –, wie man in einem Bildbearbeitungsprogramm wie Windows Fotogalerie oder Adobe Photoshop Bilder auf die richtige Größe bringt und deren Kontrast, Helligkeit und Farbe optimiert. Auch PowerPoint bietet unter »Bild formatieren ...« zumindest rudimentäre Einstelloptionen an.

Bilder sind nicht nur schmückendes Beiwerk. Im Idealfall hat das Bild eine eigenständige Aussage. Wenn das Bild »nur« Ihre Aussagen illustriert, dann dient es als Gedächtnis-Anker und erleichtert es dem Publikum, sich das Gesprochene zu merken. Vergleichen Sie die vier Varianten in der folgenden Abbildung. Bei Folie a) steht nur Text, noch dazu zu lange Aussagen, nämlich ganze Sätze. Bei Folie b) ist zwar der Text auf Stichworte gekürzt, doch das Foto steht ohne großen Bezug einfach daneben. Bei c) beginnt das Foto langsam zu wirken, doch erst bei d) wird es zum wichtigsten Gestaltungselement. Die Texte, auf die bewusst verzichtet wird, werden von Ihnen eindrucksvoll verbal präsentiert.

a)   b)

c)   d)

Ein Foto wirkt nicht nur gut, es kann Text sogar ersetzen.

Wo immer Sie ein einzelnes Bild verwenden: Nutzen Sie die gesamte Fläche der Folie, so wie in Beispiel d). Zum einen wirkt das Foto als solches besser, da insbesondere helle Ränder dem Bild Wirkung nehmen (deutlich bei Folie c) zu sehen). Auch lenkt kein Logo oder Ähnliches vom Bild ab. Selbstverständlich können Sie ein Stichwort oder eine Überschrift über das Bild legen, achten Sie dabei aber auf ausreichend Helligkeitskontrast und Lesbarkeit. Für einen stärkeren Kontrast zum Hintergrund können Sie beispielsweise die Funktion »Schatten« verwenden.

Diagramme

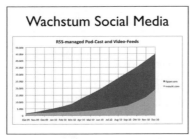
a)

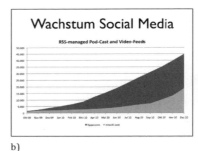
b)

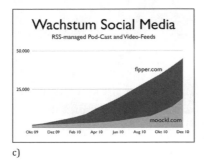
c)

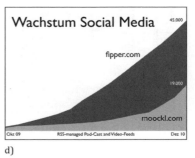
d)

Die Wirkung eines Diagramms kann erheblich gesteigert werden, wenn Sie nicht einfach die Standard-Abbildung aus Excel verwenden.

Ohne Frage geht es schnell, in Excel ohnehin vorhandene Daten als Grafik zu erstellen und auf die Folie zu kopieren (oder in PowerPoint »Diagramm einfügen« zu wählen). Ein unbearbeitetes Ergebnis sieht dann etwa aus wie die Folie a) in obiger Abbildung. Zu unruhig, zu viele und zu kleine Beschriftungen, ein Rahmen und dergleichen – all das sind überflüssige Informationseinheiten, die das Auge vom Wesentlichen ablenken. Auf Folie b) ist ebenfalls eine aus Excel kopierte Version eingebaut, die jedoch vorher so weit wie möglich bearbeitet wurde. Schon sieht die Folie etwas aufgeräumter auf, und doch ist es immer noch zu viel.

Die Beschriftung der Kurven in einer Legende nötigt den Betrachter, erst eine Zuordnung vorzunehmen. Wenn in der Legende fünf oder mehr Punkte enthalten sind, wird das schon richtig schwierig. Deshalb steht bei Folie c) die jeweilige Beschriftung direkt an der Kurve. Zudem wurden hier die Achsenbeschriftungen deutlich reduziert und damit der Gesamteindruck fürs Auge erheblich beruhigt. So wird langsam eine übersichtliche Folie daraus. Bei Folie d) bin ich noch einen Schritt weiter gegangen: Ich nutze die gesamte Fläche der Folie für die Kurve, so als wolle sie den Rahmen sprengen. Auf der X-Achse gibt es nur noch zwei Markierungen für Anfang und Ende des Zeitraums. Die beiden Kurven schließlich sind nur mit den Endwerten, also den aktuellen Werten beschriftet. Nicht nur, dass eine derartig reduzierte Version für den Betrachter um ein Vielfaches schneller zu verstehen ist – ich bin überzeugt, dass in den meisten Fällen diese wenigen Infos ausreichen.

Diagramme wie c) und d) – hier in Keynote erstellt – müssen Sie in PowerPoint übrigens selbst zeichnen, die Einstellmöglichkeiten bei automatisch generierten Diagrammen reichen nicht aus. Legen Sie sich dazu das Excel-Diagramm in den Hintergrund und zeichnen es nach. Dieser geringe Mehraufwand lohnt sich!

Visuelle Tricks und Täuschungen

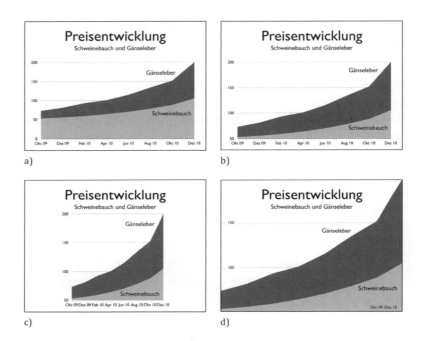

Je nachdem, wie Sie das Diagramm in die Breite oder Länge ziehen, entsteht eine unterschiedlich steile Kurve und damit eine unterschiedliche Wirkung.

Je steiler eine Kurve, desto eindrucksvoller das Wachstum. Um Zahlen spannend zu machen, ist so einiges erlaubt. Und bei den Beispielen in obiger Abbildung sind die Zahlen tatsächlich immer korrekt, auch wenn die Kurve anders aussieht und dadurch eine deutlich andere Wirkung erzielt wird. Spannend, nicht? Beginnen wir mit Folie a), auf der zwei ganz normale Preiskurven abgebildet sind. Sie sehen, dass es keinen Wert gibt, der unterhalb der 50er-Linie liegt. Das bedeutet, dass wir alle Werte darunter weglassen können, was auf Folie b) der Fall ist. Statt mit »0« beginnt die Y-Achse nun mit »50«. Das wird sehr häufig so gemacht, nur fällt es meistens niemandem auf. Wer schaut sich schon die Achsenbeschriftungen so genau an?

Auf Folie c) wurde das gleiche Diagramm verwendet, diesmal ist es allerdings seitlich gestaucht. Das Resultat: Die Kurve wirkt noch steiler – mit denselben Zahlen! Wollen Sie eine Preissteigerung dagegen schwächer wirken lassen, stauchen Sie von oben und unten – dann wird die Kurve flacher. Bei Folie d) wurde wieder die ganze Fläche verwendet und die Kurve schießt förmlich rechts oben aus dem Bild. Ähnliche legale Manipulationsmöglichkeiten haben Sie bei fast jeden Diagramm: Mal ist es die Fläche, mal sind es die Proportionen, die Sie verändern können.

Traue keiner Statistik, die du nicht selbst gefälscht hast. – SIR WINSTON CHURCHILL

Dazu jetzt noch ein Spannungstrick, der von Hitchcock stammen könnte: Angenommen, Sie sprechen vom Gänseleber-Preis, der hier bei 199 € liegt. Dann könnte Ihr Satz lauten: »Und bei der Gänseleber liegt der Marktpreis nun schon bei sage und schreibe ... 199 €!« Die drei Punkte stellen dabei eine deutliche Pause dar. In dieser Pause lassen Sie nun mit einer Animation die Kurve ganz langsam von links nach rechts wachsen. Erst wenn die Kurve oben rechts angekommen ist, sagen Sie den Betrag, nämlich »199 €«. Stellen Sie dazu die Animation der Kurve bei PowerPoint auf »langsam«, bei Keynote können Sie sogar die Sekunden angeben. Stellen Sie ruhig fünf Sekunden ein; je länger dieser Moment der Tension dauert, desto spannender wird das Ganze für den Zuschauer!

Animationen

Häufig sehen Sie Animationen, bei denen grundlos Elemente in die Folie fliegen oder sich wie eine Jalousie aus mehreren Teilen zusammensetzen. Derartige Animationen sind sinnlos, störend und nervig. Das bedeutet nicht, dass Sie generell keine Animationen einsetzen sollen. Das oben genannte Beispiel hat gezeigt, dass sie sogar die Spannung steigern können. Ebenso können sie die verbalen Aussagen unterstreichen. Auf einer Folie mit zehn Produktabbildungen können beispielsweise die drei nach unten herausfallen, die auch den Worten nach aus dem Sortiment fallen. Wenn die Animation einen Zweck hat, also die Aussage verdeutlicht oder die Spannung steigert, ist sie nicht nur erlaubt – ich empfehle Ihnen sogar ausdrücklich, sie einzusetzen. Aber auch nur dann.

Storyboard statt PowerPoint

Wenn Hitchcock einen Film vorbereitet hat, hat er vorher jede Szene Einstellung für Einstellung auf einem Storyboard skizziert oder skizzieren lassen. Ein Storyboard dient bei Besprechungen und Anweisungen im Team dazu, dass jeder, vom Script Girl bis zum Kameramann, weiß, wovon gesprochen wird. Es hilft auch, Kosten zu sparen, da jede Szene vorher eingeschätzt werden kann und so unnötiger Aufwand oder Zeitverlust vermieden werden. Hitchcock selbst machte sich auf diese Weise bereits vorher eine sehr klare Vorstellung von der Wirkung der Bilder und hielt sich bei den Aufnahmen sehr genau an die Storyboard-Vorgaben. Genau dasselbe empfehle ich Ihnen auch für Ihre Präsentationen: Storyboard statt PowerPoint. Sie müssen dazu nicht so gut zeichnen können wie die Profis. Grobe Skizzen oder auch nur Notizen reichen vollkommen aus. Die meisten erstellen ihre Präsentation, indem sie die Firmenvorlage von

PowerPoint öffnen und all ihre Ideen hineintippen. PowerPoint schränkt jedoch den Horizont auf die Größe des Bildschirms ein und ist linear. Gehen Sie stattdessen besser folgendermaßen vor:

Die Storyboard-Methode für Präsentationen

1. Fixieren Sie die einzelnen Themen und Inhalte Ihrer Präsentation. Sammeln Sie Unterpunkte und einzelne Argumente, Geschichten und Visualisierungen. Beschriften Sie für jeden Punkt eine Haftnotiz. Auch kleine Skizzen sind hilfreich.
2. Sortieren Sie nun die Haftnotizen an der Wand oder auf einem großen Tisch. Fügen Sie weitere Ideen hinzu und sortieren Sie schwächere aus. Gruppieren (clustern) Sie zusammenhängende Ideen und stellen Sie die Reihenfolge so lange um, bis Sie das Gefühl bekommen, einen stimmigen Aufbau zu haben.
3. Nehmen Sie nun Haftnotizen in einer anderen Farbe und überlegen Sie zu jeder ursprünglichen Haftnotiz, welche Folieninhalte dazu geeignet erscheinen: wie viele Folien, welche Abbildungen, welche Texte? Ersetzen Sie die ursprünglichen Haftnotizen Schritt für Schritt durch diejenigen, auf denen Sie Ihre Folien-Ideen notiert haben. Dabei können aus einer der ursprünglichen Haftnotizen mehrere Folien oder mehrere der ursprünglichen Notizen zu einer einzigen Folie werden. Skizzieren Sie spätere Abbildungen wie Diagramme, Fotos oder Illustrationen. Selbstverständlich dürfen Sie auch weiterhin die Reihenfolge optimieren. Gehen Sie dabei im Kopf durch, wie jeder einzelne Punkt bei der Präsentation wirken könnte.
4. Recherchieren und sammeln Sie nun geeignete Bilder, die Sie verwenden können. Das ist die kreative Phase.
5. Jetzt erst ist der Zeitpunkt gekommen, PowerPoint oder Keynote zu öffnen. Gestalten und optimieren Sie zunächst die Master-Folien: Hintergrund, Farben, Schrifteinstellungen usw.
6. Füllen Sie nun Folie für Folie mit den Fotos, Texten und Abbildungen. Kopieren Sie dabei Grafiken und Tabellen nicht einfach von Excel, sondern erstellen Sie solche, die dem ästhetischen Gesamtbild entsprechen und nur das anzeigen, was notwendig ist, um Ihr Publikum zu überzeugen.
7. Optimieren Sie die Folien, bis Sie schließlich erste Testdurchläufe machen können. Sprechen Sie diese bereits laut, so als säße ein Publikum vor Ihnen. So merken Sie leichter, wenn Übergänge flüssiger gemacht werden müssen oder Inhalte doppelt oder unstimmig sind.

Eine analoge Vorbereitung mit Storyboard bringt in den meisten Fällen bessere Ergebnisse hervor.

Alternativen zur Titelfolie

Zur anfangs des Kapitels erwähnten schlichten Titelfolie, die nur die Überschrift trägt, gibt es zwei weitere sinnvolle Alternativen:

Begleiteter Vorspann: Sie beginnen Ihre Präsentation mit einem spannenden Einstieg und zeigen in diesem Moment nur die Folie mit der Überschrift oder einem aussagekräftigen Bild. Nach diesem Einstieg, dem Eisbrecher, stellen Sie das Thema und sich selbst vor. Passend zu Ihren Worten erscheinen Folien, in denen Sie das Thema, sich selbst und gegebenenfalls Ihr Unternehmen genauer präsentieren. Auf diesen Folien steht jeweils nur die entsprechende Information. Das Ganze ist quasi wie der Vorspann eines Films, nur dass Sie währenddessen bereits sprechen. Dadurch bekommen die Informationen etwas Persönliches, da Sie von Ihnen direkt kommen und nicht nur auf der Wand zu lesen sind.

Vorlaufpräsentation: Es kommt häufig vor, dass die Präsentation noch nicht begonnen hat, die Teilnehmer sich im Raum sammeln und Sie erst in einigen Minuten zu sprechen beginnen. In dieser Situation wird oft die Titelfolie oder noch gar nichts projiziert. Nutzen Sie diese Zeit für eine selbstlaufende Präsentation, die aus vier oder fünf Folien besteht. Auf den bebilderten Folien präsentieren Sie kurze, interessante Informationen rund um Ihr Unternehmen, Ihr Produkt und sich selbst – oder was sonst noch für Ihr Publikum wirklich interessant ist. Jede

Folie ist für 30 bis 60 Sekunden sichtbar, und die Präsentation wiederholt sich automatisch. So können die wartenden Teilnehmer, die sich häufig langweilen, die Folien in Ruhe lesen und vielleicht sogar darüber diskutieren.

In aller Kürze

- Viele Folien sind viel zu voll. Das fängt oft schon bei der Titelfolie an, mit der zudem häufig bereits die Spannung genommen wird, weil der Höhepunkt verraten wird.

- Design dient nicht dem »Aufhübschen«, Design hat die Aufgabe, im ästhetischen Sinne aufzuräumen und das Auge des Betrachters richtig und effizient zu führen.

- Der Gesamteindruck der Folien trägt wesentlich zu Ihrem Image bei!

- Der Mittelpunkt einer Präsentation muss der Vortragende sein. Die Folien dienen zu seiner Unterstützung – nicht mehr und nicht weniger.

- Ausgedruckte Folien sind als Handout nicht geeignet. Ein Handout enthält mehr Text als eine gute Folie. Folien und Handout sollten jeweils separat erstellt werden.

- Corporate Design-Vorlagen für Folien leiden oft unter zu vielen Feldern. Füllen Sie nur die allernotwendigsten aus, um die Folien nicht zu überfrachten.

- Bauen Sie Folien schrittweise auf, damit der Betrachter Ihnen gut folgen kann. Verwenden Sie Animationen nur dort, wo Sie Ihre Worte unterstützen bzw. illustrieren.

- 🎬 Überlegen Sie bei jeder Folie genau, welches Ziel Sie damit verfolgen, und gestalten Sie sie entsprechend sorgfältig. Typographie, Bilder und der richtige Einsatz von Diagrammen können über Ihren Erfolg entscheiden.

- 🎬 Die Storyboard-Methode ist die analoge Vorbereitung einer Präsentation. Nutzen Sie sie, um frei von den Grenzen einer Folie kreativ sein zu können. Das hat sich bewährt und lohnt den Aufwand.

- 🎬 Eine Titelfolie kann als Vorspann zu einem spannenden Element werden.

Kapitel 9

Die meisterhafte Inszenierung

Die Kunst liegt im Detail

Eine Präsentation ist eine Show ohne Showtreppe. Mit einem Showmaster ohne Glitzer. Und doch beeinflusst jedes kleine Detail des Raums oder Ihres Erscheinungsbildes das Ergebnis Ihrer Präsentation. Auch wenn Sie weder Showstar noch professioneller Entertainer sind: Es ist Showtime!

Hitchcock hat kein Detail außer Acht gelassen. Er hat nicht nur die üblichen Kino-Trailer, sondern immer wieder auch kleine Präsentationen produziert, in denen er selbst über den Film erzählt. Er hat mit Plakaten in den Kinos das Publikum gebeten, künftigen Besuchern nichts zu verraten. Er hat sich selbst in die PR für seine Filme mit einbezogen. Hitchcock inszenierte das Drumherum seiner Werke ebenso wie die Werke selbst: mit viel Akribie und britisch »sophisticated«.

Vielen Menschen ist es unangenehm, sich und die eigene Präsentation zu inszenieren. Dabei zeigt uns nicht nur die Filmbranche, sondern eine viel ältere Institution seit Jahrhunderten, wie man mit viel Pomp und Show die Menschen fasziniert und zu lebenslangen, treuen Fans macht: die Kirche. Jeder Gottesdienst, von der Sonntagsmesse über Taufe und Hochzeit bis hin zur Beerdigung, wird inszeniert bis ins Detail. Nicht nur die Gotteshäuser schaffen mit religiösen Symbolen und Kunstwerken, dem Klang der Orgelmusik und Chöre den entsprechenden Rahmen, auch die Priester in ihren auffallenden Gewändern bilden eine optische Inszenierung. Der Ablauf eines religiösen Rituals ist, nüchtern betrachtet, zu einem großen Teil mehr Show als Inhalt (zumal der religiöse Inhalt sich wiederholt und selten Neues bieten kann). Das zieht sich durch alle Religionen, ob Christentum, Hinduismus oder Naturreligionen. Sogar der Dalai Lama ist auf seine Art inszeniert. Auch weltliche Führerschaft von Königen oder Präsidenten wird seit Menschengedenken inszeniert. Und auch beim Besuch des Vorstandsvorsitzenden eines Weltkonzerns wird oft ein Aufwand betrieben, der nichts mehr mit den Inhalten allein zu tun hat. Es geht vor allem um Macht. Doch die Macht ist – zumindest bei den Guten – nicht Selbstzweck.

Kleider machen Leute

Wir respektieren leichter Menschen, die eine gewisse Macht symbolisieren. Das beginnt schon bei Trägern von Uniformen oder Habit, wie Piloten, Polizisten und Nonnen. Sicher, in Deutschland ist historisch bedingt eine gewisse Skepsis mit Uniformen verbunden. Trotzdem wirken sie und andere Machtsymbole nachweislich als Kompetenz- und Vertrauensbeweis. Das gilt übrigens auch für die dezenteste Variante der Uniform: den Business-Anzug.

Selbstinszenierung ist nichts Verwerfliches. Die Frage ist vielmehr: Wie viel Inszenierung ist genug und ab wann ist es zu viel? Ein Bereichsleiter darf sich sicher nicht stärker inszenieren als der Vorstandsvorsitzende. Er darf aber sicher mehr »hermachen« als ein Projektleiter. Verstehen Sie mich richtig: Es geht um kleine Details, die eine Wirkung haben, nicht darum, in Robe oder Uniform oder mit einem Feuerwerk und Marschmusik Ihre Präsentation einzuleiten. Oder wie Gottschalk und Silbereisen im Fernsehen zu Klängen von Robbie Williams oder

Marianne und Michael die Showtreppe herunterzusteigen. Andererseits: Was wären die meisten Stars ohne Inszenierung? Dirk Bach, die bunte Moderatoren-Kugel aus dem Dschungelcamp, Stefan Raab mit Jeans und Cord-Jackett, Otto Waalkes als hüpfende Blondine, Cindy aus Marzahn mit »Alzheimer-Bulimie« oder Harald Schmidt und sein perfider Zynismus – jeder Star inszeniert sich auf seine Weise und wird damit einzigartig.

Selbstinszenierung und Inszenierung Ihrer Präsentation sind erlaubt und erzeugen Wirkung.

Was können Sie beeinflussen und was ist sinnvoll? Das hängt von der jeweiligen Situation ab, denn in den Räumen Ihrer Firma oder einem angemieteten Konferenzsaal können Sie anders planen, als wenn Sie bei Ihrem Kunden zu Gast sind.

Einladung

Wertschätzen Sie Ihre Teilnehmer von Anfang an dadurch, dass Sie ihnen eine offizielle und als solche titulierte Einladung senden. In der Einladung steht – neben den üblichen Angaben zu Ort, Zeit usw. – die geplante Teilnehmerliste mit der Bitte um Zu- und Absage. Vor allem: Informieren Sie jeden Teilnehmer darüber, was Sie von ihm erwarten. Kann er sich vorbereiten und wenn ja, wie? Soll er einen Beitrag leisten? Geben Sie die Inhalte (Agenda) an, wenn dies für die Vorbereitung sinnvoll ist. Nur: Verraten Sie in der Einladung nichts, was Ihrer Präsentation die Spannung nehmen könnte.

Findet Ihre Präsentation außerhalb des Büro-Umfeldes statt, beispielsweise am Abend oder Wochenende, dann ist auch ein

Hinweis zur Kleiderordnung eine Hilfestellung für die Teilnehmer. Dann ist auch die Auskunft relevant, ob es etwas zu essen gibt, verbunden mit der Erkundigung, ob einer der Teilnehmer Vegetarier, Veganer oder Allergiker ist. Mit einer formellen Einladung werten Sie nicht nur die Teilnehmer auf, sondern auch die Bedeutung Ihrer Präsentation.

Durch die Form der Kommunikation wird meist mehr Wertschätzung transportiert als durch den Inhalt.

Übrigens: Manche Kollegen werden eingeladen, »damit sie nicht beleidigt sind«. Letztlich nervt das beide Seiten und kostet Zeit und Geld. Überlegen Sie genau, wen Sie bewusst nicht einladen oder wem Sie es freistellen zu kommen. Umgekehrt haben nämlich viele das Gefühl, einer Präsentationseinladung folgen zu müssen, die sie überhaupt nicht interessiert. Sprechen Sie mit diesen Personen, damit keine Eitelkeiten verletzt werden, sich aber auch niemand zum Kommen verpflichtet fühlt, dessen Anwesenheit nicht unbedingt notwendig ist.

Raum und Einrichtung

Sie haben oft bis zu einem gewissen Grad die Möglichkeit, den Raum zu gestalten. Nur in wenigen Branchen sind Blumen auf dem Tisch oder gar Räucherstäbchen die richtige Wahl. Als Seminarleiter kenne ich den Unmut der Teilnehmer, wenn es bei den Getränken, der Klimaanlage oder auch nur der Garderobe etwas zu mäkeln gibt. Auch wenn ich darauf keinen Einfluss habe, weil ich zu Gast in einem Hotel oder beim Kunden bin, überträgt sich die Stimmung auf die Gruppe und die gesamte Veranstaltung. Je mehr dieser kleinen Fehlerquellen Sie ausschalten können, desto besser. Die häufigsten Themen für schlechte Stimmung sind:

- Klimaanlage und Heizung
- Lüftung: Sind die Fenster zu öffnen, welcher Lärm herrscht vor dem Fenster? Zieht es?
- Lärm von außerhalb des Gebäudes oder aus Nebenräumen und Fluren
- Garderobe nicht nah oder sicher
- Unbequeme Stühle
- Verpflegung: von Getränken über Kekse und Snacks bis zum Mittagessen
- Kein adäquates Speisenangebot für Vegetarier, Veganer oder Allergiker
- Zu wenige oder zu kurze Pausen
- Störungen durch Zuspätkommer, Handyklingeln, Telefonate oder durch Kollegen, die auf dem Laptop tippen
- Parkplatzsuche
- Enge im Raum

Um den Raum optimal zu gestalten, klären Sie die Aspekte, die Sie nicht selbst organisieren, mit der zuständigen Person. Scheuen Sie sich nicht, stets das Optimale zu verlangen; wenn es unmöglich ist, wird man es Ihnen sagen. Auch wenn Sie selbst nicht für alle Dinge verantwortlich sind, wird negative Stimmung auf Sie übertragen. Ordnen Sie im Raum alles so an, dass jeder Teilnehmer die optimalen Voraussetzungen vorfindet und Sie sich zum einen wohl fühlen und zum anderen perfekt präsentieren.

Auch wenn die Gründe nicht in Ihrer Verantwortung liegen: Unzufriedenheit des Publikums überträgt sich auf Sie.

Leinwände bzw. Projektionsflächen sind leider meist in der Mitte der Stirnseite des Raumes angebracht. Das ist eine Denkweise von Planern und Technikern, die nicht wissen, was bei einer Präsentation wirklich wichtig ist. Das Wichtigste sind Sie als Präsentator. Sollten Sie die Möglichkeit haben, den Standort der Leinwand zu beeinflussen, stellen Sie sie seitlich an der Stirnwand auf, sodass Sie selbst in der Mitte stehen können. Die Projektionsfläche sollte auch nicht so groß wie möglich sein, sondern so groß, dass die am weitesten entfernt Sitzenden Ihre Folien gut lesen können, Sie selbst aber der optische Fokus bleiben. Bei Hallen sind zwei Leinwände links und rechts der Bühne ideal.

Der Tisch, auf dem der Beamer steht, darf Ihre Bewegungsfreiheit nicht beeinträchtigen und Sie nicht verdecken. Er steht idealerweise, entsprechend der Leinwand, ebenfalls seitlich. Wenn dies nicht möglich ist, sollten Sie einen möglichst kleinen Tisch verwenden, der nicht höher als ein Schreibtisch ist. Sie sollten guten Blickkontakt zu Ihrem Laptop oder PowerBook haben, um die Folien zu sehen, ohne sich umdrehen zu müssen. Von Rednerpulten halte ich nur in ganz seltenen Fällen etwas, beispielsweise bei Hauptversammlungen oder Politkern. Keinesfalls bei einer Präsentation.

Ihre Bühne ist so frei wie möglich. Der kleine Beamer-Tisch, gegebenenfalls ein Flipchart oder Whiteboard und sonst möglichst nichts. Große Tische räumen Sie weg. Benötigen Sie eine Ablage, steht diese seitlich an der Bühne, nicht vor Ihnen. Denn alles, was Sie vor sich aufbauen, ist eine Barriere, die die Distanz zwischen Ihnen und dem Publikum vergrößert.

Jede optische oder physische Barriere trennt Sie ein Stück mehr von Ihrem Publikum.

In den folgenden Abbildungen zeige ich Ihnen die optimalen Positionen für verschiedene Präsentationssituationen.

Präsentation im Saal

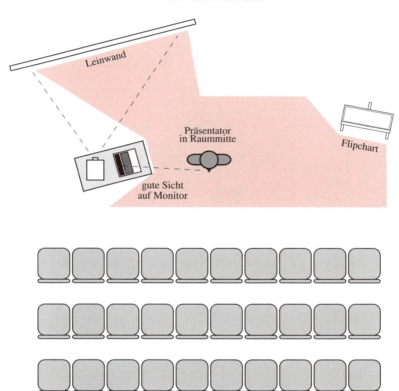

© 2011, Michael Moesslang

Wenn Sie mit Kinobestuhlung präsentieren, steht die Leinwand seitlich und Sie stehen in der Mitte. Der rosafarbene Bereich ist Ihr Bewegungsbereich. Das Flipchart steht links von Ihnen, wenn Sie Rechtshänder sind. Der ideale Abstand von Ihnen zum Publikum beträgt 150 cm. Sichtprobleme von manchen Sitzen auf die Leinwand lassen sich leider nie ganz vermeiden.

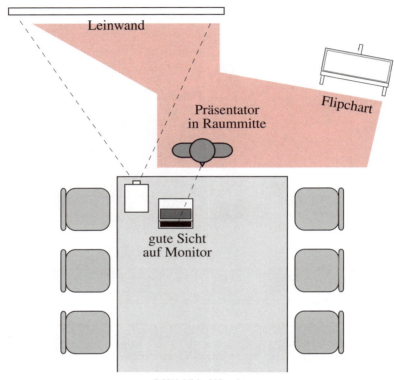

© 2011, Michael Moesslang

Wenn Sie am Konferenztisch präsentieren, stehen Sie ebenfalls in der Mitte des Raums. Lassen Sie sich nicht in die Ecke drängen. Die Projektion muss nicht die ganze Leinwand ausfüllen, je nach Raumgröße reicht eine Bilddiagonale von 150– 200 cm. Entfernen Sie den Stuhl am Kopfende, wenn er Ihren Bereich stört. Ihr Aktionsradius ist wieder rosa markiert.

Kapitel 9 Die meisterhafte Inszenierung

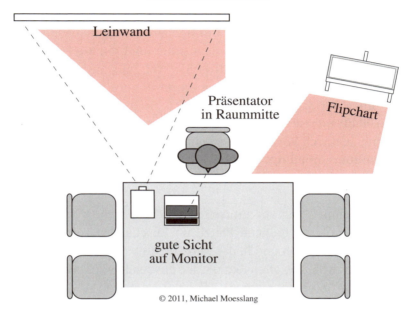

Wenn Sie vor ein oder zwei Personen im Sitzen präsentieren, versuchen Sie, nicht gegenüber, sondern im rechten Winkel oder nebeneinander zu sitzen. Nutzen Sie jedoch Gelegenheiten zum Aufstehen: Im Stehen ist Ihre Wirkung immer besser. Auch hier reicht eine kleine Bilddiagonale, schließlich sitzen alle sehr nah an der Leinwand.

Licht, Sicht und Sitzordnung

Moderne Beamer sind so lichtstark, dass eine Verdunkelung nicht mehr nötig ist. Überprüfen Sie die Möglichkeiten des Lichts. Direkter Lichteinfall auf der Leinwand, insbesondere Sonnenstrahlen, stört die Präsentation. Achten Sie trotzdem und insbesondere darauf, dass Sie stets gut zu sehen sind, also im Licht stehen. Bei Räumen, in denen die Fenster gegenüber der Stirnseite liegen, sehen Sie die Teilnehmer nur als Schattenriss. Vermeiden Sie derartige Räume oder versuchen Sie, durch Vorhänge und helleres Licht gegenzusteuern. Sie sollten unbedingt in die Gesichter Ihres Publikums sehen können.

Meine Empfehlung vor Eintreffen der Teilnehmer: Setzen Sie sich auf unterschiedliche Plätze im Zuschauerbereich, vorne und hinten, seitlich und in der Mitte. Achten Sie zum einen darauf, ob man Sie von allen Plätzen aus gut sehen wird, auch dann, wenn alle Teilnehmer sitzen. Gleichzeitig nehmen Sie den Raum wahr, nehmen ihn als Ihren Raum an, in dem Sie sich wohlfühlen werden.

Schaffen Sie mit Ihrer Position zum Publikum eine gute Atmosphäre: Nähe statt Distanz.

Wenn Sie Einfluss auf die Sitzordnung haben, gelten einerseits die Regeln der Etikette – die sehr komplex sein können und deshalb hier nicht ausführlich eingeführt werden. Andererseits spielen auch gruppendynamische Einflüsse eine Rolle: zum Beispiel, wer mit wem kann oder nicht. Achten Sie darauf, dass sich nicht zwei Lager bilden: auf dieser Seite der Kunde, auf der anderen Seite Sie und Ihr Team. Eine Mischung lockert die Atmosphäre. Wenn Sie eine Präsentation im kleinen Rahmen geben, bei der nur Sie und wenige andere Personen am Tisch sitzen, dann setzen Sie sich nicht gegenüber, sondern über Eck oder nebeneinander – Kooperation statt Konfrontation. Schwierig zu beeinflussen ist lediglich ein Saal mit 100 Stühlen und nur 50 Zuhörern, denn diese sitzen dann meist sehr verteilt. Räumen Sie, wenn möglich, vorher Stühle aus dem Raum oder sperren diese durch Schilder oder Absperrbänder. Es ist für die Atmosphäre und die Akustik besser, wenn die 50 Anwesenden in den vorderen Reihen sitzen. Tische vor den Teilnehmern vergrößern den Abstand zwischen Präsentator und Publikum und behindern die Atmosphäre. Entfernen Sie diese, wenn die Teilnehmer nicht viel schreiben müssen.

Kleidung und Accessoires

Hitchcock trug stets einen Anzug. Das war selbst für die damalige Zeit ungewöhnlich, zumindest beim Drehen und im Studio. Er wusste um die Wirkung und Ausstrahlung der richtigen Kleidung. Und sie wurde zu einem seiner Markenzeichen. So sehr, dass es sogar zum Gesprächsthema wurde, als er zu den Dreharbeiten der Sprühflugzeug-Szene in *Der unsichtbare Dritte* nur im Poloshirt erschien. Es hatte 45 Grad Celsius!

Wenn Sie präsentieren, haben die Teilnehmer viel Zeit, Sie in Ruhe zu betrachten. Tragen Sie entsprechend angemessene Kleidung, die eher konservativ und klassisch ist, statt zu leger und sportlich. Was genau richtig ist, hängt natürlich von Ihrer Branche, Firma und Position ab. Vermeiden Sie Accessoires, die Ihren Status senken: Handy am Gürtel, Diddlmäuse an der Aktentasche oder bunte Aufkleber auf dem Laptop. Seien Sie auch vorsichtig mit Statussymbolen, wo diese auf das Publikum übertrieben wirken können, wie eine teure Uhr oder eine Aktentasche von Prada. Im Gegenteil: Überlegen Sie sehr genau, wie Sie sich inszenieren wollen. Mit Ihrer Kleidung und den Accessoires haben Sie die Möglichkeit dazu. Mit Übertreibungen können Sie Ihr Image genauso schädigen wie mit Understatement. Je eleganter Ihr Outfit ist, desto mehr Kompetenz, Glaubwürdigkeit und Souveränität vermitteln Sie. Je legerer, desto mehr Nähe und Kumpelhaftigkeit. Mal ist das eine besser, mal das andere – wägen Sie bewusst und situativ ab.

Ihr Äußeres sollte makellos sein, deshalb ist vor Beginn der Präsentation ein Check im Spiegel ratsam. Wenn Sie allerdings vorher nicht bemerkt haben, dass Ihr Krawattenknoten verrutscht ist, Ihr Hemd aus der Hose schaut, Ihr Make-up verschmiert oder gar ein Fleck auf dem Hemd ist: Ignorieren Sie es! Lassen Sie sich dadurch nicht aus der Ruhe bringen, sprechen Sie es nicht an, korrigieren Sie es nicht sichtbar vor dem Publikum. Es gibt Schlimmeres, und Sie vermeiden es, den Fehler auch noch zum Mittelpunkt der Aufmerksamkeit zu machen.

Kleiden Sie sich lieber etwas konservativer als die anderen, das steigert Ihre Wirkung und Glaubwürdigkeit.

Neben Ihrem eigenen Erscheinungsbild werden Sie in der einen oder anderen Situation auch das Unternehmen sichtbar präsentieren. Stellen Sie Rollup-Banner und Ähnliches jedoch immer so auf, dass Sie auf der Bühne nicht gestört werden und die Sicht auf Sie und die Leinwand nicht eingeschränkt wird. Wenn Sie möchten, dass die Teilnehmer nach Ihrem Vortrag Prospekte mitnehmen oder Bücher, CDs etc. kaufen, dann bauen Sie den Verkaufstisch so auf, dass er während der Präsentation sichtbar ist und möglichst nahe am Ausgang liegt. So können sich die

Teilnehmer schon während der Präsentation vornehmen, dort später vorbeizuschauen.

Dekoration im Raum – Blumen, Objekte, Strahler, Musik etc. – ist stark von der Situation abhängig. Organisieren Sie eine Hauptversammlung, gehört dies zur Pflicht, bei der internen Präsentation einer Software-Schmiede ist es übertrieben. Empfangen Sie einen Kunden, ist Repräsentation ein ernst zu nehmender Aspekt, und Blumen, schöne Gläser oder ein kleines Buffet können durchaus für die richtige Atmosphäre sorgen. Stets gilt, dass Show nie zum Selbstzweck verkommen darf – doch zu wenig Show ist eine verpasste Chance für die richtige Inszenierung.

Technik

Mit wachsender Komplexität der Technik gibt es immer mehr Dinge, die vorbereitet werden müssen. Überprüfen Sie vor Beginn der Präsentation stets, ob alle technischen Geräte einwandfrei funktionieren. Verlassen Sie sich auch nie ausschließlich auf den Akku Ihres Rechners, auch wenn er noch fünf Stunden Restlaufzeit anzeigt. Achten Sie darauf, dass es im Präsentationsmodus – vor allem, wenn Sie beispielsweise etwas in einem Web-Browser demonstrieren – keine Meldungen gibt: Virenscanner, Skype und dergleichen müssen deaktiviert sein. Ich vermeide es auch, auf fremden Rechnern zu präsentieren, obwohl es mit einem USB-Stick so einfach wäre. Man kennt den fremden Rechner nicht und weiß nicht, wie man bei Meldungen oder Problemen reagieren soll. Verwenden Sie also, wo immer es möglich ist, Ihren eigenen, vertrauten Rechner.

Fernbedienungen sollten immer so klein wie möglich sein, damit sie Ihre Gestik nicht einschränken. Sie sollten auch so einfach wie möglich zu bedienen sein und nur die wirklich nötigen Funktionen bieten. Das schränkt mögliche Fehlerquellen ein. Aus denselben Gründen rate ich auch davon ab, mit Ihrem iPhone oder iPad zu präsentieren, auch wenn das heute technisch durchaus möglich ist.

Reduzieren Sie Probleme mit der Technik durch den richtigen Einsatz und eine umfangreiche Kontrolle im Vorfeld.

Für den Ton gibt es phantastische kleine Lautsprecher, die für ein Publikum von 20 oder 30 Personen ausreichen, denn die Lautsprecher des Computers oder Beamers sind dafür meist ungenügend. Testen Sie aber vorher, ob alles gut zu verstehen ist. Ein Mikrophon sollten Sie – je nach Akustik des Raumes und Ihrem Stimmvolumen – erst ab 70 oder 100 Personen verwenden. Werden Sie nämlich zu laut übertragen, ermöglicht das eine Atmosphäre für Flüstern und Schwätzen. Zudem sind die Fragen aus dem Publikum dann vergleichsweise leise.

Erstellen Sie eine eigene Checkliste für alle Belange der Technik und Ausstattung. Sonst vergessen Sie vor der Präsentation, wenn Sie womöglich etwas aufgeregt sind oder der Ablauf hektisch wird, möglicherweise ein Detail. Meldungen vom Virenscanner, ein nicht angeschlossenes Netzteil, falsch eingestellte Lautstärke oder leere bzw. fehlende Stifte am Flipchart – alles, was Sie vorher nicht geprüft haben, kann Sie während der Präsentation aus dem Konzept bringen.

Und noch mal: It's Showtime

Eine Präsentation darf eine Show sein. Ich wiederhole das aus einem bestimmten Grund: Generell fällt mir immer wieder auf, dass bei den allermeisten Präsentationen Chancen verpasst werden. Aus mangelnder Aufmerksamkeit für die in diesem Kapitel angesprochenen Dinge, aus Angst, es womöglich zu übertreiben, aus Angst, die Veranstaltung oder Besprechung zu formell zu gestalten, aus Zeit- und Kostenmangel etc. wird den äußeren Umständen zu wenig Aufmerksamkeit geschenkt. Manchmal werden auch bewusst die lässigeren und bequemeren Wege eingeschlagen. Dabei frage ich mich, warum viele Menschen Angst davor haben, zu steif oder konservativ zu wirken – und dabei gleichzeitig viel zu locker und leger sind? Ist es die Macht der Gewohnheit und der Mangel an Zeit? Dann ist es eine Frage der Prioritäten: Gewohnheiten können geändert werden und Zeit kann man sich nehmen. Oder hat es mit mangelndem Selbstwertgefühl, mit Unsicherheit zu tun? Da gibt es wirkungsvolle Abhilfe[10]. Hat es damit zu tun, dass das Umfeld es ebenso macht? Erstaunlich, dass diejenigen, die den Schritt wagen, immer wieder Erfolg haben und Karriere machen! Was hindert Sie wirklich daran, alle Register zu ziehen und das Optimale aus Ihrer Präsentation zu machen? Wagen Sie jetzt die Veränderung!

Mein Vorschlag: Steigern Sie sich von Mal zu Mal. Setzen Sie jedes Mal ein wenig mehr ein: mehr Details, mehr Show, mehr formelle Elemente. Sie werden sehen: Ihre Wirkung von Kompetenz und Ihre Überzeugungskraft werden steigen. Selbst in Ihrem bekannten Umfeld wird die Wirkung eine andere, bessere sein. Privat können Sie gern locker und leger sein, aber beim Präsentieren führt das Gegenteil viel häufiger zum Ziel.

---

[10] In meinem Buch *Professionelle Authentizität* erläutere ich mehrere wirkungsvolle Methoden, mit Aufregung, Unsicherheit und Lampenfieber richtig umzugehen.

In aller Kürze

- Selbstinszenierung ist nichts Verwerfliches – im Gegenteil: Sie ist nötig und sinnvoll. Setzen Sie alle Details bewusst und mit dem Ziel ein, Ihre Kompetenz, Überzeugungskraft und Glaubwürdigkeit zu steigern.

- Wählen Sie die Teilnehmer auch bei internen Präsentationen bewusst aus und laden Sie sie formell ein, um Ihre Wertschätzung zu zeigen und die Bedeutung der Präsentation zu betonen.

- Kümmern Sie sich persönlich um alles, was Sie positiv beeinflussen können. Jede Unzufriedenheit des Publikums mit den äußeren Gegebenheiten fällt letztlich auf Sie zurück und beeinflusst die Stimmung negativ.

- Achten Sie auf eine freie Bühne und möglichst wenige Barrieren zwischen sich und dem Publikum, denn Nähe schafft Vertrauen.

- Wenn etwas schiefläuft, beispielsweise ein zu spät bemerkter Fleck auf der Kleidung, sprechen Sie es nicht an – sonst richten Ihre Zuhörer erst recht die Aufmerksamkeit darauf.

- Prüfen Sie alle technischen Details im Vorfeld mit einer eigenen Checkliste, damit keine Störung Sie während der Präsentation aus dem Konzept bringt.

3. Akt – Am Set

Kapitel 10

Redekunst im Rampenlicht

Die richtige Rhetorik macht's

Hitchcocks Lehrjahre fielen noch in die Stummfilmzeit. Auch in späteren Szenen waren seine Bilder oft stärker als der Dialog, und er kam häufig ganz ohne Worte aus. Die Dialoge aber waren perfekt formuliert, und nicht selten waren darin Hinweise auf wichtige Zusammenhänge oder Lösungen versteckt. Sprache ist ein äußerst wirkungsvolles Werkzeug.

Ich möchte Sie jetzt bitten, sich die folgende Szene vorzustellen. Es geht um den Film *Bei Anruf Mord*, ebenfalls ein Werk von Meister Hitchcock. Vielleicht kennen Sie ihn ja und erinnern sich? Also: Die attraktive Grace Kelly spielt darin eine vermögende Ehefrau, die ihr Mann Tony – er hat mitbekommen, dass sie ihn mit einem amerikanischen Schriftsteller, gespielt von Robert Cummings, betrügt – ermorden lassen will. Sie ist sehr verliebt in ihren Liebhaber und möchte sich auch nicht trennen. Der Ehemann erpresst einen Mörder, die Tat zu begehen, was deswegen funktioniert, weil dieser in letzter Zeit mit wechselnden Namen sehr viele kleinere Betrügereien an Frauen, Vermietern und anderen Opfern verübt hat und auch früher schon öfter Ärger mit der Polizei hatte. Tony hat dies alles herausgefunden. Der Mörder ziert sich zwar trotz der Erpressung, will am liebsten mit der Sache nichts zu tun haben, doch die 1.000 Pfund, die ihm geboten werden, reizen ihn schließlich doch. Sie kennen sicher diese Art von Bösewichten in Filmen: schwarzhaarig, mit Schnauzbart und finsterem Blick. Der Mörder soll sich also zu einer bestimmten Zeit in die Wohnung schleichen, hinter einem Vorhang verstecken und dort warten. In dem Moment, als der Ehemann, der zusammen mit dem Liebhaber seiner Frau auf einem Männerabend ist, durch einen Anruf seine Frau aus dem Schlafzimmer ans Telefon lockt, soll der Mörder sie erwürgen. Das Telefon steht nämlich direkt vor dem Vorhang. Das Vorhaben klappt aber nicht so ganz, denn das potenzielle Opfer greift nach einer Schere und ersticht ihrerseits den Mörder und sie überlebt.

Die Beschreibung dieser Szene aus *Bei Anruf Mord* aus dem Jahr 1954 ist absolut korrekt. Doch hat sie bei Ihnen was bewegt? Vermutlich nicht, da Sie bemüht waren, die langen, beschreibenden Sätze zu verstehen und sich das Ganze vorzustellen. Sicher sind dabei Bilder entstanden oder Sie haben sich an die Bilder des Films erinnert. Doch die Konzentration auf die Zusammenhänge hat vermutlich verhindert, Stimmung und Spannung aufkommen zu lassen. Das liegt an der Sprache: Wortwahl, Satzbau, Nebensätze. Während Sie beim Lesen die Möglichkeit haben zurückzuspringen, den Satz noch mal zu kontrollieren, fehlt Ihnen diese bei einer Präsentation. Und trotzdem erlebe ich diese Ausdrucks- und Erzählweise fast täglich.

Die Form der Sprache macht eine Geschichte alltäglich oder lässt uns emotional eintauchen.

Es geht besser: *Bei Anruf Mord*, ein Hitchcock-Film von 1954. Fast alle Szenen bis zum Mord spielen in einer eleganten alten Wohnung in London. Grace Kelly als Margot ist mit dem ehemaligen Tennis-Profi Tony (Ray Millard) verheiratet. Doch sie hat

3. Akt – Am Set

ein Verhältnis mit dem amerikanischen Schriftsteller Mark. Sie ahnt nicht, dass Tony das weiß. Dieser hat zunächst versucht, sie durch eine fingierte Erpressung zur Beichte zu bewegen. Als Mark nach einem längeren USA-Aufenthalt nach England zurückkommt, will Tony einen lange ausgeheckten Plan umsetzen. Er lockt einen früheren Studienkollegen unter einem Vorwand zu sich. Der ist ein kleiner Betrüger. Tony hat ihn genau ausspioniert. Er hat Frauen betrogen, Mieten nicht bezahlt, wechselt ständig seinen Namen! Ein typischer Kleinganove, schwarzhaarig mit Schnauzbart und finsterem Blick. Tony lockt ihn in die Falle. In einem langen Dialog macht er ihm klar, dass er ihn jederzeit der Polizei ausliefern könnte. Damit erpresst er ihn. Er erpresst ihn, seine Frau zu ermorden. Er erklärt jedes Detail. Den Mord. Die Tarnung des Mordes als Raub. Die Flucht. Und Tonys eigenes Alibi: Er ist zur Tatzeit mit dem Liebhaber Mark in einem Herrenclub. Er bietet dem Ganoven obendrein 1000 Pfund. Das entspricht heute fast 3000 Euro.

Am nächsten Abend ist es so weit. Der Mörder schleicht sich in die Wohnung. Alles ist dunkel. Margot liegt im Bett und schläft. Der Mörder versteckt sich. Alles läuft wie vereinbart. Er wartet auf den Anruf. Mit seinem Schal will er Margot erwürgen. Dann: Tonys Anruf verspätet sich. Der Mörder wird unruhig, will die Wohnung verlassen. Dann endlich läutet es. Jetzt muss es schnell gehen. Wieder hinter den Vorhang. Margot erwacht, steht auf. Sie geht zum Telefon. »Hallo«, meldet sie sich. Niemand antwortet. »Hallo«, fragt sie nochmals. Einige Male noch. Der Mörder steht schon hinter ihr. Den Schal fest in seinen Händen. Margot senkt den Hörer. Da wickelt er ihr den Schal um den Hals. Er würgt sie. Sie wehrt sich. Ein Kampf. Er drückt sie auf den Schreibtisch. Sie versucht zu schreien. Da bekommt sie eine Schere zu fassen. Sie sticht sofort zu. Die Schere steckt im Rücken des Mannes. Dieser lässt ab, versucht die Schere zu greifen. Margot rutscht zu Boden, keucht. Der Mann windet sich, fällt zu Boden. Durch den Sturz bohrt sich die Schere vollends in seinen Rücken. Tot!

Mit Sprache Bilder malen

Wenn Sie diese beiden Absätze mit dem ersten vergleichen, werden Sie einige Unterschiede feststellen. Die Sätze sind kürzer. Es gibt nur zu Beginn einen Nebensatz (Setting), später so gut wie keinen mehr. Wenn es zum Kampf kommt, die Momente in denen sich die Ereignisse dicht aneinander reihen, werden die Sätze sehr kurz: »Er würgt sie. Sie wehrt sich. Ein Kampf.« Der Ablauf ist, anders als bei der ersten Version, absolut chronologisch. Chronologisch zumindest in der Beschreibung dessen, was da passiert. Und genau das ist es auch: eine klare Beschreibung. Keine Interpretationen, keine Abhängigkeiten im Ablauf und nichts, was man nicht sehen oder hören kann. Mit dieser beschreibenden Sprache entstehen automatisch Bilder im Kopf des Zuhörers, deswegen heißt sie Bildersprache.

Um Bilder zu malen, brauchen Sie beim Sprechen andere Techniken als beim Schreiben.

Machen Sie das Experiment und lesen Sie jemandem diese beiden Texte laut vor. Fragen Sie anschließend nach der Wirkung: Welche Bilder und Emotionen wurden erzeugt? Wie spannend war es? Fragen Sie auch nach den Inhalten: Wie gut wurde die Szene verstanden? Was ist hängen geblieben? Das Ergebnis wird eindeutig sein: Die Bildersprache bewirkt mehr.

Das gilt nicht nur für einen Film. Das gilt immer dann, wenn Sie Aufmerksamkeit, Spannung sowie Bilder und damit Emotionen erzeugen wollen. Wie alles andere ist auch das eine Trainingssache. Sprechen haben wir alle gelernt. Die meisten Menschen sprechen aber unbewusst und denken wenig über die Wirkung des Satzbaus oder der einzelnen Worte nach. Inhaltsorientiert statt wirkungsorientiert. Wirkungsvoll zu sprechen ist für die meisten Menschen neu und muss erst erlernt werden. Erzählen Sie Ihrer Partnerin/Ihrem Partner die Erlebnisse des Tages, um diese Sprache zu üben. Experimentieren Sie mit Pausen, Betonungen und unterschiedlichen Formulierungen. Finden Sie Ihren Stil.

Weiche Rhetorik

Die sogenannte »weiche Rhetorik« drückt Unsicherheit aus und hinterlässt diese entsprechend beim Zuschauer. Viele setzen sie in dem Glauben ein, weniger dominant, aber sanfter und höflicher zu erscheinen. Betrachten Sie bitte noch einmal die beiden Varianten der Beschreibung des Films am Anfang dieses Kapitels. Zusätzlich zur Erzählung waren in der ersten Version typische kleine Anmerkungen eingebaut: »Ich möchte Sie jetzt bitten, dass Sie sich die folgende Szene vorstellen.« »Vielleicht kennen Sie ihn ja und erinnern sich? Also: ...« »Sie kennen sicher diese Art von Bösewichten in Filmen: ...« Alles Aussagen, wie sie oft in Präsentationen verwendet werden. Was ist schlecht daran? Es sind Weichmacher, Kleinmacher und versteckte schwache oder falsche Botschaften.

Weiche Rhetorik lässt uns unsicher und wenig kompetent wirken.

Das passiert uns häufig, einfach so. Wir denken zu wenig darüber nach, wie wir die Dinge formulieren. Wir hören auch von anderen ständig diese weiche Rhetorik und sind schlicht daran gewöhnt. Hier einige Beispiele:

Formulierung	Begründung und Alternative
Ich möchte Sie bitten, …/Ich möchte mich bedanken bei …	Möchten Sie oder tun Sie es? Dann sagen Sie doch gleich »Ich bitte Sie …« oder »Ich bedanke mich bei …«
Darf ich Sie bitten …	Sie dürfen jederzeit und jeden bitten, da brauchen Sie nicht erst zu fragen. Er oder sie kann ja schließlich ablehnen. Also ohne Umschweife: »Bitte ….«
Darf ich Sie etwas fragen?	Sie haben ja sowieso bereits eine Frage gestellt, fragen Sie doch gleich, was Sie wirklich fragen möchten. Diese Formulierung kann allerdings in bestimmten Situationen zur Steigerung der Spannung eingesetzt werden, aber nur, wenn die Sprechweise stimmt und Pausen richtig verwendet werden.
Sie sollten sich überlegen, ob …	Besser direkt: »Überlegen Sie sich bitte, ob …« oder »Ich empfehle Ihnen …«
Ich würde das so stehen lassen.	Lassen Sie oder nicht? »Ich lasse das so stehen!« Mit Ausrufezeichen.
Ich versuche …	Versuchen Sie bitte, sich auf einen Stuhl zu setzen. Entweder Sie setzen sich oder nicht, etwas zu versuchen ist ein verstecktes »Schaff ich sowieso nicht!«
Ich glaube …	Zu glauben heißt, nicht zu wissen. Wenn Sie eine Meinung haben, drücken Sie diese auch aus: »Ich bin überzeugt, dass …« »Ich sehe das so: …«
Vielleicht kennen Sie ja …/Ich weiß nicht, ob Sie … kennen.	Dann fragen Sie doch! Um die Interaktion zu steigern, das Publikum zu aktivieren und einzubinden und um selbst einen Überblick zu bekommen, wie viele etwas kennen, fragen Sie direkt »Wer von Ihnen kennt …?« und lassen per Hand aufzeigen.

3. Akt – Am Set

Formulierung	Begründung und Alternative
Vielleicht könnten Sie ja bitte ...	Klingt ganz schön unterwürfig, oder? Sagen Sie stattdessen »Ich bitte Sie ...«
Entschuldigen Sie, darf ich meine Meinung dazu sagen?	Wie weit unten in der Hierarchie stehen Sie, dass Sie so betteln müssen? Sagen Sie direkt »Meine Meinung dazu ist ...«
vielleicht/eigentlich/ mehr oder weniger	Sehr häufig überflüssige Floskeln. Es gibt wenige Zusammenhänge, in denen diese Wörter tatsächlich gebraucht werden, meist sind sie unnötige Weichmacher.
Sie kennen sicher .../ Sie haben doch auch gestern .../Jeder kennt doch ...	Publikum reagiert mitunter sehr empfindlich auf derartige Unterstellungen. Und selbst wenn es nur ein inneres »Nein, ich nicht!« ist, kann das schon zu einem Minuspunkt auf Ihrem Konto werden. Fragen Sie: »Kennen Sie ...?«, »Haben Sie gestern ...?«
Wie doch jeder weiß .../Bekanntlich ist es ja so, dass ...	Ach, das weiß wirklich jeder? Warum erwähnen Sie es dann überhaupt, dann sollte das doch kein Diskussionspunkt sein. Oder wollen Sie jemanden dumm aussehen lassen, weil er der Einzige ist, der das nicht weiß?
Da sage ich ganz ehrlich.	Ah, jetzt sind Sie ehrlich? Und sonst? Wenn Sie immer ehrlich sind – oder das zumindest vorgeben, dann betonen Sie nicht die Ehrlichkeit einzelner Aussagen.
Ich muss schon sagen: ...	Warum müssen Sie? Es steht Ihnen doch frei, etwas zu sagen. Oder zwingt Sie jemand?
Man hat das gemacht.	»Man« anstelle von ich, wir oder einer bestimmten Person ist schlicht unpersönlich, zeugt von Unsicherheit und ist zudem eine unzulässige Verallgemeinerung. »Ich habe das gemacht« ist eindeutig.

Weiche Rhetorik lässt Sie schwach wirken, wenig kompetent. Das kommt bei manchen Zielgruppen sympathischer an, von anderen wird es als Unvermögen ausgelegt. Wenn Sie kompetent, zielstrebig und sicher wirken wollen, dann verwenden Sie klare und direkte Formulierungen. Achten Sie gezielt darauf, was andere sagen und wie das wirkt. Wenn Sie auf weiche Rhetorik stoßen, dann denken Sie sich eine bessere Formulierung aus. Das trainiert Sie, es selbst besser zu machen.

Dominante Rhetorik

Auch besonders starke (im Sinne von dominanter) Rhetorik ist kontraproduktiv. Das Publikum reagiert sehr empfindlich auf folgende Floskeln, die meist ebenfalls unbewusst eingesetzt werden.

Formulierung	Begründung und Alternative
Da gebe ich Ihnen Recht.	Ein Zeichen von Dominanz: Sie erwecken den Eindruck, darüber urteilen zu dürfen, wer Recht bekommt. Kritisch bei Kunden und Vorgesetzten; Dominanzinstrument gegenüber Mitarbeitern. »Ja, das sehe ich auch so« ist positiver.
Das müssen Sie ausprobieren.	Auch das Publikum muss nichts. Ausnahme ist ein abhängiges Müssen: »Wenn Sie X erreichen wollen, müssen Sie dazu ...«
Sie wollen doch auch ...	Eine suggestive Unterstellung, die oft im Vertrieb eingesetzt wird, aber durchaus problematisch in der Reaktion sein kann: »Nein, will ich nicht!« Fragen Sie stattdessen offen: »Wollen Sie ...?«

Die Wahl der Worte

Die deutsche Sprache kennt weit über 300 000 Wörter, von denen rund 135 000 im Duden verzeichnet sind. Der aktive Wortschatz eines Deutschen umfasst 3000 bis 12 000 Wörter, der passive ist bis zu zehn Mal so groß. Zum Vergleich: Der Wortschatz auflagenstarker Boulevardblätter liegt bei nur 1000 Wörtern. Natürlich ist es hilfreich, einen möglichst großen Wortschatz zu haben; je nach Bildungsgrad und Fachrichtung kann er sogar weit höher liegen als die genannten Durchschnittswerte. Um jedoch Menschen möglichst leicht emotional zu erreichen, ist eine einfache Bildsprache hilfreich. Das bedeutet, dass alle Fremdwörter und Fachbegriffe durch einfache, bildhafte Wörter ersetzt werden. Gute – im Sinne von emotional berührende und auf einer tiefen Ebene überzeugende – Redner kommen daher mit einem einfachen Wortschatz von nur etwa 1.000 Wörtern aus. Und Wörter wie »olfaktorisch«, »antizipativ«, »ostentativ« oder »fakultativ« dürfen Sie nicht bei jedem als bekannt voraussetzen.

Auch wenn Ihr Publikum Fremdwörter und Fachbegriffe versteht: Klare und einfache Worte erzeugen stets mehr Bilder.

Wirk-Rhetorik

Sind Sie Jurist, Mediziner, Physiker, IT-Berater oder Beamter? Fachsprachen sind oft individuell und komplex. Das Fachpublikum mag diesen Jargon verstehen, doch unterschätzen Sie nie die Wirkung einer klaren und einfachen Sprache! Je einfacher die Sprache einer Präsentation, desto wirkungsvoller – zumindest in den Passagen, in denen Sie Emotionen erzeugen und überzeugen wollen. Andererseits: Gibt es in Ihrer Präsentation Passagen, mit denen Sie die Menschen nicht emotional erreichen und überzeugen wollen? Wozu? Informationen, die keine inneren Sinneswahrnehmungen oder Emotionen auslösen, sind so gut wie wirkungslos. Sie können nicht oder nur deutlich schwerer verarbeitet werden – das haben Untersuchungen gezeigt.

Der Satz »Benchmark-orientierte Debugging-Strategien als Simulations-Framework der ultimativen Road Show« könnte in einem Meeting fallen. Tatsächlich stammt er von einem Nonsense-Generator im Internet. »Der Einfluss eingewanderter Bürger benachbarter Staaten auf die Essgewohnheiten regionaler, traditioneller Gepflogenheiten Hong Kongs ist vergleichbar mit südeuropäischen Strömungen der heimischen Gastronomie.« Richtig, aber was bedeutet das? »Lieben Sie die spanischen, italienischen oder griechischen Restaurants bei uns? In Hong Kong ist es ähnlich. Viele Menschen kommen aus den Nachbarländern. Sie bringen ihre Bräuche mit. Das beeinflusst auch die Küche Hong Kongs.« Ah, jetzt versteht es jeder – und das hat nichts mit Bildungsgrad oder Intelligenz zu tun. Auch intelligente Menschen sind nicht immer zu hundert Prozent aufmerksam. Komplexe Sätze zu verarbeiten und zu verstehen kostet einfach mehr Energie und ist anstrengend! Machen Sie es Ihren Zuhörern immer so leicht wie möglich. Auch Menschen, die Ihrer Fachsprache mächtig sind, verstehen einfache und wirkungsvolle Worte leichter als die energieraubende Ansammlung von Fachbegriffen und zusätzlichen Nebensätzen.

Je einfacher Sprache ist, desto leichter regt sie Bilder und Emotionen an.

Ohnehin beschäftigen immer mehr Unternehmen Menschen unterschiedlicher Herkunft, und je einfacher die gemeinsam gesprochene Sprache ist, sei es Englisch oder Deutsch, desto leichter wird sie von allen verstanden.

Regeln zur Wirk-Rhetorik

Sprache erzeugt Bilder, Bilder erzeugen Emotionen und Emotionen erzeugen Spannung. Ein Beispiel von Hitchcock persönlich, aus seinem Trailer zu *Psycho*: Der Meister steht unten an der Treppe im Psycho-Haus und sagt: »Oben auf dem Treppenabsatz ereignete sich damals der zweite Mord. Sie kam dort aus der Tür und traf oben mit ihrem Opfer zusammen.« Dabei deutet er die ganze Zeit Richtung oberes Ende der Treppe. »Ein Messer blitzte in ihrer Hand auf und im selben Moment ...« – er macht eine Bewegung, mit der er symbolisiert, wie das Opfer die ganze Treppe hinunterfällt, sagt dabei aber kein Wort. Erst dann fährt er fort: »... stürzte das Opfer mit fürchterlichem Krach herunter. Ich glaube, beim Aufprall brach sofort das Rückgrat.« Da läuft einem doch schon beim Zuhören ein Schauer den Rücken hinunter, oder?

Wissen ist nichts, bevor es nicht im Körper ist.
– aus Papua Neu-Guinea

Mit Wirk-Rhetorik sorgen Sie für Aufmerksamkeit, Verständnis und Aufnahme. Mit Sprache können Sie Menschen erreichen und spannend unterhalten – oder langweilen. Unser normales Sprechen erfolgt weitgehend automatisch. Wir machen uns Gedanken darüber, was wir sagen wollen, und formulieren den Satz dazu weitgehend unbewusst – basierend auf unseren eigenen Sprachgewohnheiten. Es bedarf einer Menge Übung, um die eigene Sprache zu optimieren und nicht immer wieder in alte Gewohnheiten zu verfallen. Dazu im folgenden Kasten ein kleiner Exkurs.

Gewohnheiten und wie Sie sie verändern

Der Mensch ist ein »Gewohnheitstier«. Fast alles, was wir tun, tun wir unbewusst und aus Gewohnheit: Wie wir stehen, sitzen, uns bewegen, essen, sprechen, uns selbst berühren oder nicht, wie stark wir auf andere achten, ob wir auf die Struktur oder Meta-Ebene der Kommunikation achten oder wie energiegeladen wir an Aufgaben herangehen. All das sind Gewohnheiten. Haben Sie nun eine Angewohnheit, die Sie durch eine bessere ersetzen wollen (z. B. Wortwahl, Körperhaltung) oder die Sie eliminieren wollen (wenn Sie z. B. beim Reden häufig »Äh« sagen oder sich ständig ins Gesicht fassen), dann bedarf es etwas Geduld. Denn Gewohnheiten laufen eben unbewusst ab, können jedoch letztlich nur durch bewusstes Beeinflussen verändert werden.

➤ **Eine Gewohnheit ersetzen**

Wenn Sie konsequent ein neues Verhalten etablieren, wird letztlich eine andere Gewohnheit dadurch ausgelöscht. Wenn Sie sich bewusst angewöhnen, aufrecht und gleichmäßig auf beiden Beinen zu stehen, wird Ihre bisherige Art zu stehen verschwinden. Viele versuchen, bei Präsentationen gerader und ruhiger zu stehen als sonst. Das wird nicht funktionieren. Sie müssten die ganze Zeit über bewusst daran denken, was kaum möglich ist, wenn Sie sich gleichzeitig auf Ihre Präsentation konzentrieren. Wenn Sie dagegen den besseren Stand immer dann üben, wenn Sie die Gelegenheit haben, sich vollkommen darauf zu konzentrieren, beginnt Ihr Körper sich daran zu gewöhnen. Er lernt ein neues Verhalten. Ich empfehle beispielsweise, Wartezeiten an Schaltern oder auf Bahnhöfen dazu zu nutzen. Für Veränderungen der Worte und des Satzbaus nutzen Sie private Gespräche oder Selbstgespräche. Nach einer Weile machen Ihr Körper und Ihr Gehirn es automatisch richtig – dann brauchen Sie es nicht mehr bewusst zu tun. Sie werden automatisch gerader stehen und besser sprechen.

➤ **Eine Gewohnheit eliminieren**

Ganz anders bei Gewohnheiten, die Sie loswerden wollen. Ganz typisch dafür sind Füllwörter und Floskeln wie »Äh«, »wie gesagt«

> oder »eigentlich«. Es beginnt ja bereits damit, dass Sie selbst meist gar nicht merken, was Sie alles sinnlos in Ihre Sätze einbauen. Auch hier geht die Veränderung nur übers Bewusstsein. Dazu brauchen Sie anfangs jemanden, der Sie darauf aufmerksam macht. Bitten Sie eine Vertrauensperson, Ihnen unter vier Augen jedes Mal ein vereinbartes Zeichen zu geben (etwas zu sagen würde Ihren Redefluss unterbrechen), wenn Ihr »Unwort« fällt. Es wird nicht lange dauern, bis Sie selbst merken, wenn Sie es gesagt haben. Aber eben: gesagt haben, also nachdem Sie es ausgesprochen haben. Nun geben Sie sich innerlich selbst das vereinbarte Zeichen. Nach kurzer Zeit werden Sie es merken, während Sie es sagen, dann wenn Sie Luft holen, um es zu sagen und irgendwann, bevor Sie es sagen. Nun können Sie es bewusst unterbinden. Schon bald ist es ganz weg. Der Prozess dauert, wenn Sie konsequent sind, oft nur ein paar Stunden.

So, Ihre lästigen Gewohnheiten haben Sie jetzt abgelegt – oder sind zumindest auf dem besten Weg dazu. Jetzt müssen Sie natürlich neue annehmen, damit Ihre Rhetorik auch tatsächlich zu Wirk-Rhetorik wird. Im Folgenden dazu eine Sammlung der wichtigsten Regeln, der besten Tipps und der raffiniertesten Kniffe.

➤ Wörter und Satzbau

Bilden Sie kurze Sätze. Ideal sind zwölf Wörter oder weniger, mit einfachen bildhaften Wörtern wie Haus, Baum, Hammer, machen, gehen, erkennen usw. Vermeiden Sie insbesondere Hauptwörter, die auf die Endungen -ung, -keit, -heit oder -nis enden. Diese können selten Bilder erzeugen. Ersetzen Sie Hauptwörter durch Verben: statt Bündelung, Steigerung, Reduzierung, Optimierung verwenden Sie bündeln, steigern, reduzieren, optimieren. Ersetzen Sie abstrakte Formulierungen immer durch Bilder: »Unser Service muss optimiert werden« ist passiv und abstrakt. »Im Service haben wir eine Menge Probleme. Das muss besser werden!« ist dagegen klar und direkt. Ersetzen Sie passive Formulierungen wie »Passive Formulierungen sollten vermieden werden« durch aktive: »Formulieren Sie aktiv!«

Mit direkter Ansprache und aktiven Formulierungen erreichen Sie die Zuhörer unmittelbar.

Lassen Sie die doppelten Geschlechter-Formen (»alle Mitarbeiter und Mitarbeiterinnen«) weg und reden Sie in einer Präsentation so, wie Sie normalerweise auch sprechen. Das ist vielleicht nicht politisch korrekt und es mag vorkommen, dass sich mal eine Dame beschwert. Doch die Verwendung beider Formen nimmt jeder Rede deutlich an Tempo, Kraft und Wirkung. Achten Sie darauf, dass bei Beispielen mehr Damen vorkommen und stellen Sie damit die Ausgewogenheit wenigstens teilweise wieder her. Gesprochene Sprache – insbesondere Wirk-Rhetorik – ist nicht Schriftsprache und darf daher auch von allzu strengen Regeln des Schriftdeutschen befreit werden.

➤ Zahlen und Mengen

Machen Sie das Experiment: Lassen Sie Ihre Mitarbeiter aufschreiben, was sie unter den folgenden Begriffen verstehen: oft, häufig, meistens, selten, nie, regelmäßig, immer und gelegentlich. Sie sollen es in Prozent ausdrücken. Vergleichen Sie die Ergebnisse und Sie werden überrascht sein: Die Abweichung beträgt teilweise über sechzig Prozent – auch wenn Sie sich das schwer vorstellen können. Zahlen und Mengen werden auch selten nachgerechnet. Übersetzen Sie deshalb sowohl vage als auch prozentuale Mengenangaben in vorstellbare Größenordnungen: »Beim Reisebudget gibt es viel Einsparpotenzial« ist sehr, sehr vage. Wie viel? »Bei unseren Reisen können wir jeden Monat rund 5000 Euro einsparen!« Jetzt wird es konkret und vorstellbar. »Sie sparen dadurch 30 Prozent« ist zwar schon genauer, doch ebenfalls wenig konkret. 30 Prozent wovon? Wie viel ist das dann? Besser: »Sie sparen dadurch 30

Prozent, also 125 000 Euro pro Jahr. Vom ersten Jahr an, Jahr für Jahr!«

»Wir nutzen aktiv nur einen Bruchteil des deutschen Wortschatzes, nämlich ein bis fünf Prozent.« Unter dieser Aussage kann sich nicht jeder etwas vorstellen. Bildhafte Vergleiche unterstreichen das Gesagte: »Wir nutzen nur einen Bruchteil des deutschen Wortschatzes aktiv, nämlich ungefähr ein bis fünf Prozent. Das sind zwei bis 10 Zentimeter auf einem Zwei-Meter-Zollstock.«

Konkretisieren Sie Zahlen und Größenangaben und geben Sie ein Bild oder einen Vergleich dazu.

Um eine Zahl klein erscheinen zu lassen, nennen Sie davor eine große Zahl. Ein Verkäufer, der seinen Wein preiswert erscheinen lassen will, nennt vorher zwei Vergleichsweine, die teurer sind. Sie können große Zahlen auch dividieren, um sie kleiner wirken zu lassen: »12 000 Euro mag Ihnen viel erscheinen. Betrachten Sie die Ausgaben für die neue Solaranlage auf 10 Jahre, sind das nur ungefähr 3 Euro am Tag.«

Um eine Zahl dagegen groß erscheinen zu lassen, nennen Sie vorher eine kleine als Vergleich. Ein Unternehmer, der seinen Umsatz hoch erscheinen lassen will, nennt vorher zwei Umsätze vergangener Jahre, die niedriger waren. Oder Sie multiplizieren kleine Zahlen, um sie groß erscheinen zu lassen: »Wenn Sie pro Monat 200 Euro Heizkosten sparen können, haben Sie in der Lebensdauer der Anlage von mindestens 10 Jahren bereits 24 000 Euro gespart. Das ist das Doppelte von dem, was Sie investiert haben!«

➤ Pausen

Sprechpausen zwischen den Sätzen (Interpausen) verschaffen den Teilnehmern und Ihnen eine kleine Denkpause und erhöhen die Wirkung dessen, was Sie betonen wollen. Besonders wirkungsvoll sind Sprechpausen im Satz, nämlich vor und nach einem Wort (Denken Sie an Hitchcock an der Treppe!). Solche Intrapausen erzeugen einen Moment der Tension, denn sie bewirken, dass das Publikum voraus denkt.

Pausen machen auch die von mir »Sprechen mit Doppelpunkt« genannte Technik so wirkungsvoll. Und die ist ganz einfach: Stellen Sie die besondere Aussage an das Ende Ihres Satzes. »Wir konnten 500 Euro mehr pro Stück durch diese Maßnahme erzielen« ist eine normale Aussage. Wenn nun die zentrale Botschaft, nämlich die 500 Euro pro Stück, ans Ende wandert, klingt das so: »Durch diese Maßnahme konnten wir pro Stück einen zusätzlichen Betrag erzielen in Höhe von: 500 Euro!« Durch die späte Auflösung entsteht Spannung. Der Doppelpunkt wird dabei zu einer möglichst langen Pause. Beachten Sie aber: Was Ihnen als Präsentator wie eine lange Pause vorkommt, nimmt das Publikum kaum wahr. Erst wenn Sie innerlich bis drei zählen, wird den Zuhörern die Pause bewusst – und sie wirkt!

Durch richtig gesetzte Pausen erzielen Sie eine große Wirkung: Betonung und Spannung steigen.

Sie können die Spannung auch über mehrere Sätze hinweg aufbauen, dann wirkt sie noch stärker: »Ich erzähle Ihnen gleich, wie viel wir durch die Einführung von Aloratix 300 erzielen konnten [ein Versprechen, das jetzt hinausgezögert wird]. Sie haben ja bereits erfahren, wie gut der Markt dies angenommen hat [Es folgen einige Sätze zur Marktakzeptanz]. ... Aloratix 300 hat einen großen Anteil am Gesamtumsatz erzielen können. Der Umsatz für das neue Aloratix 300 liegt schon jetzt bei über: 2,7 Millionen Euro.« Zur Sprechpause [Doppelpunkt] hin werden Sie bereits immer langsamer.

> **Triggersätze**

»Wenn Sie in Zukunft noch erfolgreicher und spannender präsentieren wollen, dann buchen Sie noch heute ein Seminar bei Michael Moesslang.« Dieser Satz ist nach einem einfachen und wirkungsvollen Muster aufgebaut. Eine Trigger-Formulierung ist dabei »Wenn ... dann ...«. Dem ersten Teil, also dem »Wenn«, stimmt der Zuhörer zu, und der zweite Teil wird durch das »Dann« in eine scheinbar logische Abhängigkeit gebracht. Eine weitere Trigger-Formulierung ist »noch heute«. Es wird zwar kein logischer Grund genannt, doch es entsteht der Eindruck, es sei Eile geboten. Und die dritte Trigger-Formulierung ist die direkte Befehlsform: »Buchen Sie!«

> **Fragen**

Bestimmten Frageformen sind ebenfalls dazu geeignet, Ihr Publikum anzuregen. Die meisten Menschen antworten automatisch – fast zwanghaft – auf eine Frage. Manchmal laut, manchmal innerlich. Schon die Frage: »Wie war Ihr letzter Urlaub?« löst Bilder und Emotionen aus – hoffentlich schöne! Auch Spannung können Sie mit einer Frage erzeugen: »Welche Lösung können Sie sich dafür vorstellen?« Allerdings geben Sie die Antwort zunächst nicht. Ihre Antwort, auf die niemand im Publikum kommen sollte, geben Sie später – und so lange bleibt das Publikum gespannt. Und wenn jemand auf die Antwort kommt? Dann freut er sich, weil er in seiner Idee bestätigt wird, bleibt aber trotzdem gespannt, bis Sie die Lösung präsentieren.

Rhetorische Fragen, also Fragen, die das Publikum nicht laut beantwortet, stellen Sie wörtlich. Nicht: »Ich weiß nicht, ob Sie wissen, wie eine Klimaanlage funktioniert.« Sondern direkt: »Wissen Sie, wie eine Klimaanlage funktioniert?« Jetzt antwortet Ihr Publikum entweder im Stillen mit »Ja« oder es denkt darüber nach, wie sie funktionieren könnte – auf jeden Fall wartet es gespannt auf die Antwort. Bei rhetorischen Fragen ist wichtig, dass Sie durch Ihre Körpersprache deutlich machen, dass Sie keine Antwort erwarten. Und zwar über den Blickkontakt: Wenn Sie jemanden in diesem Moment zu lange ansehen, fühlt er sich genötigt zu antworten. Blicken Sie verschiedene Menschen jeweils nur ganz kurz an. So entsteht erstens kein Kontakt, und zweitens hat keiner die Chance, so schnell zu antworten – denn bis er etwas sagen könnte, ist Ihr Blick längst weitergewandert. Öffnen Sie auch den Mund bereits zum nächsten Wort, denn das zeigt, dass Sie gleich wieder sprechen werden. Trotzdem braucht das Publikum eine kurze Sprechpause, um über die Antwort nachdenken zu können. Diese darf nur nicht als »Warten auf eine Antwort« missverstanden werden.

Auch rhetorische Fragen, die Sie nicht beantworten, erzielen den Effekt des inneren Ja-Sagens: »Kennen Sie das, wenn morgens der Wecker klingelt, Sie aber die Augen noch nicht aufbekommen?« Es entstehen Bilder – oder?

Mit rhetorischen Fragen regen Sie das Denken der Zuhörer an oder bewirken innere Zustimmung.

Handzeichenfragen aktivieren Ihr Publikum ebenfalls – sogar körperlich. Beginnen Sie Ihre Frage immer mit »Wer von Ihnen hat ...?«. Nun machen Sie durch Ihre Körpersprache deutlich, dass Sie ein Handzeichen erwarten: Heben Sie selbst die Hand und sagen Sie dazu »Bitte Handzeichen!«. Das Heben Ihrer eigenen Hand ist dabei entscheidend, da das körperliche Signal stärker ist als Ihre Worte. Auf diese Weise wird das Publikum schneller reagieren, als wenn Sie die Aufforderung nur mit Worten ausdrücken. Zudem wissen Ihre Zuhörer genau, was Sie wirklich erwarten und wann sie die Hände wieder senken können.

Führen Sie Ihr Publikum durch Fragen dahin, dass es Ihr wichtigstes Argument selbst als Antwort findet. Entweder Sie stellen rhetorische Fragen – wenn Sie sicher sein können, dass sich jeder im Publikum innerlich die richtige Antwort gibt. Oder Sie lassen eine akzeptierte Persönlichkeit im Publikum stellvertretend für alle diese Antwort aussprechen. Der Grund ist einfach: Gibt sich jemand selbst eine Antwort, wird er vor allem eines nicht mehr tun: diese Aussage in Zweifel ziehen. Er würde sich ja selbst widersprechen, und das tun Menschen gewöhnlich nicht oder nur sehr ungern. Der erfolgreiche Speaker und Verkaufstrainer Alexander Christiani drückt es ganz deutlich so aus: »Menschen können sich gegen alles wehren, was andere ihnen sagen, aber sie sind völlig offen dem ausgeliefert, was sie zu sich selbst sagen.«

Menschen können sich gegen alles wehren, nur nicht gegen das, was sie selbst sagen.
– Alexander Christiani

➤ Metaphern und Vergleiche

Wenn Sie der Hitchcock unter den Präsentatoren werden wollen, nutzen Sie Bilder, Vergleiche und Metaphern. Üben Sie sich in dieser Fähigkeit, damit Ihnen niemand das Wasser reichen kann, doch dreschen Sie nie leeres Stroh! Werfen Sie die Flinte nicht zu früh ins Korn! Unsere deutsche Sprache ist voll von kleinen und großen Metaphern. Ob es Ihnen in den Fingern juckt, Sie etwas durch die rosa Brille sehen, auf der Bühne glänzen, heiß auf etwas sind, sauer sind, die Schnauze voll haben oder etwas in einem anderen Licht sehen – es gibt Tausende Wörter oder Ausdrücke, die ein Bild, einen Klang, ein Gefühl, einen Geruch oder Geschmack erzeugen und so ein Plus an Wirkung entstehen lassen.

Sie können auch eigene wirkungsvolle Vergleiche kreieren. Die berühmte Heuschrecke, als die Franz Müntefering aggressive Hedgefonds bezeichnete, prägte sich dauerhaft in unsere Köpfe ein. Wenn Sie eine Aussage bekräftigen wollen, hängen Sie einen Vergleich mit etwas Alltäglichem daran: »Wenn Sie präsentieren, machen Sie Ihre Worte zu einem Geschenk fürs Publikum, damit dieses Ihre Botschaft aufnimmt. Das ist so, als ob Sie Ihrer Angebeteten eine rote Rose mitbringen: Sie muss das Geschenk annehmen.« Der entscheidende Bestandteil ist dabei »Das ist so, als ob...« Diesen bildhaften Vergleichen kann sich Ihr Publikum nicht entziehen. Sie erreichen damit eine tiefere, weniger rationale Ebene.

Mit Metaphern und Vergleichen können Sie Bilder kreieren, die auf tieferer Ebene verstanden werden.

Einfach überzeugend: Bildersprache

Schon in Kapitel 6 war davon die Rede: Sie haben einen starken Partner an Ihrer Seite – die Vorstellungskraft Ihrer Zuhörer! Beginnen Sie einen Satz mit »Stellen Sie sich vor ...« und aktivieren Sie durch Ihre Vorgaben die sinnliche Wahrnehmung: Bilder, Gerüche, Gefühle, Geräusche und Geschmack führen zu wirkungsvollen Emotionen. Ein direkter Einstieg ohne diese Anweisung hat denselben Effekt: »Gestern Abend ist mir was passiert. Ich komme gerade nach Hause, da ...« Und schon ist jeder Ihrer Zuschauer mittendrin. Er hat Bilder vor Augen, was da gerade passiert. Sie können die Zuhörer auch in Situationen versetzen, die diese selbst erlebt haben (»... als Sie das Fahrradfahren gelernt haben«), und sie sogar in andere Personen versetzen (»Sie sitzen im Rollstuhl, weil Ihre Beine nicht mehr funktionieren«).

Zuhörer folgen automatisch den von Ihnen angeregten Imaginationen – sie können gar nicht anders.

Durch Gemeinsamkeiten gewinnen Sie die Sympathie der Zuhörer. Suchen Sie Dinge, die das Publikum denkt oder empfindet, die es erlebt oder mit Ihnen gemeinsam hat: »Auf dem Weg hierher sind Sie an unserem Messestand vorbei gekommen [das hat das Publikum erlebt]. Ihre Zeit ist kostbar und deshalb wollen Sie wertvolle Impulse von diesem Vortrag mitnehmen [das denkt das Publikum]. Das kann ich nachvollziehen, mir geht es bei Vorträgen ebenso [Gemeinsamkeit]. Deswegen nehme ich mir hinterher immer noch die Zeit, den Messestand des Unternehmens zu besuchen, dessen Redner ich gehört habe, um später ...« Achten Sie dabei auf die Grenze zu falschen Unterstellungen. Was Sie hier sagen, muss wirklich jeder mit einem inneren »Ja« beantworten können.

Geschichten, die Sie aus Ihrer eigenen Perspektive erzählen, sind dabei am wirkungsvollsten. Sie können Ihre eigenen Emotionen besser einbringen, und die Beschreibungen aus Ihrer Sicht sind lebendiger. Ein Beispiel:

Mord unter der Dusche

Unter der gleichen Überschrift habe ich in Kapitel 6 auf Seite 146 die Szene beschrieben, in der Melanie von der vermeintlichen Mutter Norman Bates' ermordet wird. Was ich dort beschrieben habe, war der Film, nicht der Inhalt, samt Angaben zum Schnitt und zur Musik. Also eine Geschichte aus zweiter Hand. Lesen Sie bitte die Beschreibung dort noch einmal durch und anschließend den folgenden Text.

Melanie hat eben beschlossen, zurückzufahren und das unterschlagene Geld zurückzugeben. Sie macht sich Notizen, wie sie die 700 Dollar aufbringen kann, die sie für ein Auto ausgegeben hat. Sie zerreißt den Zettel, spült ihn in der Toilette hinunter und beschließt zu duschen. Sie schließt die Badezimmertür, legt den Bademantel ab und steigt in die Wanne. Sie genießt das warme Wasser, das ihren Körper hinab läuft. Sie seift sich genussvoll ein. Langsam geht die Badezimmertür auf, doch Melanie hört es nicht. Das Wasser prasselt auf sie nieder, daher kann sie nichts hören. Unbekümmert duscht sie weiter. ... Doch da! Plötzlich wird der Duschvorhang weggerissen. Melanie dreht sich um. Im Gegenlicht eine alte Frau. Die Mutter? Sie hat ein großes Messer. Melanie schreit. Schrill! Die Frau sticht zu. Melanie versucht sich zu wehren. Vergeblich. Noch ein Stich! Das Wasser in der Wanne färbt sich. Blut! Das Messer sticht wieder und wieder auf Melanie ein. Sechs Mal. Sieben Mal. Acht Mal! Die Mörderin verlässt eilig das Badezimmer. Melanies Hand stützt sich an der Wand ab. Doch ihre Finger finden keinen Halt auf den Fliesen. Langsam rutscht die Hand tiefer, Melanie sinkt zusammen, sitzt zusammengekauert in der Wanne. Sie greift nach dem Duschvorhang. Dieser kann ihr jedoch keinen Halt geben. Öse für Öse reißt er aus. Melanie bricht zusammen, fällt mit dem Oberkörper über den Wannenrand. Ihr Kopf schlägt auf dem Boden auf. Etwas Blut läuft noch mit dem Wasser in den Ausguss. Mit dem letzten Blut schwindet Melanies Leben. Melanies Augen sind weit offen. Tot. ... Das Wasser läuft immer noch.

Wo liegt der Unterschied zwischen den beiden Versionen? Obwohl beide in der Bildersprache geschrieben sind, habe ich hier die Geschichte erzählt, unabhängig vom Film. So als wäre ich dabei gewesen. Bei dieser Variante kann ich natürlich Musik oder Kameraeinstellungen nicht beschreiben. Dafür habe ich selbst die Regie über das Tempo. Falls es Ihnen nicht aufgefallen ist: Achten Sie auf die Länge der Sätze und damit auch den Satzbau. In der Mitte, als der Mord statt findet, sind die Sätze kürzer. So erziele ich durch die Sprache das, was Hitchcock durch das Staccato der Musik und den Schnitt der Bilder erzeugt. Machen Sie doch einmal das Experiment mit und lesen den Text laut vor, so als würden Sie ihn gerade vor Publikum sprechen. Nicht zu schnell, außer in der Mitte. Denken Sie dabei daran, an entsprechenden Stellen auch betonte Pausen zu machen. Probieren Sie mehrere Varianten: mal schneller, mal langsamer, mal mit Ihrer dunkelsten Stimme, mal richtig schrill und hysterisch beim Mord. Wie empfinden Sie selbst die unterschiedliche Wirkung dabei?

Die Bilder, die bei meiner Erzählung in Ihrem Kopf entstanden sind, waren vermutlich bei beiden Texten ähnlich. Und trotzdem gibt es den Unterschied, dass bei der ersten Version die Erzählung aus zweiter Hand stammt und Sie dadurch vermutlich versucht haben, sich an den Film zu erinnern oder ihn sich vorzustellen. Bei der zweiten Variante kann der Zuhörer unmittelbar eintauchen. In dieser Bildersprache können Sie alles beschreiben, auch die Fertigung Ihrer Produkte oder das gestrige Abendessen mit dem neuen Mega-Kunden.

Regeln zur Bildersprache

Nutzen Sie die Bildersprache vor allem in Erzählpassagen. Sie sprechen direkt die Emotionen an und können die Spannung gewaltig steigern. Was Hitchcocks Bilder auf der Leinwand sind, sind Ihre Bilder in den Köpfen der Zuschauer. Bildersprache ist nichts anderes als die Beschreibung dessen, was Sie mit Ihren Sinnen wahrnehmen – und damit auch Ihr Publikum. Interpretationen, Gedanken und Kommentare entfallen ebenso wie Begründungen und das Herstellen von Zusammenhängen. Und das geht ganz einfach:

Bildersprache regt die innere Vorstellungskraft an und erzeugt Kopfkino.

> **Wahrnehmung**

Denken Sie nur an das, was Sie unmittelbar wahrnehmen können und beschreiben Sie diese Wahrnehmungen, ohne zu interpretieren oder zu kommentieren. Sie können nur beschreiben, was Sie tatsächlich sehen, hören, riechen, schmecken und fühlen. Keine abstrakten Begriffe. Erzeugen Sie mit jedem Satz ein Bild oder eine andere Sinneswahrnehmung: »Die Sonne brennt vom Himmel. Ich liege im Sand und höre das Rauschen des Meeres. Die Luft riecht nach Salz und Algen.« Kommentierende Adverbien und Konjunktionen lassen Sie ebenfalls weg. Statt »Wie immer erlebe ich einen angenehmen Sommer« einfach nur: »Ich erlebe einen angenehmen Sommer.«

> **Satzlänge und Betonung**

Durch die Satzlänge und Sprechweise wie Betonung, Lautstärke und Sprechpausen können Sie das Tempo der Handlung anpassen. Wird es dramatisch, steigern Sie das Tempo und verkürzen die Sätze. Halten Sie die Sätze noch knapper als bei Wirk-Rhetorik, maximal 7–10 Wörter. Achten Sie auf unterschiedliche Betonung. Bei gleich langen Sätzen besteht die Gefahr, diese ähnlich zu betonen. Das langweilt. Streichen Sie Nebensätze und vermeiden Sie Schachtelsätze: »Ich gehe zum Besprechungsraum, der links liegt, und wo schon viele Leute warten« wird zu »Ich gehe zum Besprechungsraum. Er liegt links. Dort warten schon viele Leute.« Auch Konjunktionen lassen sich ersetzen, indem man aus einem Satz zwei Sätze macht: »Wir müssen mehr einsparen, damit wir keine Arbeitsplätze verlieren« heißt dann: »Wir müssen mehr einsparen: Das sichert Arbeitsplätze!«

> **Gegenwart**

Bleiben Sie immer in der Gegenwart. Wollen Sie etwas aus der Vergangenheit erzählen, dann beginnen Sie mit einer Zeitangabe und erzählen dann in der Gegenwart: »Letztes Jahr im April. Ich gehe mit dem Hund spazieren.« Vergangenheit ist erinnern, Gegenwart ist erleben. Auf diese Weise können Sie auch Zukunftsvisionen anregen: »Schauen wir zehn Jahre in die Zukunft. Sie stehen auf einer Bühne, Ihr Publikum lauscht gebannt ...«

Werden Sie zum Meister des Erzählens – Geschichten haben immer eine stärkere Wirkung als Fakten.

> **Direkte Rede**

Indirekte Rede ersetzen Sie durch wörtliche Rede. Nicht: »Einstein hat gesagt, dass man ein Problem nicht mit der Denkweise lösen kann, mit der es entstanden ist« sondern »Einstein sagt: ›Ein Problem kann nicht mit derselben Denkweise gelöst werden, mit der es entstanden ist.‹«

Sprache ist eines der umfangreichsten Werkzeuge, um Präsentationen spannend und überzeugend zu gestalten. Es lohnt sich, die genannten Techniken zu üben, bis sie zur Gewohnheit werden. Jede einzelne Technik ist auf ihre Art ein Gewinn für Ihr Publikum.

In aller Kürze

- Mit Sprache können Sie Bilder malen. Beim Sprechen brauchen Sie dazu andere Formulierungen und Techniken als beim Schreiben.

- Auch wenn Fachsprache, Fremdwörter und Abkürzungen verstanden werden, erreichen Sie mit einfacher, anschaulicher Sprache mehr bei Ihrem Publikum: Es wird dazu angeregt, Bilder und Emotionen zu entwickeln.

- Unser Verhalten besteht weitgehend aus Gewohnheiten. Schlechte Gewohnheiten können Sie nur über das Bewusstsein ändern – doch Sie können sie ändern.

- Erreichen Sie Ihr Publikum mit aktiven Formulierungen und direkter Ansprache statt unverbindlichen Aussagen in passiver Formulierung.

- Mit bewusst und an den richtigen Stellen gesetzten Sprechpausen können Sie die Spannung (Tension) enorm steigern.

- Mit rhetorischen Fragen und solchen, die zum Mitdenken anregen, aktivieren Sie Ihr Publikum und halten es aufmerksam. Zudem können Sie damit bewirken, dass die Zuhörer sich selbst die richtige Antwort geben – und dieser nicht widersprechen werden.

- Wenn Sie Bildersprache einsetzen und gezielt die Vorstellungskraft Ihres Publikums ansprechen, entsteht Kopfkino. Dem kann sich niemand entziehen.

Kapitel 11

Und – Action!

Perfekte Performance durch perfekte Körpersprache

In Großaufnahmen ließ Hitchcock Mimik sprechen, Schauspieler minutenlang schweigen und Gespräche durch Lärm übertönen, damit sich der Zuschauer voll auf die Körpersprache konzentrieren kann. Auch die Möglichkeiten, die Stimme bietet, um Spannung zu erzeugen, hat er stets ausgeschöpft. Nichts blieb dem Zufall überlassen.

Der Spionage-Thriller *Topas* von 1969 spielt während der Kubakrise. Es gibt eine Szene, in der zwei Männer über drei Minuten lang miteinander verhandeln. Was sie sprechen, kann man allerdings nicht hören. Hitchcock zeigt uns die Szene aus der Sicht eines Beobachters, der auf der anderen Straßenseite steht. Das Einzige, was wir hören, ist Straßenlärm. Bei den beiden Männern handelt es sich um den Sekretär eines kubanischen UN-Delegierten, Luis Uribe, und den Helfer eines französischen Agenten, Philippe Dubois, der von der Insel Martinique stammt. Der Helfer ist ein kleiner, farbiger, unauffälliger Mann mit Haarkranz, im Tarnberuf Florist. Er hat ein freundliches, selbstbewusstes und fröhliches Auftreten und wirkt stets betont gelassen. Im Hotel Theresa, in dem die kubanische UN-Delegation abgestiegen ist, fragt er nach dem Sekretär, der bald darauf aus dem Fahrstuhl kommt. Dieser ist hager, größer und geht deutlich nach vorn gebeugt. Er trägt einen hellen, zu großen Anzug, eine dicke, randlose Brille und hat graue Haare. Dubois spricht ihn an und legt dabei seine Hand auf den Unterarm von Uribe. Dessen Bewegungen sind unsicher. Dubois führt ihn am Arm auf die Straße. Offensichtlich will er nicht, dass die zahlreichen Menschen in der Lobby, vor allem Sicherheitskräfte, etwas hören können. Auf der Straße, wenige Meter von der Hoteltür entfernt, unterhalten sich die beiden eine Weile, doch Uribe wendet sich entsetzt ab. Der Bestechungsversuch scheint misslungen. Dubois gibt nicht auf und folgt ihm. Am Fahrstuhl angekommen, deutet er auf sein Jackett, dorthin, wo er das Kuvert mit Geld trägt. Der Sekretär wird nun aufmerksam, dieses Mal geht er voraus, als die beiden wieder auf die Straße treten. Er will das Kuvert haben, doch Dubois winkt ab. Sie vereinbaren offensichtlich, dass Uribe zuerst liefert; die entsprechenden Dokumente sind wohl oben im Zimmer.

Obwohl an dieser Szene keiner der Hauptdarsteller beteiligt ist, ist sie in Bezug auf die Körpersprache der beiden sehr bemerkenswert. Denn der coole Dubois zeigt während der gesamten Szene Hochstatus, selbst als er zu scheitern droht. Uribe zeigt anfangs starken Tiefstatus, der sich abschwächt, als er gierig auf das Geld wird. Doch er bleibt im Tiefstatus. Hochstatus und Tiefstatus sind Begriffe, die Keith Johnstone, Erfinder des modernen Improvisationstheaters, eingeführt hat. Ob Hitchcock diese kannte oder intuitiv damit arbeitete, ist mir nicht bekannt. Uns interessiert viel mehr, woran man sie erkennt.

Tiefstatus und Hochstatus

Tiefstatus hat das Ziel, Zuneigung zu gewinnen, bei Hochstatus ist das Ziel Respekt. Das bedeutet nicht, dass Zuneigung und Respekt erreicht werden, dass beispielsweise Personen im Tiefstatus automatisch sympathisch sind. Beide Status haben jedoch relativ eindeutige Signale, die ich in der Tabelle unten zusammengefasst habe. Dabei gilt, dass zwei Personen nicht immer eindeutig und dauerhaft in ihrem Status bleiben. Vielmehr ist es sowohl im realen Leben als auch im Film so, dass der Status häufig wechseln kann. Das hängt mit dem Status des Gegenübers zusammen, denn die Beteiligten stehen im Wechselspiel miteinander. Es kann aber auch situationsabhängig sein und entsprechend schnell wechseln, wenn einer der beiden in einem Satz die Oberhand hat, diese im nächsten Satz aber verliert.

Tiefstatus will Zuneigung gewinnen, Hochstatus will Respekt gewinnen.

Tiefstatus	Hochstatus
Haltung gebeugt, weich oder krumm	Haltung aufrecht und gerade
Hält sich am Rand auf, hält Abstand, macht sich klein	Richtet sich auf, nutzt höhere Position (z. B. Treppe), nimmt die Mitte des Raums ein
Sitzt verklemmt auf Stuhlkante, Füße unter Sitzfläche	Sitzt breit, Füße fest am Boden
Macht sich klein, sitzt in Ecke	Nimmt viel Raum ein, ruhige, bewusste Schritte
Hektische, unbedachte oder wenig Gestik	Ruhige, bewusste, große Gestik
Spricht leise, schnell, viele Füllwörter, weiche Rhetorik	Spricht bewusst laut oder sehr leise, Wirk-Rhetorik
Stimme wird höher bei Angriff	Stimme wird ruhiger bei Angriff
Weicht Blick aus, schaut zu Boden, unruhiger Blick	Fester Blick, kein Sicherheitsblick

Tiefstatus	Hochstatus
Lässt sich unterbrechen	Lässt sich nicht unterbrechen, unterbricht andere
Lacht hektisch (hihi), kichert	Lacht laut (haha)
Antwortet schnell, rechtfertigt, entschuldigend	Antwortet langsam und bedacht
Jammert, sieht vorwiegend Probleme, verkennt Wichtiges	Sieht Chancen, hat Antworten, erkennt Prioritäten, ist gelassen
Berührt Stärkere nicht	Dominanz-Berührungen anderer
Verlegenheitsgesten, z. B. durch die Haare streichen	Berührt sich selbst nicht oder besonders deutlich
Lässt sich leicht verunsichern	Übertrumpft Vorredner mit noch großartigerer Geschichte
Fragt, statt zu entscheiden	Fragt aus Neugier, führt fragend
Redet sich klein, andere groß	Redet sich groß, andere groß oder klein

Bei Rollen, die eindeutig einem Status zugeordnet sind, übernimmt der Schauspieler dauerhaft in der Tabelle aufgeführte Verhaltensweisen, oder er wird entsprechend ausgestattet. Zu den Tiefstatus-Merkmalen gehört beispielsweise eine dezente oder dicke Brille (auffällige Designer-Brillen gehören dagegen zum Hochstatus), zu große oder sonst unpassende Kleidung, er raucht (das hat sich allerdings gewandelt, früher war Rauchen oft Hochstatus – der Polizist, der beim Verhör dem Verdächtigen Rauch ins Gesicht bläst), fährt ein eher kleines oder altes Auto usw.

Wir erkennen sofort, ob jemand im Tief- oder Hochstatus ist – im Film und im Leben.

Eine Person im Hochstatus können wir leichter respektieren, schätzen sie als kompetenter und souveräner ein. Manchmal mögen wir sie nicht, weil sie uns überlegen erscheint und so unseren eigenen Status gefährden könnte. Und wir mögen sie nicht, wenn sie übertreibt, ihren Status ausnutzt. Doch grundsätzlich wird der Hochstatus weiterkommen.

Der sichtbare Status bei Präsentatoren

Wer präsentiert, zeigt ebenfalls Merkmale, die seinen aktuellen Status erkennen lassen. Unruhige Schritte, Verlagerung des Gewichts auf ein Bein, spielende Finger und Verlegenheitsgesten oder Floskeln sowie weiche Rhetorik zeigen Tiefstatus. Das ist nicht per se schlecht. Allerdings wird einer Person im Tiefstatus weniger vertraut, weniger Kompetenz zugeschrieben, sie wird häufig sogar für unsicher gehalten. Wenn ein junger Mitarbeiter mit wenig Erfahrung präsentiert und dabei Unsicherheit und Tiefstatus zeigt, wird das in der Regel kein großes Problem sein. Jeder kann mit ihm mitfühlen und sich in seine Lage versetzen. Aufgrund seiner Position im Unternehmen ist Tiefstatus ohnehin angebracht. Wenn der Vorstandsvorsitzende eines Konzerns bei der Präsentation des Geschäftsergebnisses auch nur eine Geste aus dem Repertoire des Tiefstatus zeigt, kann dies als Schwäche, Unsicherheit oder gar Unehrlichkeit gedeutet werden und deshalb sogar den Aktienkurs beeinflussen. Wo sehen Sie sich zwischen diesen beiden Polen?

Hochstatus zeugt von Präsenz, Kompetenz und Glaubwürdigkeit.

Ein fesselnder Präsentator hat Präsenz – und die ist im Hochstatus angesiedelt. Dabei bedeutet Hochstatus keineswegs eine dominante oder gar aggressive Machtdemonstration. Auch der Dalai Lama ist im Hochstatus, wenn er zu einer Gruppe spricht. Hochstatus kann eben auch ruhig, bedacht und leise sein. Und sehr sympathisch. Entscheidend ist dabei die innere Haltung.

Nonverbale Spannung aufbauen

Wie die Sprache, entscheidet auch Ihre nonverbale Kommunikation darüber, ob Sie Langeweile oder Spannung erzeugen. Nonverbale Kommunikation erfolgt vor allem über Ihre Stimme und Ihre Körpersprache. Beides sind sichtbare Merkmale Ihrer Persönlichkeit. Denn vor allem anhand von Stimme und Körpersprache schätzen wir jemanden als kompetent, sicher, vertrauenswürdig, dynamisch, sympathisch usw. ein.

Wir haben ein sehr feines Gespür für die Präsenz eines Menschen – und schreiben einem präsenten Menschen gleichzeitig mehr positive Eigenschaften zu. Zudem sind Macht und Dominanz – im richtigen Maß eingesetzt – durchaus wichtig, um als Manager oder Führungskraft respektiert und akzeptiert zu werden. Schauen Sie sich um: Es kommen diejenigen nach oben, die selbstbewusst und souverän überzeugen und sich durchsetzen. Das hat nichts mit fachlicher Kompetenz zu tun, denn die haben viele.

Abwechslung erzeugt Aufmerksamkeit

Alle Dramaturgie, Spannungstechniken und rhetorischen Mittel sind wirkungslos, wenn ein Präsentator zu leise oder monoton spricht. Wenn er dann noch die Texte auf den Folien vorliest, ist Langeweile vorprogrammiert. PowerPoint wurde 1987 erstmals verkauft, und bereits 1989 erschien eine Studie mit dem berühmten Titel »Death by PowerPoint«. In dieser Studie wurde nachgewiesen, dass Texte, die von der Folie vorgelesen werden, nicht – wie manche das glauben – durch die doppelte Wahrnehmung auf zwei Kanälen verstärkt werden. Genau das Gegenteil ist der Fall. Der Grund ist einfach: Wir lesen schneller, als jemand vorliest, und so stört der gehörte Text das Lesen oder das Lesen lenkt vom Zuhören ab. Dazu kommt, dass es meist schwierig ist, sich auf zwei Dinge gleichzeitig zu konzentrieren. Tatsächlich ist die Qualität der Informationsaufnahme von Texten, die gleichzeitig gelesen und gehört werden, sogar schlechter, als wenn nur gelesen oder nur gehört wird. Leider kennen viel zu wenige diese Studie, denn es wird vorgelesen, was das Zeug hält.

Death by PowerPoint: Das Vorlesen von Folien führt zu schlechterem Verstehen und Behalten.

Vorlesen ist also tabu! Lebendiges, abwechslungsreiches Sprechen dagegen der beste Weg, Botschaften so zu präsentieren, dass sie Aufmerksamkeit erregen. Deutsche sprechen normalerweise sehr monoton. Üben Sie für Präsentationen eine Sprechweise ein, die möglichst stark in Tonhöhe, Tempo und Lautstärke variiert. In der Tonhöhe können Sie um rund eine Oktave variieren, die meisten verwenden nur drei (Männer) oder fünf (Frauen) Töne davon. Setzen Sie gezielt langsame Passagen gegen besonders schnelle. Werden Sie mal lauter, mal leiser. Sogar sehr lautes Sprechen oder Flüstern ist erlaubt – Sie müssen sich nur trauen! Denn wer seine Stimme bewusst verändert, hat oft das Gefühl zu übertreiben. Ich habe aber bisher erst zwei, drei Menschen erlebt, die wirklich übertrieben haben. Beginnen Sie mit Texten, die Sie laut vorlesen, und variieren dabei Tempo, Tonhöhe und Lautstärke. Probieren Sie aus, wie viel Ihre Stimme hergibt. Nehmen Sie sich dabei eventuell auf, denn Sie wissen vermutlich, dass andere Ihre Stimme ganz anders hören als Sie selbst. Betonen Sie in jedem Satz – zumindest in kurzen Sätzen – nur ein Wort. Nutzen Sie dazu auch die bereits angesprochenen Sprechpausen ganz gezielt.

Wenn Sie abwechslungsreich sprechen, ist Ihre Stimme das wirkungsvollste Instrument gegen Langeweile.

Wenn Sie nun – passend zu Ihren Worten – auch Ihren Körper einsetzen, also beispielsweise eine große Geste oder einen deutlichen Schritt machen, mal ein wenig in die Knie gehen und sich danach schwungvoll besonders hoch aufrichten, dann werden Sie schnell feststellen, dass Ihre Stimme noch kräftiger und lebendiger wird. Denn die Bewegungen Ihres Körpers beeinflussen die Stimme.

Seitensprechen

Durch Ihre Stimme können Sie auch zwei Charaktere erzeugen. Mit Ihrer kräftigen Stimme präsentieren Sie Ihr Thema. Mit einer zweiten Stimme, die beispielsweise leiser, dialektreicher oder auch nur durch deutliche Pausen abgesetzt ist, geben Sie dazu Kommentare ab. Dieser zweite Charakter kann beispielsweise der humorige oder der gutmütigere sein. Er kann auch derjenige sein, der die Gruppendynamik steuert. Dieser zweite Charakter kann sogar eine Art Regisseur sein, der zusätzliche Hinweise gibt, beispielsweise über den Ablauf. In jedem Fall darf dieser zweite Charakter sich nur so weit unterscheiden, dass es noch zu Ihnen passt. Es gibt Menschen, die können sich problemlos in einen Harlekin verwandeln, die meisten anderen werden wohl nur eine leicht veränderte Rolle spielen. Trotzdem muss sie sich ganz klar von der ersten Rolle unterscheiden. Das lässt sich auch durch eine andere Standposition oder durch eine veränderte Körpersprache bewirken, beispielsweise einen Wechsel in den Tiefstatus. Ein zweiter Charakter bringt nicht nur Abwechslung in die Szene, er kann auch die Spannung unterstützen, indem in seinen Kommentaren kleine Hinweise eingebaut sind.

Körpersprache oder Körpereinsatz?

Eine gerade Haltung, ein ruhiger Stand, bewusste Bewegungen auf der Bühne, große, ruhige Gesten und eine lebendige Mimik unterstreichen Ihre Wirkung und Ihren Status. All das können Sie üben, falls Sie Defizite haben. Die Gründe dafür sind einfach: Erstens machen wir an allen Signalen der Körpersprache unseres Gegenübers fest, ob das, was er sagt, auch ehrlich und stimmig wirkt. Andersherum gesagt: Mangelnde Übereinstimmung von Körpersprache und Worten lässt uns stutzig werden oder gar einen Lüge vermuten. Deshalb müssen wir auch selbst beim Sprechen stets aufmerksam sein. Fehlt uns einer der Kanäle, fehlt uns auch die Kontrolle. Das bedeutet nicht gleich Lüge, zumindest aber latente Unsicherheit.

Zweitens zeigen Untersuchungen, dass Mimik, Gestik und Körperbewegungen sogar dabei helfen, dass gesprochene Informationen besser behalten werden können. Das hängt vermutlich damit zusammen, dass wir Gesehenes insgesamt stärker erinnern und Inhalte mit diesen Erinnerungen verknüpfen.

Machen Sie große und ruhige Gesten. Wenn Gestik fehlt, zweifeln wir an der Glaubwürdigkeit des Sprechers.

Ein ruhiger Stand zeugt – im Gegensatz zu unruhigen Schritten oder Gewichtsverlagerungen von einem Fuß auf den anderen – von Souveränität und Gelassenheit. Aber auch Schritte, die die Worte passgenau unterstützen, sind eine hervorragende Ergänzung zu den Gesten. Dabei darf der ganze Körper eingesetzt werden, solange eine gewisse Körperspannung besteht. Zu weiche Bewegungen erzeugen nämlich Tiefstatus. Es entsteht Dynamik, wenn Sie zur Betonung Ihrer Worte leicht in die Hocke gehen und sich danach betont aufrichten oder einen kleinen oder großen Ausfallschritt machen. Ist Ihre Bühne groß, können Sie auch mehrere, dynamische und gezielte Schritte machen, wenn es gerade zum Inhalt passt. Unter »Bühne« verstehe ich auch den Platz am vorderen Ende eines Besprechungstisches – oder wo immer Sie sonst präsentieren.

Nutzen Sie die Bühne in angemessenem Maß. Unruhige Bewegungen sind ebenso schlecht wie Statik.

Entscheidend ist auch die Augenhöhe. Wann immer Sie präsentieren, stehen Sie auf. Wenn es in der Runde sonst nicht üblich ist, im Stehen zu präsentieren: Nutzen Sie eine kurze Verwendung des Flipcharts, das Öffnen eines Fensters, das Einschenken von Getränken oder Ähnliches als »Ausrede«, um aufzustehen, und bleiben Sie stehen. So können Sie Ihren Körper dynamischer einsetzen und haben zudem die höhere Augenposition, sprich: Hochstatus. Präsentieren im Sitzen ist dagegen dialogorientierter, allerdings mit der Gefahr von Langeweile verbunden.

Bühne frei!

Übertreiben dürfen Sie dagegen bei Bewegungen auf der Bühne. Der Aktionsradius richtet sich nach der Größe des Auditoriums. Bei einer Gruppe von fünf Personen werden Sie vielleicht einen oder zwei Schritte machen – bitte immer gezielt und bewusst. Bei einer Gruppe von mehreren Hundert Zuschauern und einer Bühne von zehn Metern Breite können Sie die gesamte Breite der Bühne ausnützen. Bleiben Sie dabei immer eine Weile an einem Ort stehen. Es gibt sie, die Präsentatoren, die unter Hospitalismus zu leiden scheinen, die wie Tiger im Käfig auf- und ablaufen. Das wirkt nervös. Wie eine Salzsäule angewurzelt zu sein dagegen steif und langweilig. Gehen Sie stets bewusst zu einem bestimmten Punkt und bleiben Sie dort eine Weile stehen: Das ist die richtige Bewegung. Ob dieser Punkt einen oder dreißig Schritte entfernt ist, hängt von Ihrer Bühne ab.

Eine Profi-Technik ist es, bestimmte Positionen auf der Bühne zu verankern. Deshalb heißt diese Technik auch Bodenanker. Es gibt mehrere Varianten. Bei der ersten Version merken Sie sich bestimmte Positionen, an denen Sie jeweils referieren, mit dem Publikum diskutieren, einem Beitrag aus dem Publikum zuhören oder eine Geschichte erzählen. Sie brauchen diese Positionen niemanden zu erklären, Ihr Publikum wird sie sehr schnell verinnerlichen. So unterstützt die jeweilige Position die Verständlichkeit Ihrer Ausführungen und erleichtert den Zuhörern, sich diese zu merken. Wichtig ist, dass Sie die Positionen nicht durcheinanderbringen. Die zweite Variante ist ähnlich, nur dass diesmal Inhalte mit den Positionen gekoppelt werden. Ein Beispiel: An der einen Stelle sprechen Sie von Mercedes, einen Schritt daneben von BMW und noch einen Schritt weiter von Audi. Das geht mit bis zu sieben Positionen, danach wird es zu viel für Sie und das Publikum. Entscheidend ist wieder, dass Sie die Positionen nicht verwechseln und konsequent jedes Mal zu der Position gehen, über die Sie gerade sprechen. Es gibt eine Ausnahme: Wenn Sie beispielsweise auf der BMW-Position stehen und in einem Nebensatz Mercedes mit anführen, können Sie eine Handgeste Richtung Mercedes-Position machen. »Bei BMW ist das, im Gegensatz zu Mercedes [Handgeste], so ...«

Mit der Ankertechnik beziehen Sie bestimmte Stellen der Bühne gezielt in Ihre Präsentation mit ein.

Blicke sammeln

Ich habe Ihnen bereits empfohlen, sich vor Ihrer Präsentation mit dem Raum vertraut zu machen. Gehen Sie nach vorn, nehmen Sie die Atmosphäre des Raums wahr, spüren Sie Energien und achten Sie auf mögliche Störfaktoren. Nehmen Sie auch unterschiedliche Plätze im Publikumsbereich ein, um dort die Atmosphäre zu spüren. So vorbereitet gehen Sie zu Beginn Ihrer Präsentation auf die Bühne, stellen sich mit festem Stand in die Mitte und sammeln die Blicke der Zuhörer – bevor Sie loslegen. Stellen Sie sich hin und blicken den Menschen tief in die Augen, bis Sie diese »haben«. Sammeln Sie so viele wie möglich. Das ist die Zeit, in der es im Raum langsam ruhig wird. Wenn die Teilnehmer dann alle aufmerksam geworden sind und auf Sie blicken, warten Sie noch ein, zwei Sekunden, bevor Sie anfangen zu sprechen. Je länger Sie es aushalten zu warten, desto größer wird die Spannung (Tension) auf Ihre ersten Worte.

Sammeln Sie auch während Ihres Vortrags die Blicke der Zuhörer. Das bedeutet, dass Sie eine Person mindestens ein bis zwei Sekunden anschauen, bevor aus einem kurzen Blick ein Kontakt wird. Maximal sollte der Blickkontakt übrigens fünf bis sieben Sekunden dauern, danach empfinden es die meisten als zu aufdringlich. Dabei erzeugt es eine vollkommen andere Wirkung, ob Sie den Blick mitten im Satz wechseln oder erst kurz nach dem Ende eines Satzes (oder Nebensatzes). Mit einem festen Blick kurz nach Ende des Satzes können Sie Ihre Aussagen besonders bekräftigen.

Ein Blick wird erst dann zum Kontakt, wenn er mindestens 1–2 Sekunden dauert, nach 5–7 wird er aufdringlich.

Stimme und Körpereinsatz verbessern Sie durch zwei Dinge: bewusstes Beobachten und fleißiges Üben. Beobachten Sie in Besprechungen oder Präsentationen, wie die jeweilige Körpersprache des Sprechenden auf Sie wirkt. Gut geeignet ist auch eine Talkrunde oder ein Interview im Fernsehen, bei dem Sie den Ton ausstellen. So wie Hitchcock uns in der Spionage-Szene nur beobachten, nicht zuhören lässt. Trotzdem hat jeder verstanden, worum es geht. Üben können Sie am besten in vertrauter und ungestörter Atmosphäre, beispielsweise in Ihrem Wohnzimmer. Nur Übung macht nun mal den Meister!

In aller Kürze

- Tiefstatus hat das Ziel, Zuneigung zu gewinnen, bei Hochstatus ist das Ziel Respekt. Beides erkennen wir an vielen Merkmalen der Körpersprache und Stimme.

- Eine Person im Hochstatus können wir leichter respektieren, schätzen sie kompetenter und souveräner ein. Das hat jedoch nichts mit Sympathie zu tun: Wir können die Person mögen oder auch nicht.

- Wer unruhig wirkt und im Tiefstatus ist, hat wesentlich weniger Überzeugungskraft. Wer sich durch Hochstatus Respekt verschafft, der überzeugt.

- Ihre Stimme sorgt für Aufmerksamkeit, besseres Verstehen und Behalten, wenn sie abwechslungsreich und lebendig ist. Monotones Sprechen führt dagegen zu Müdigkeit.

- Gestik und Mimik sind wichtig, um Glaubwürdigkeit zu vermitteln. Fehlen sie, fehlt auch der Beweis für Glaubwürdigkeit. Trainieren Sie sich also Gestik und Mimik an, wenn Sie diese bisher zu wenig einsetzen.

- Ihre Bühne können Sie sinnvoll nutzen: Bewegen Sie sich gezielt und nutzen Sie einzelne Standpunkte für bestimmte Aktionen oder Themenbereiche. Ihre Zuhörer verinnerlichen diese Bodenanker unbewusst.

- Das Wort Blickkontakt enthält »Kontakt«. Dieser entsteht jedoch erst nach rund ein bis zwei Sekunden. Sammeln Sie Blicke, um mit Ihrem Publikum eine Verbindung herzustellen. Nach fünf bis sieben Sekunden wird der Blickkontakt allerdings aufdringlich.

Kapitel 12

Be Yourself!

Authentizität gewinnt

Emotionen sind der Grund, warum wir ins Kino gehen. Emotionen entscheiden, ob eine Präsentation erfolgreich ist. Hat der Präsentator Passion, dann weckt er beim Publikum Emotionen und der Funke der Begeisterung springt über. Hitchcock hatte nicht das Produkt Film, sondern stets die Emotionen seines Publikums im Sinn.

Sie stehen auf der Bühne und erzählen ein Erlebnis, über das Sie sich sehr gefreut haben. Sie sagen: »Und da habe ich mich sehr gefreut.« Im Publikum keine Reaktion. Warum? Es fehlt in diesem Moment an ausreichender Empathie des Publikums. Das liegt daran, dass eine Emotion, die Sie nur erzählen, nur eine erzählte Emotion ist. Und eben keine gefühlte Emotion. Okay, vielleicht erzählen Sie die Emotion so lebendig und dynamisch, dass eine gewisse Reaktion entsteht. Was halten Sie stattdessen von dieser Variante:

Sie stehen auf der Bühne und erzählen ein Erlebnis, über das Sie sich sehr gefreut haben. Während Sie die Situation in Bildersprache erzählen, sieht man Ihnen deutlich an, dass Sie sich gefreut haben. Nun reagiert das Publikum, denn es fühlt mit Ihnen mit. Das Erste, die Erzählung, ist Storytelling, das Zweite, die Darstellung, ist – nach Doug Stevenson – Storytheater.

Dazu brauchen Sie kein Schauspieler zu sein. Das Einzige, was Sie tun: Sie erinnern sich emotional an die Situation und zeigen diese Emotionen auch. Und wenn es statt Freude Traurigkeit ist, dann zeigen Sie Traurigkeit. Sie erzählen Ihre Emotionen nicht mehr, sie erleben Sie und übertragen Sie damit auf Ihr Publikum.

> *Emotionen, die das Publikum spürt, sind wirkungsvoller, als solche, von denen ihm nur erzählt wird.*

Emotionen durchleben

Klingt einfach, ist es im Grunde auch, es gibt allerdings einen Haken. Viele von uns haben aufgrund ihrer Persönlichkeit oder durch ihre Erziehung verlernt, Gefühle zu zeigen. Das gilt vor allem für Männer. Ja, viele können sie nicht einmal mehr wahrnehmen. Das können Sie jedoch ändern: indem Sie üben und trainieren – und vor allem zulassen. Erinnern Sie sich während des Sprechens bewusst an die Gefühle, die Sie in dieser Situation hatten und verstärken Sie diese. Sie sind Ihr innerer Regisseur. Auch Schauspieler machen das so. Insbesondere diejenigen, die nach Lee Strasbergs Method Acting arbeiten. Es gibt keine Anweisungen des Regisseurs, wie etwas zu spielen ist, es wirkt nur dann realistisch, wenn der Schauspieler sich gefühlsmäßig in die Lage seiner Rolle versetzen kann.

> *Sie müssen kein Schauspieler sein; es reicht vollkommen, Ihre Emotionen zu spüren und zu zeigen.*

Um zu üben, wie Sie Ihre Emotionen ausdrücken können, suchen Sie sich einen ungestörten Platz. Erinnern Sie sich an einen Moment, in dem Sie sehr berührt waren. Es spielt dabei keine Rolle, welche Art von Emotion das war. Sie erinnern sich einfach so genau wie möglich an diese Situation, und zwar so, als würden Sie sie jetzt noch einmal erleben. Lassen Sie dabei Ihren Körper das machen, was er will. Halten Sie sich mit nichts zurück. Lassen Sie alles zu, egal ob es kleine Veränderungen der Mimik oder der Körperhaltung sind oder sogar starke Reaktionen wie Lachen, Tanzen oder Weinen. Nehmen Sie dabei wahr, was sich verändert. Experimentieren Sie mit unterschiedlichen Erinnerungen und Emotionen. Wenn Sie den Eindruck haben, dass das schon ganz gut klappt, dann kreieren Sie emotionale Situationen, die Sie noch nicht erlebt haben. Stellen Sie sich beispielsweise vor, Sie werden zum Mitarbeiter des Monats gewählt, Sie merken, dass Ihre volle Brieftasche gestohlen wurde, Sie gewinnen erschöpft einen Marathonlauf, Sie finden ein sterbendes Reh im Wald, Sie gewinnen bei einem Preisausschreiben ein teures Cabriolet usw. Wenn Sie einen Partner mit einbeziehen können, bitten Sie diesen Sie zu beobachten und zu beschreiben, was er wahrnimmt. Spürt er, dass sich die Emotionen auf ihn übertragen? Geben Sie nicht zu schnell auf, wenn es anfangs nicht ohne Weiteres klappt!

In einer geschäftlichen Präsentation werden Sie vermutlich eher von Momenten erzählen, in denen die Gefühle nicht so stark sind. Verstärken Sie Ihre Emotionen ruhig. Solange Sie die Emotionen verstärken, wird es authentisch wirken. Künstlich wirkt es dagegen, wenn Sie körperliche Symptome verstärken, ohne dabei die Emotionen zu erleben.

Begeisterung, Passion, Spannung

Wenn Sie Menschen erreichen wollen, können Sie das am besten mit Passion. Der alte Spruch von Augustinus »In dir muss brennen, was du in anderen entzünden willst« hat bis heute nichts an Bedeutung verloren. Wer mit der Hand in der Hosentasche, das Gesicht zur Leinwand gewendet, seine Folien vorliest, wird niemanden mitreißen. Doch genau das ist der Grund, warum wir Präsentationen nicht per E-Mail versenden, sondern live abhalten: Die Zuschauer sollen unsere Begeisterung nicht nur beobachten, sondern mitfühlen. Sie sollen etwas davon abbekommen. Das, was auch passiert, wenn Sie abends Ihrer Familie oder Ihren Freunden Geschichten und Erlebnisse erzählen – dieses: »Stell dir vor, was mir heute passiert ist!« Genau das ist es, was in einer Präsentation vermittelt werden will. Diese Neugierde des Zuhörers, die entsteht, weil der Erzähler seine »Botschaft« auf passionierte Art ankündigt und dann weitergibt. Diese Begeisterung, die durch das Eintauchen in die Erzählung überspringt. Genau das soll bei einer Präsentation passieren.

Das Publikum will bei einer Präsentation Ihre Begeisterung spüren.

Überlegen Sie sich, wer in Ihren Augen Passion hat und auch zeigt. Und wie Sie diese wahrnehmen. Dynamik in der Sprechweise oder Körpersprache gehören dazu. Auch aus den Worten muss die Begeisterung zu spüren sein. Trauen Sie sich genau das auch zu. Sie können die Hemmungen überwinden, die viele davon abhalten, Emotionen zu zeigen!

Es kommt auch vor, dass Sie etwas präsentieren müssen, hinter dem Sie selbst nicht stehen. Eine Sache mit Passion zu vertreten, der Sie ablehnend gegenüberstehen, ist schwierig. Es besteht die Gefahr, dass Ihre Ausführungen künstlich wirken und Sie entlarvt werden. Zerlegen Sie in diesem Fall Ihre Präsentation in Teilaspekte und suchen Sie diejenigen heraus, zu denen Sie stehen. Zumindest in diesen Passagen kann es Ihnen gelingen, Emotionen zu vermitteln.

Applaus und Lacher annehmen

Unbewusste Hemmungen haben viele auch, wenn es darum geht Applaus, Lachen oder gar ein Kompliment anzunehmen. Warum eigentlich? Weil uns beigebracht wurde, dass Eigenlob stinkt? Weil wir zu bescheiden sind? Egal! Freuen Sie sich über diese Form der Anerkennung. Das gilt besonders für den Schlussapplaus. Viele Präsentatoren fliehen förmlich in diesem Moment. Das ist ja schon fast unhöflich gegenüber dem Publikum. Zeigen Sie durch einen geplanten und starken Schlusssatz, dass Ihre Präsentation zu Ende ist. Tragen Sie diesen mit Pathos vor – und dann warten Sie! Es dauert einen Moment, bis das Publikum reagiert. Zerstören Sie jetzt nicht die Wirkung, indem Sie eine Floskel anbringen wie »Vielen Dank für Ihre Aufmerksamkeit!«, sondern bleiben Sie mit festem Blickkontakt stehen, bis Applaus kommt. In manchen Unternehmen besteht der Applaus nur aus einem Nicken, in anderen wird geklopft oder eben geklatscht. Haben Sie Applaus bekommen und dieser ist beendet, dann können Sie sich für dafür bedanken und gehen. Bitte nicht vorher!

Laufen Sie nicht vor Applaus davon.

Wie Sie mit einem Lacher nach einem Gag umgehen, hängt ganz vom Gag ab. Sich dafür zu bedanken ist selten richtig. In den meisten Fällen ist es am wirkungsvollsten, wenn Sie einfach weitermachen. Manchmal können Sie durch einen Kommentar noch einen draufsetzen. Das hängt ganz von Ihrem Gespür ab. Doch bitte weichen Sie auch hier nicht aus oder machen sich klein – es sei denn, das gehört zu Ihrer Rolle.

Souveränität statt Lampenfieber

Alle in diesem Kapitel angeführten Aspekte funktionieren nur unter einer Bedingung: Sie müssen souverän sein. Wenn Ihr Lampenfieber stärker ist als die Emotionen, die zu Ihrer Erzählung gehören, wird das Publikum eher das Lampenfieber spüren. Wenn Sie unsicher sind, wird Ihnen der feste Blickkontakt am Ende Ihrer Rede schwerfallen. Wenn Sie aufgeregt sind, ist es manchmal sogar schwierig, ruhig stehen zu bleiben und die Schritte bewusst zu machen. Der allergrößte Teil der Präsentatoren kämpft mit Aufregung, Nervosität oder Lampenfieber. Nach meinen Erfahrungen aus Seminaren und Coachings sind das schätzungsweise rund 97 Prozent. Dabei gibt es hervorragende Möglichkeiten, Lampenfieber zu besiegen oder zumindest gut damit zu leben.

Lampenfieber haben die meisten vor allem in den ersten Minuten oder Sekunden. Danach legt es sich meist und tritt nur dann wieder auf, wenn etwas schiefgeht: ein Texthänger, Technikprobleme oder eine unangenehme Frage aus dem Publikum. Das bedeutet vor allem, dass es normalerweise um relativ kurze Zeitspannen geht, in denen wir Lampenfieber erleben. Es kommt so gut wie nie vor, dass jemand über einen längeren Zeitraum hinweg Lampenfieber hat.

Gegen Lampenfieber gibt es wirkungsvolle Techniken.

Je besser Ihre Vorbereitung war und je mehr Sie geübt haben, desto sicherer werden Sie sich fühlen. Trotzdem beherzigen wenige diese elementare Weisheit. Ein weiteres einfaches Hilfsmittel ist die Atmung. Weise Ratschläge wie der, vorher spazieren zu gehen, sind eher unrealistisch, denn dazu bietet sich selten die Gelegenheit. Dagegen ist es wirklich hilfreich, während der ersten Momente bewusst in den Bauchraum zu atmen. Aufgeregtheit führt nämlich dazu, dass die Atmung flach wird und sich eher im oberen Bereich des Brustkorbs abspielt. Wenn Sie bewusst tief in den Bauch hineinatmen, sinkt tatsächlich auch das Lampenfieber erheblich. Lampenfieber ist eine Stressreaktion, und Stress und Atmung beeinflussen sich gegenseitig. Sie werden auch besser sprechen, weil Ihnen nun wieder ausreichend Luft zur Verfügung steht.

Entspannter Körper, entspannter Geist

Noch hilfreicher sind Techniken, die auf der mentalen Ebene ansetzen. Dass es vorteilhaft ist, sich vor der Präsentation mit dem Raum anzufreunden, seine Energie wahrzunehmen, habe ich bereits beschrieben. Die eigene Mitte zu finden, ist ebenfalls eine mentale Wahrnehmungstechnik. Stellen Sie sich dazu etwas breitbeiniger hin als normal. Schließen Sie die Augen. Konzentrieren Sie sich nun auf die Mitte Ihres Körpers. Atmen Sie tief ein und aus. Fangen Sie langsam und mit kleinen Bewegungen an, mit dem Becken zu kreisen. Gleichen Sie die Bewegung durch weiche Pendelbewegungen mit den Knien aus. Halten Sie die Knie dabei flexibel, nicht durchgedrückt. Schaffen Sie so eine Flexibilität bei gleichzeitiger Stabilität Ihres Körpers. Nichts kann Sie mehr umwerfen, Ihr Körper gibt nach und schwingt wieder zurück, so wie ein Schilfrohr im Wind. Bitten Sie eine andere Person, Sie sanft an Schultern, Ellbogen oder Becken anzustoßen. Geben Sie mit Ihrem Körper nach und schwingen Sie dann wieder langsam zu den ursprünglichen Bewegungen und Ihrem anfänglichen, flexiblen Stand zurück. Nehmen Sie dabei wahr, dass nichts und niemand Sie umwerfen kann. Machen Sie diese Übung einige Male, um sich mit ihr anzufreunden, und dann jeweils kurz vor Ihrem Auftritt. Das macht Spaß und macht Sie beweglich, vor allem aber hilft es Ihnen, auf der mentalen Ebene vorbereitet zu sein.

Mit Ritualen bereiten sich Menschen seit jeher auf Situationen und Unternehmungen vor.

Rituale sind übrigens generell ein wirkungsvolle Methode, sich auf den bevorstehenden Auftritt vorzubereiten. Was immer Ihr persönliches Ritual ist, nutzen Sie es: einen Talisman küssen, meditieren, einen Spruch sagen, über die Schulter spucken usw. Oder machen Sie das Nützliche zum Ritual: Körperliche Übungen wie Armeschwingen oder Schulternkreisen, helfen einerseits, Ihre Muskeln zu wärmen und Ihre Gesten groß und sicher zu machen, andererseits werden sie zum stärkenden Ritual. Dasselbe können Sie mit Lockerungsübungen für Ihre Beine und Knie machen, damit Sie stets flexibel sind. Oder mit Lockerungsübungen für die Backen-, Zungen- und Kiefermuskulatur. Beliebt ist auch »Korkensprechen«. Das funktioniert auch ohne Korken, wenn nicht sogar besser. Stecken Sie ein Gelenk Ihres Zeigefingers zwischen die vorderen Zähne (das verhindert, dass Sie zu fest zubeißen und die Kiefermuskeln verkrampfen). Sprechen Sie nun irgendetwas – und zwar so deutlich wie möglich. Machen Sie dies kurz vor dem Auftritt, denn das lockert die Muskulatur und trainiert das saubere Artikulieren. Was immer Ihr Zeremoniell wird: Rituale waren für Menschen immer schon eine hilfreiche Methode, Ängste zu überwinden und Stärke aufzubauen – und das gilt auch für moderne Präsentatoren.

Professionelle Authentizität

Authentizität ist ein aktuell sehr häufig gebrauchtes Wort. Schuld daran ist nicht zuletzt die Werbung, die uns seit ein paar Jahren alle möglichen und unmöglichen Produkte als authentisch verkaufen will. Der Begriff stammt aus dem Griechischen und bedeutet »echt«. Gemeint ist damit im soziologischen oder psychologischen Kontext, dass alles Handeln aus der Person selbst kommt. Das klingt zunächst ganz positiv, und so macht sich kaum jemand Gedanken, ob das allein schon ausreicht. Ich habe in meinem Buch *Professionelle Authentizität – Warum ein Juwel glänzt und Kiesel grau sind* Authentizität deshalb neu definiert. Denn jemand, der seine aktuelle Laune an anderen auslässt, der bei einer Präsentation unsicher stammelt oder sich fortwährend an den unmöglichsten Körperstellen kratzt, ist vermutlich auch authentisch. Ankommen wird er damit trotzdem nicht. Erst recht nicht, wenn es sein Ziel ist, Menschen für sich zu gewinnen, zu überzeugen oder gar zu führen.

Professionelle Authentizität ist ein Verhalten und Auftreten, das die eigenen Ziele unterstützt und gleichzeitig bei anderen Menschen ankommt. Die ursprüngliche Definition lehnt das Ausrichten des Verhaltens an anderen ab. Professionelle Authentizität bezieht dies aber mit ein, was auch bedeutet, dass Verhalten optimiert, bewusst trainiert und letztlich so eingesetzt wird, dass es vollkommen authentisch wirkt. Im Grunde tun die meisten das ohnehin, denn sie machen sich Gedanken über ihre Wirkung. Professionelle Authentizität hat das Ziel, diese Wirkung ganz gezielt zu inszenieren, genau zu planen, wie man ankommen und welches Image man kreieren will.

Professionelle Authentizität zielt auf ein wirkungsvolles, glaubwürdiges Auftreten ab.

Wenn Sie als Präsentator begeistern und überzeugen wollen, dann ist es unabdingbar, sich über Ihre Wirkung umfassend Gedanken zu machen und an ihr zu arbeiten. Es gibt immer etwas, das Sie noch verbessern können. Veränderungen bedeuten jedoch Lernprozesse, und diese laufen immer ähnlich ab. Kennen Sie das, wenn Sie eine neue Sprache lernen oder die Bedienung eines neuen Gerätes oder Programms einüben? In der Lernphase werden Sie die Dinge sehr bewusst machen müssen. Manchmal unterläuft Ihnen ein Fehler oder etwas gelingt nicht auf Anhieb. Das ist bei jedem Lernprozess so. Mit der Zeit entsteht mehr und mehr Sicherheit. Irgendwann machen Sie alles automatisch richtig. Sie denken gar nicht mehr nach. Und genau so ist das mit neuen Verhaltensweisen: In der Trainingsphase läuft nicht immer alles ganz flüssig. Das lässt sich nicht vermeiden. Sie können natürlich möglichst viele dieser Lernphasen in Ihr Wohnzimmer verlegen, nämlich dann, wenn Sie üben. Doch auch dann kann in der Präsentation mal das eine oder andere holprig wirken. Das bleibt nicht aus. Aber das sollten Sie in Kauf nehmen. Denn die Alternative wäre, auf Fortschritt zu verzichten. Und das kann ich Ihnen auf keinen Fall empfehlen!

Je länger und intensiver Sie üben, desto authentischer wird Ihr Verhalten – professionell authentisch. Das gilt nicht nur für Ihr Auftreten bei Präsentationen. Lernprozesse gibt es in den verschiedensten Lebensbereichen. Ein wenig Anstrengung wird schon nötig sein, wenn Sie all das, was Sie in diesem Buch über spannendes Präsentieren erfahren haben, in Zukunft umsetzen wollen. Mit der Zeit werden Sie jedoch immer mehr Spaß daran haben und immer routinierter werden.

Dann heißt es schon bald: Bühne frei für Ihre Präsentation – spannend wie Hitchcock!

Schluss mit Langeweile! Präsentieren Sie ab heute spannend wie Hitchcock!

In aller Kürze

- Emotionen berühren tiefer, wenn Sie sie nicht nach-erzählen, sondern nach-empfinden, sodass das Publikum mitfühlt und Empathie entwickelt.

- Sie müssen kein Schauspieler sein. Achten Sie intensiv auf Ihre Emotionen, nehmen Sie sie wahr, lassen Sie sie zu und verstärken Sie sie.

- Nur wenn Sie authentische Begeisterung und Passion zeigen, gewinnen Sie die Zuschauer für sich.

- Lernen Sie Applaus anzunehmen, ohne davonzulaufen. Bedanken Sie sich mit einem Lächeln oder einem kurzen »Danke«.

- Sie müssen so souverän und sicher sein, dass Lampenfieber nicht Ihre positiven Emotionen überlagert. Dafür gibt es zahlreiche wirkungsvolle Methoden.

- Professionelle Authentizität heißt nicht, so zu sein, wie Sie eben sind. Sie ist zielgerichtet, an Ihrem Gegenüber orientiert und verhilft Ihnen zu einem überzeugenden, gewinnenden und glaubwürdigen Auftreten.

- Bühne frei für Ihre Präsentation – spannend wie Hitchcock!

Nachwort

Mein Ziel ist, mit diesem Buch dazu beizutragen, dass im deutschsprachigen Raum besser präsentiert wird. Die Teilnehmer sollen mehr als die bisherigen drei Prozent aller Präsentationen als inspirierend bezeichnen können. Zum Wohle der Mitarbeiter, zum Wohle der Stimmung und zum Wohle der Ergebnisse. Präsentationen sollen überzeugen – durch Spannung und Dramaturgie. Alfred Hitchcock war unbestritten der Meister der Spannung, aber auch der Meister des Präsentierens. Er überließ nichts dem Zufall und bereitete jedes Detail aufwendig vor. Machen Sie es ihm nach. Es lohnt sich für Sie, für Ihr Publikum und für Ihren Erfolg.

Ich liebe und lebe die Welt der spannenden Vorträge und Präsentationen. In über tausend eigenen Auftritten ist mir bewusst geworden, dass es meine Aufgabe ist, die Zuhörer zu fesseln, um sie zu überzeugen. In meinen Vorträgen, Seminaren, Coachings und Büchern gebe ich dieses Wissen weiter, da es mir zu einem sehr persönlichen Anliegen geworden ist. Wenn Sie Fragen oder Anregungen und besonders, wenn Sie Erfahrungsbeispiele haben, freue ich mich über eine Nachricht unter hitchcock@moesslang.com oder einen Eintrag im Forum zum Buch unter www.spannend-praesentieren.de. Sie helfen damit auch anderen, von Ihren Erfahrungen zu profitieren.

Tragen Sie dazu bei, die Welt der Präsentationen ein bisschen spannender zu gestalten. Schaffen Sie bei Präsentationen eine Atmosphäre, in der die Menschen Ihnen gefesselt zuhören.

Denn davon profitieren alle – und das ist den Einsatz doch wert, oder? Werden auch Sie ein Meister der Spannung – so wie Sir Alfred Hitchcock!

Ihr Michael Moesslang

München, April 2011

Literatur

Hitchcock

Beier, Lars-Olav; Seeßlen, Georg: Alfred Hitchcock, Bertz + Fischer, Berlin, 1999

Hahn, Ronald M.; Giessen, Rolf: Alfred Hitchcock, Knaur, München, 1999

Heyne Filmbibliothek: Alfred Hitchcock und seine Filme, Wilhelm Heyne, München, 1986

Highsmith, Patricia: Plotting and Writing Suspense Fiktion, St. Martin's Griffin, New York, 1983

Truffaut, François: Mr. Hitchcock, wie haben Sie das gemacht? Wilhelm Heyne, München, 1993

Weibel, Adrian: Spannung bei Hitchcock, Königshausen & Neumann, Würzburg, 2008

www.hitchcockwiki.com

www.imdb.com

Präsentation, Körpersprache und Rhetorik

Braun, Roman: Die Macht der Rhetorik, 2. aktualisierte und überarbeitete Auflage, Redline Wirtschaft, Heidelberg 2007

Duarte, Nancy: Resonate, Wiley, Hoboken, 2010

Gallo, Carmine: The Presentation Secrets of Steve Jobs, McGraw-Hill, New York, 2010

Lange, Gerhard: Rhetorik, Tassoverlag, Bonn, 2006

Matschnig, Monika: Körpersprache, Gräfe und Unzer, München, 2007

Literatur

Matschnig, Monika: Körpersprache der Liebe, Gräfe und Unzer, München, 2010

Molcho, Samy: Alles über Körpersprache, Mosaik, München, 1995

Moesslang, Michael: Professionelle Authentizität, Gabler, Wiesbaden, 2010

Moesslang, Michael: Besser wirken – mehr erreichen, BoD, Norderstedt, 2006

Moesslang, Michael: Besser präsentieren – mehr erreichen, BoD, Norderstedt, 2008

Pöhm, Matthias: Präsentieren Sie noch oder faszinieren Sie schon?, mvgVerlag, Heidelberg, 2006

Pöhm, Matthias: Vergessen Sie alles über Rhetorik, mvgVerlag, Landsberg am Lech, 2001

Reynolds, Garr: Presentation Zen, New Riders, Berkeley, 2008

Reynolds, Garr: Presentation Zen Design, New Riders, Berkeley, 2010

Reynolds, Garr: Naked Presenter, New Riders, Berkeley, 2011

Stevenson, Doug: Die Story-Theater-Methode, Gabal, Offenbach, 2008

Topf, Cornelia: Rhetorik für Frauen, Redline Verlag, München, 2009

Topf, Cornelia: Körpersprache für freche Frauen, 5. aktualisierte Auflage, Redline Wirtschaft, Heidelberg, 2005

Stichwortverzeichnis

Agenda 29, 211
Animation 19, 204
Ankertechnik 264
Antagonist 91, 93, 109, 119, 150, 152
Applaus 33, 36, 271, 277
Assoziation 42, 48, 50, 72f.
Atmosphäre 19, 118, 157f., 160, 173, 218f., 221f, 264f., 279
Auffallen erregen 42
Authentizität 267, 275f., 278

B-Movie 14, 21f.
B-Präsentation 14, 22, 53
Bach, Dirk 211
Barth, Mario 158, 160
Beamer 28, 193, 214, 218, 222
Bei Anruf Mord 171, 226–228
Betonung 173, 230, 241, 250, 262
Bildersprache 52, 136, 154, 229, 246, 248f., 252, 267
Blickkontakt 139, 180, 214, 243, 265f., 271f.
Blockbuster 21, 23, 53
Brainstorming 72–75
Bühne 40, 48, 179, 214, 220, 224, 245, 250, 261–267, 277f.

Cameo-Auftritt 10, 170
Cannes 39
Chaplin, Charlie 28
Christiani, Alexander 244
Cindy aus Marzahn 211
Cliffhanger 111

Das Rettungsboot 171
Der Fremde im Zug 62
Der Mieter 171
Der unsichtbare Dritte 9, 79, 88, 95–98, 112, 124, 155, 219
Diagramm 30, 200–205, 208

Stichwortverzeichnis

Die Vögel 9, 43, 46, 53, 67, 116, 122, 128f., 177
Dienstleistung 23
Digitalkamera 141
Direkte Rede 251
Doppeldeutigkeit 164f.
Dramaturgie 8f., 10, 16, 18, 20, 61, 64, 69f. 74, 78, 78–81, 85, 87, 92f., 96ff., 104, 106, 109f., 114ff. 120, 133f. 142, 258, 279
Dreisprung 69, 164

Einfachheit 65f., 75
Einleitung 78, 80, 114
Ekman, Paul 45
Emotionsmodell 47
Empathie 49–52, 58, 64, 120, 267, 277
Entertainer 209
Entertainment 7, 19, 36, 38, 42f.
Erzählsprünge 69, 126f., 134
Eva Maria Saint 10, 60

Faktor Mensch 24f.
Familiengrab 60
Florian Silbereisen 20, 210
Floskel 35, 37, 232f., 237, 257, 271
Folien-Design 178
Folienaufbau 190
Foliengestaltung 177
Foliennummer 185
Folienvorlagen 184
Fragen, rhetorische 153, 243f., 252
Freie Assoziation 72f.

Gag 29, 38, 158–165, 170, 172–174, 272
Gehirn 25–27, 37, 162, 169, 237
Gehirnzelle 27
Geschichten 26f., 37, 45, 49, 58, 62, 71, 79, 82, 86ff., 92, 98, 100, 114, 135, 140, 143f., 148,, 150, 154, 205, 247, 250, 270
Geste 261f., 274
Gestik 34, 221, 255, 261, 266
Goldene Himbeere 22
Gottschalk, Thomas 20, 210
Grace Kelly 10, 226f.
Grafik 21, 30, 188, 200, 205
Grant, Cary 10, 60, 78–80, 155ff.

Handlungsaufforderung 85, 103
Handout 32, 176, 180f., 185, 188, 207
Happy End 89, 92–96, 104, 109
Harlekin(-Effekt) 157, 172, 260
Hauptteil 70, 80, 114
Hauptversammlung 22, 214
Hedren, Tippi 10, 67, 115
Held 10, 49f. 64, 67, 89, 91ff., 103, 106f. 107, 109, 111, 119, 150, 152, 154
Hemisphärenmodell 23, 26
Highsmith, Patricia 62, 72, 108, 111
Hitch, der Date Doktor
Hochstatus 254–258, 262, 265f.
Höhepunkt 81, 95, 97ff., 102f., 106–111, 114, 120, 127, 149, 152, 177, 207
Humor 11, 42f., 52f. 59, 70, 123, 155–158, 160–163, 167–174, 196, 260

Illustration 30, 188, 205
Image 23–25, 37, 55, 101ff., 128–132, 178, 198, 207, 220, 276
Informationsaufnahme 259
Informationseinheit 176
Informationsflut 184
Informationspräsentation 54
Informationsübermittlung 178
Ironie 166, 170

Kamera 19, 66, 84, 101, 126, 137, 147f., 248
Kameramann 84, 204
Kassenschlager 22
Kerkeling, Hape 158
Klarheit 65, 75, 113, 152, 154, 182
Kleidung 219f., 224, 256
Konflikt 70, 87f–91, 94–96, 98, 101f., 106f., 109ff., 114, 152, 156
Kontakt 24, 34ff., 139, 180, 183, 243, 264–266
Kontaktdaten 183
Kopfkino 83, 85, 114, 137, 148f., 151, 154, 249, 252
Körpereinsatz 261, 265
Körpersprache 9, 18, 28, 243f., 253f., 258, 261, 265, 270

Lachen, das 52f., 155–163, 174, 269, 271
Lampenfieber 42, 223, 272f.
Langeweile 18, 27, 47–49, 108, 126, 184, 258, 260, 277
Leonardo da Vinci 72

MacGuffin 59, 124
Master of Suspense 10, 59f., 78
Master-Folie 194

Merk-würdigkeit 9, 42f., 98
Merkfähigkeit 42, 107
Metapher 69, 87, 99, 107, 119, 140, 142–144, 154, 245
Mimik 18, 45f., 253, 261, 266, 269
Mindmap 72–75
Mount Rushmore 11, 60, 97
Motivator 56
Motivation 57, 105, 180
Mystery 124f., 129f., 132–134, 142

Nebenhandlung 94, 97, 109
Nervenkitzel 48f., 121
Nervosität 14, 272
Neugierde 47–49, 63, 75, 85, 103, 114, 129, 183, 270
Novak, Kim 10
Nuhr, Dieter 158

Oliver, Jamie 40f.

Parodie 168
Passion 56, 267, 270, 277
Pausen 213, 230f., 241, 258,
Pelzig, Erwin 159
Persönlichkeit 23–25, 54f., 130, 146, 149, 158, 244, 258, 268
Plot 69, 79, 87f., 90, 92–98, 101f., 105–111, 114, 117, 152, 163
Plot Point 92–98, 101f., 105–111, 114, 152, 163, 165, 167
Plot Point-Methode 93, 95, 98, 101f., 105, 107, 109, 114
PowerPoint 28, 32f., 175, 179ff., 192f., 198, 201, 204f., 258f.
PowerPoint-Datei 21, 23, 28, 32
PowerPoint-Folien 181
PowerPoint-Präsentation 103
Produktpräsentation 23
Professionalität 49
Projektpräsentation 23, 54, 104
Protagonist 49, 58, 62, 91,–94, 109, 113, 119–121, 126, 140f., 150, 152
Psycho 9, 53, 59, 60, 62, 66f., 78, 115, 135, 150, 152, 236

Raab, Stefan 211
Rahmenhandlung 87f., 140, 154
Reden/reden 9, 18, 45, 237, 239
Reduktion 182, 187
Regisseur 10, 21, 56, 59, 65, 71, 84, 103, 113, 117, 127, 137, 150, 171, 175, 260, 268
Rhetorik 18, 226, 230–233, 236, 255, 257
Rhetoriktraining 16

Rollentausch/-wechsel 171f.
Rosling, Hans 38f., 45

Satzbau 227, 230, 237f.
Satzlänge 250
Schlüsselszene 61, 75
Schmidt, Harald 169, 211
Schriftgröße 30, 191–195
Seitensprechen 260
Selbstinszenierung 210f., 224
Show 20f., 27,33, 41–44, 109, 158, 174, 209–211, 221ff., 235
Sinnesreize 25
Situationskomik 162–164
Situationswitz 161
Sitzordnung 218
Spannungsbogen 7, 69f., 81, 85, 99, 102, 110, 114, 134, 153
Spezial-Effekt 10, 20
Sprache 18, 25, 136, 138, 140, 226ff., 234–239, 245, 248, 251, 258, 276
Sprechpausen 241, 250, 252, 260
Sprechweise 85, 136, 172, 231, 250
Stevenson, Doug 267
Stewart, James 10, 60, 68
Stichwortliste 73
Stimme 14, 85, 248, 253, 255, 258–260, 265f.
Storyboard 204–208
Storyline 98
Storytheater 267
Strasberg, Lee 268
Surprise 115ff., 123f., 129, 132f., 142
Suspense 60ff., 67, 75, 78, 86, 102f., 113–134, 142
Sympathie 49f., 156f., 246, 266

TED (Technology, Entertainment, Design) 38f., 41
Tension 115–118, 121ff., 129, 131–134, 142, 182, 203, 241, 252, 264
Textfolie 187
Tiefstatus 254–257, 261f., 265f.
Timing 163, 173, 181f.
Titelfolie 175–177, 184, 206, 208
Topas 9, 253
Triggersätze 242

Überraschung 7, 32, 46f., 53, 63, 68, 89, 116f., 120, 123f., 129, 162
Übertreibung 40, 107, 126, 167f., 220
Überzeugung 15, 21, 42
Überzeugungskraft 23, 107, 131, 196, 223f., 266

Stichwortverzeichnis

Überzeugungstechnik 140
Umschreibung 169
Unternehmenserfolg 15
Untertreibung 167f.

Vergleich 107, 168, 240, 245
Verkaufen 23f., 42, 88, 145, 275
Verkaufspräsentation 54
Verknüpfung 164, 166
Verlegenheitsgeste 256f.
Vertigo 9, 53, 68
Video-Clip 20
Vorbereitung 16f., 22, 28, 74, 86, 153f., 167, 206, 208, 211, 273
Vorlaufpräsentation 206
Vorlesen 259
Vorlesung 45
Vorträge 9, 45, 246, 279

Waalkes, Otto 158, 211
Wahrnehmung 25, 54, 90, 235, 246, 249
Wahrnehmungsapparat 20
Wahrnehmungstechnik 273
Who-dunnit 62, 70
Wirk-Rhetorik 234, 236, 238, 255
Wissensvorsprung 62, 67, 113, 120
Wortschatz 234, 240
Wortspiel 166f., 171
Wortwitz 158, 161

Zetsche, Dieter 40f.
Zoomeffekt, zoomen 19, 126, 147
Zwei-Plot-Technik 69, 106, 163
Zwischenhirn 25